Avaliação psicopedagógica institucional

SÉRIE PANORAMAS DA PSICOPEDAGOGIA

Avaliação psicopedagógica institucional

Éder da Silva Dantas

Rua Clara Vendramin, 58 . Mossunguê
CEP 81200-170 . Curitiba . PR . Brasil
Fone: (41) 2106-4170
www.intersaberes.com
editora@intersaberes.com

Conselho editorial
Dr. Alexandre Coutinho Pagliarini
Drª Elena Godoy
Dr. Neri dos Santos
Dr. Ulf Gregor Baranow
Editora-chefe
Lindsay Azambuja
Gerente editorial
Ariadne Nunes Wenger
Assistente editorial
Daniela Viroli Pereira Pinto
Preparação de originais
BookStuff
Edição de texto
Caroline Rabelo Gomes
Letra & Língua Ltda. - ME
Palavra do Editor
Capa e projeto gráfico
Iná Trigo (*design*)
agsandrew/Shutterstock (imagem da capa)
Diagramação
Iná Trigo
***Designer* responsável**
Iná Trigo
Iconografia
Maria Elisa Sonda
Regina Claudia Cruz Prestes

Dados Internacionais de Catalogação na Publicação (CIP)
(Câmara Brasileira do Livro, SP, Brasil)

Dantas, Éder da Silva
  Avaliação psicopedagógica institucional / Éder da Silva Dantas. -- Curitiba, PR : Editora Intersaberes, 2022. -- (Série panoramas da psicopedagogia)

  Bibliografia.
  ISBN 978-65-5517-139-6

  1. Avaliação 2. Psicologia da aprendizagem 3. Psicopedagogia I. Título. II. Série.

22-113612   CDD-370.15

Índices para catálogo sistemático:
1. Psicopedagogia institucional : Avaliação   370.15
Eliete Marques da Silva - Bibliotecária - CRB-8/9380

1ª edição, 2022.
Foi feito o depósito legal.
Informamos que é de inteira responsabilidade do autor a emissão de conceitos.
Nenhuma parte desta publicação poderá ser reproduzida por qualquer meio ou forma sem a prévia autorização da Editora InterSaberes.
A violação dos direitos autorais é crime estabelecido na Lei n. 9.610/1998 e punido pelo art. 184 do Código Penal.

Sumário

Apresentação, 9
Como aproveitar ao máximo este livro, 13

Capítulo 1   Psicopedagogia: conceito e campos
de atuação, 18
1.1 O que é psicopedagogia institucional, 20
1.2 Contextualização histórica da
psicopedagogia institucional, 26
1.3 Campos de atuação da psicopedagogia
institucional, 45
1.4 O psicopedagogo na instituição:
assessoramento e acompanhamento
individualizado, 55
1.5 Atuação psicopedagógica preventiva e
terapêutica, 59

Capítulo 2   Avaliação psicopedagógica institucional, 68
2.1 Avaliação da aprendizagem e avaliação
psicopedagógica, 69
2.2 Aspectos da avaliação psicopedagógica
institucional, 77
2.3 Diagnóstico psicopedagógico no campo
institucionalizado, 102
2.4 Queixa e levantamento das hipóteses
diagnósticas, 105
2.5 Diagnóstico: objetivos, metas e
procedimentos, 107

Capítulo 3 Instrumentos de avaliação psicopedagógica institucional, 118
3.1 O olhar e a escuta no diagnóstico psicopedagógico, 119
3.2 Entrevista Operativa Centrada na Modalidade de Ensino-Aprendizagem (Eocmea), 130
3.3 Winnicott e a psicopedagogia institucional: a importância do jogo, 137
3.4 Dinâmicas de grupo, 144
3.5 Grupos e modalidades de aprendizagem na instituição, 161

Capítulo 4 Avaliação psicopedagógica na instituição: fracasso escolar e saúde docente, 180
4.1 Papel do psicopedagogo escolar diante do fracasso escolar, 181
4.2 Planejando a ação, 189
4.3 A saúde do professor e o reflexo no aprender, 205

Capítulo 5 Grupos e modelos de aprendizagem na instituição, 230
5.1 Sobre a aprendizagem, 231
5.2 Pichon-Rivière e a psicopedagogia institucional, 242
5.3 Processo grupal, 251
5.4 Relação professor-aluno na instituição, 256
5.5 Atuação psicopedagógica integrada: o aluno e seus contextos, 268

Capítulo 6   Práticas educativas inclusivas: superando obstáculos no processo de escolaridade, 288
6.1 Escola: da segregação à inclusão, 289
6.2 Políticas de educação inclusiva: questões legais, 297
6.3 Processo de ensino-aprendizagem na educação inclusiva, 305
6.4 Obstáculos no processo de aprendizagem, 316
6.5 Contribuições da psicopedagogia institucional à educação inclusiva, 319
6.6 Caminhos da educação inclusiva no Brasil, 322

Considerações finais, 335
Referências, 339
Bibliografia comentada, 357
Respostas, 361
Sobre o autor, 363

Apresentação

A psicopedagogia, como campo de conhecimento, busca estudar o ser cognoscente em suas diferentes dimensões. No campo institucional, atua no sentido prioritariamente preventivo, por meio da elaboração de um diagnóstico e do desenho de caminhos para a promoção do sucesso escolar, utilizando conhecimentos produzidos por outras ciências. Na prática, procura promover uma articulação da atuação do psicopedagogo com os demais membros da equipe multidisciplinar.

Neste livro, nosso objetivo é explicar a proposta da intervenção psicopedagógica institucional, descrever suas caraterísticas e sugerir estratégias e ferramentas para o profissional atuar diante dos desafios da aprendizagem no âmbito das instituições – escolas, empresas, hospitais, organizações da sociedade civil ou outras organizações aprendentes.

A obra é voltada para estudantes de cursos de graduação e pós-graduação em Psicopedagogia e áreas afins, profissionais da educação (como psicopedagogos, psicólogos educacionais e pedagogos) e interessados nas questões referentes à aprendizagem em geral e à avaliação psicopedagógica institucional.

As reflexões aqui apresentadas correspondem a uma abordagem marcada por uma atitude crítica, cuja base reside em uma percepção holística e multidimensional do fenômeno da aprendizagem, influenciada por aspectos cognitivos, sociais e biológicos – todos compreendidos como questões interligadas. Buscamos, assim, fugir de uma interpretação "unicausal" dos problemas de aprendizagem, uma vez que o processo de ensinar-aprender é permeado por contradições, conflitos de projetos e visões de mundo.

Uma ideia central funciona como fio condutor das reflexões propostas nesta obra: o compromisso social do psicopedagogo e da psicopedagoga como construtores de aprendizagens que permitam a formação de sujeitos-autores de suas vidas e da sociedade, no sentido de fazer com que cada aprendente seja mais que um "tijolo no muro", como expresso na música *The Wall*, da banda Pink Floyd.

No primeiro capítulo, identificamos o que é a psicopedagogia institucional. Em seguida, promovemos uma contextualização histórica de seu desenvolvimento, passando por seus campos de atuação e abordando a atuação do psicopedagogo na instituição, tanto na perspectiva preventiva quanto na terapêutica.

No segundo capítulo, apresentamos o conceito de avaliação psicopedagógica institucional. Depois de descrevermos as etapas constitutivas desta no âmbito da instituição, caracterizamos o diagnóstico psicopedagógico institucional, a queixa, o levantamento das hipóteses diagnosticadas e os procedimentos a serem adotados pela instituição.

Por sua vez, no terceiro capítulo, evidenciamos os principais instrumentos de avaliação no âmbito da instituição, salientando a importância do olhar e da escuta no diagnóstico psicopedagógico, a relevância da entrevista, do jogo e das dinâmicas de grupo, bem como os modelos de aprendizagem nas instituições.

No quarto capítulo, nosso foco é a escola. Analisamos o papel do psicopedagogo diante do fracasso escolar, explicamos o conceito de mapeamento institucional e destacamos sua importância para o diagnóstico e a intervenção. Ainda, discutimos a identificação da unidade escolar, a caracterização sociocultural e econômica da comunidade e o fenômeno do adoecimento do professor no contexto das relações de trabalho, cujo impacto nas práticas de ensino-aprendizagem é evidente.

Já no quinto capítulo, tratamos dos diferentes modelos de aprendizagem e de sua relevância para o sucesso escolar. Conhecer as contribuições do pesquisador Pichon-Rivière para a psicopedagogia institucional possibilita compreender o que é o processo grupal, como se desenvolve a relação entre ensinante e aprendente e qual é a importância da integração do psicopedagogo com o professor, o aluno e a família.

No sexto e último capítulo, nossa atenção se volta ao tema da inclusão socioeducativa e seus caminhos. Nesse sentido, examinamos as políticas de educação inclusiva, o processo de ensino-aprendizagem no contexto da inclusão e seus obstáculos, bem como a contribuição da psicopedagogia institucional para a inclusão na escola.

Esperamos que você encontre nestas páginas informações que lhe permitam ampliar seu conhecimento sobre a atuação do profissional da psicopedagogia no campo institucional e refletir sobre os desafios da educação em uma sociedade complexa, desigual e diversa como a brasileira.

Desejamos uma ótima leitura!

Como aproveitar ao máximo este livro

Empregamos nesta obra recursos que visam enriquecer seu aprendizado, facilitar a compreensão dos conteúdos e tornar a leitura mais dinâmica. Conheça a seguir cada uma dessas ferramentas e saiba como estão distribuídas no decorrer deste livro para bem aproveitá-las.

Introdução do capítulo

Logo na abertura do capítulo, informamos os temas de estudo e os objetivos de aprendizagem que serão nele abrangidos, fazendo considerações preliminares sobre as temáticas em foco.

Para saber mais

Sugerimos a leitura de diferentes conteúdos digitais e impressos para que você aprofunde sua aprendizagem e siga buscando conhecimento.

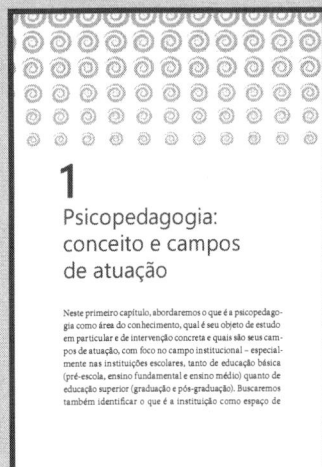

Síntese

Ao final de cada capítulo, relacionamos as principais informações nele abordadas a fim de que você avalie as conclusões a que chegou, confirmando-as ou redefinindo-as.

Indicações culturais

Para ampliar seu repertório, indicamos conteúdos de diferentes naturezas que ensejam a reflexão sobre os assuntos estudados e contribuem para seu processo de aprendizagem.

Atividades de autoavaliação

Apresentamos estas questões objetivas para que você verifique o grau de assimilação dos conceitos examinados, motivando-se a progredir em seus estudos.

Atividades de aprendizagem

Aqui apresentamos questões que aproximam conhecimentos teóricos e práticos a fim de que você analise criticamente determinado assunto.

Atividades de autoavaliação

1. Sobre a avaliação da aprendizagem e a avaliação psicopedagógica na instituição, é correto afirmar:
   a) A avaliação da aprendizagem concentra-se em medir quantitativamente, por meio de testes de escala, o nível de proficiência dos alunos quanto aos assuntos estudados.
   b) A avaliação psicopedagógica institucional pode ser definida como um processo compartilhado de coleta e análise de informações relevantes da situação de ensino-aprendizagem, considerando-se as características próprias dos contextos escolar e familiar, a fim de tomar decisões que visam promover mudanças que melhorem a situação colocada.
   c) Quando se fala em *avaliação da aprendizagem*, faz-se referência ao processo esporádico de medição dos resultados do ensino e da aprendizagem, realizados por meio de exercícios, testes, provas e outras tarefas acadêmicas às quais os alunos são submetidos.
   d) A avaliação da aprendizagem se diferencia da avaliação psicopedagógica na medida em que a primeira está voltada especificamente aos processos cognitivos e tem instrumentos e técnicas próprias para intervenção, ao passo que a segunda se concentra em medir a apreensão dos conteúdos estudados e as interações entre os sujeitos por meio de ferramentas e abordagens construídas pela pedagogia e pelas ciências que são objeto da avaliação.
   e) Nenhuma das respostas anteriores.

II) Segundo essa perspectiva, o foco da educação deve concentrar-se nos resultados educacionais. Devem ser desconsiderados outros fatores que interferem na vida do discente, como aqueles de caráter político, sociocultural e emocional.
III) Apresenta um olhar focado em resultados qualitativos, e não quantitativos, sobre a educação.
IV) Tem seu foco na crítica social dos conteúdos.
V) Dialoga com um viés pedagógico economicista embasado na teoria do capital humano, segundo a qual a teoria econômica se constituí como fundamento dos objetivos educacionais.

Estão corretas apenas as afirmativas:
a) I e II.
b) II e III.
c) I, II e V.
d) IV e V.
e) Nenhuma das respostas anteriores.

Atividades de aprendizagem

Questões para reflexão

1. Procure observar fatores (familiares, culturais e comunitários) que fazem parte da vida de uma criança ou grupo de crianças. Verifique se eles são retratados no contexto escolar em que elas estão inseridas e elabore possíveis estratégias voltadas a esse enfoque.

Bibliografia comentada

Nesta seção, comentamos algumas obras de referência para o estudo dos temas examinados ao longo do livro.

Bibliografia comentada

ACAMPORA, B. Fundamentos da psicopedagogia: introdução, história, teorias e panorama geral. Rio de Janeiro: Wak, 2021.
Este livro introduz os conceitos fundamentais da psicopedagogia e apresenta um pouco da história dessa ciência no Brasil e no mundo de maneira integrada. A autora descreve os teóricos mais importantes da área, bem como seus campos de atuação, e interliga com outros ramos do saber. Discute as possibilidades de atuação, atribuições e funções do profissional da psicopedagogia, incorporando temas como a neurociência e as metodologias ativas de aprendizagem.

ANTUNES, C. Piaget, Vygotsky, Paulo Freire e Maria Montessori em minha sala de aula. Jandira: Ciranda, 2008.
Nessa obra, o autor discute os problemas da escola e as maneiras como ela pode melhorar ao se aproximar do contexto do aluno, fazendo parte de seu dia a dia, incorporando-o como um sujeito ativo do processo de aprendizagem e estimulando seu autoestima, como pensado nas obras dos pensadores Jean Piaget, Lev Vygotsky, Paulo Freire e Maria Montessori.

BARBOSA, L. M. S. Psicopedagogia: o aprender do grupo. São José dos Campos: Pulso, 2016.
Para abordar a construção do conhecimento fundamentado na convivência grupal, a autora se inspira em autores como Enrique Pichon-Rivière e Jorge Visca, buscando compreender como se processam o aprender e a psicopedagogia no contexto de grupo, a operatividade na escola e, em particular, o papel do observar e do copensar, mediante o conceito de grupo operativo.

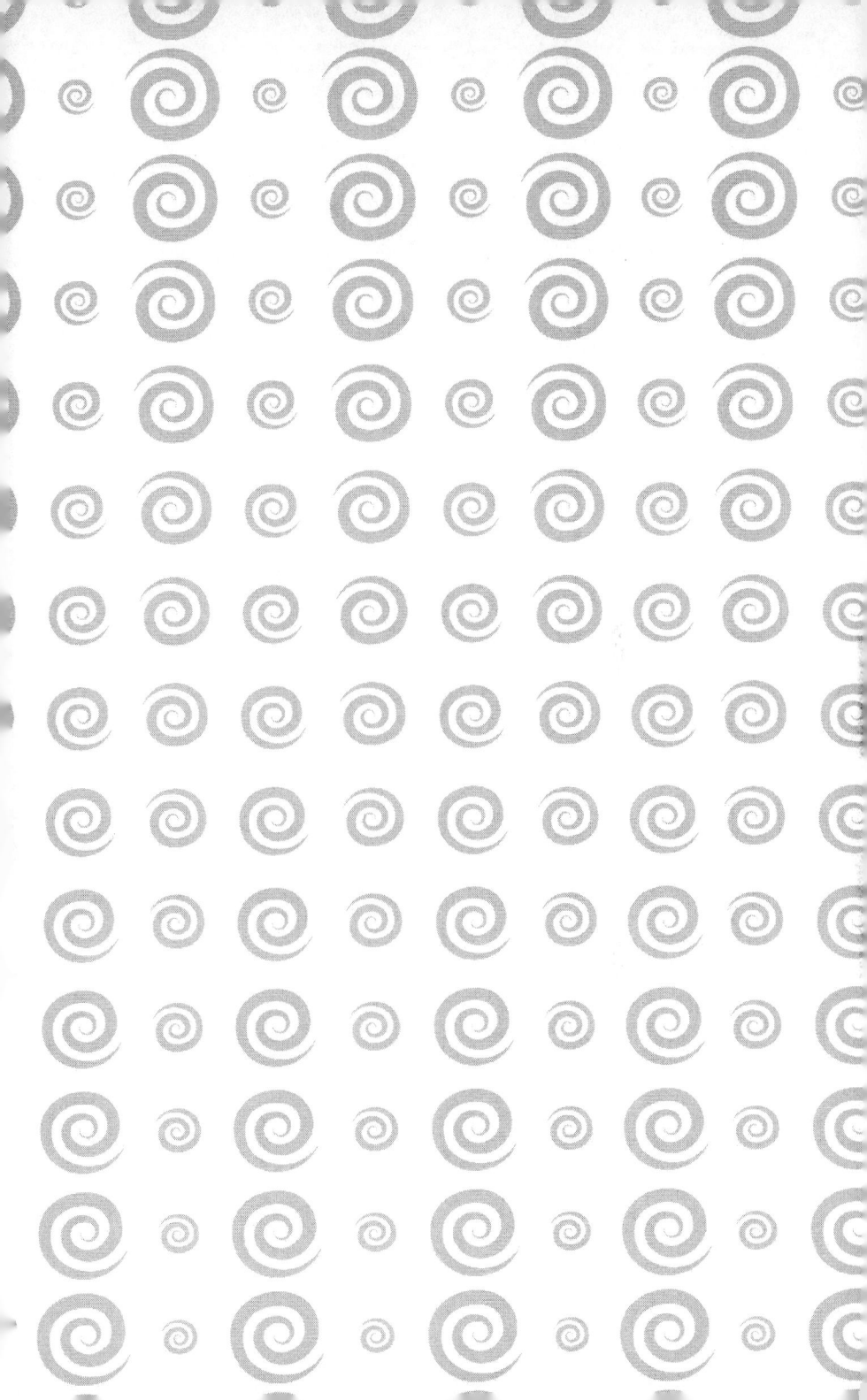

1
Psicopedagogia: conceito e campos de atuação

Neste primeiro capítulo, abordaremos o que é a psicopedagogia como área do conhecimento, qual é seu objeto de estudo em particular e de intervenção concreta e quais são seus campos de atuação, com foco no campo institucional – especialmente nas instituições escolares, tanto de educação básica (pré-escola, ensino fundamental e ensino médio) quanto de educação superior (graduação e pós-graduação). Buscaremos também identificar o que é a instituição como espaço de aprendizagem, a qual exige estratégias de ensino-aprendizagem próprias, diferentes das utilizadas em outros espaços, como os de educação informal.

É fundamental que tenhamos clareza daquilo que é objeto de investigação e intervenção psicopedagógica e daquilo que faz parte do espectro de outras áreas do saber, ainda que estabeleçam uma interface com as ciências que se debruçam sobre os fenômenos do ensinar e do aprender, a exemplo da psicologia, da pedagogia, da neurociência, da linguística e da antropologia.

Em nossa abordagem, vamos conceituar a psicopedagogia institucional; promover um resgate histórico de sua evolução (desde seus primórdios, quando da prevalência do paradigma médico e do modelo educacional excludente, até os tempos atuais, em que a aprendizagem de crianças fora do padrão considerado "normal" é pensada sob um prisma complexo que incorpora a educação inclusiva); diferenciar seus campos de atuação (institucional, clínico, hospitalar, empresarial etc.); analisar as diferentes formas de atuação profissional nesses diversos campos (como os procedimentos típicos do profissional da psicopedagogia e o trabalho colaborativo, no contexto do fazer em equipe, em uma perspectiva multiprofissional); e identificar as características das intervenções nas instituições aprendentes, sejam elas preventivas (antes de os problemas se instalarem), sejam elas terapêuticas (com uma ênfase remediativa).

1.1 O que é psicopedagogia institucional

Quando alguém se depara com a palavra *psicopedagogia* pela primeira vez – nunca tendo estudado essa área do conhecimento –, geralmente questiona se esta seria uma fusão da psicologia com a pedagogia. Esse questionamento simplista sobre a psicopedagogia resulta, no caso brasileiro, da ainda pouca divulgação dessa ciência na sociedade, bem como de sua especificidade como campo de conhecimento. Em nosso país, a psicologia e a pedagogia são carreiras profissionais consolidadas há muito tempo: têm forte inserção no mercado de trabalho e em associações científicas importantes e, no caso da psicologia, a atuação é amplamente regulamentada, contando até mesmo com a existência de conselhos profissionais.

A psicologia é a ciência que investiga os processos mentais, incorporando estudos sobre o desenvolvimento, o comportamento e o subconsciente humanos. Abrange áreas como a psicologia do trabalho, a psicologia clínica, a psicologia escolar e a psicologia jurídica. A pedagogia, por sua vez, debruça-se sobre a educação de maneira ampla, incorporando assuntos como o currículo, as políticas educacionais, o processo de ensino-aprendizagem e as diversas etapas e modalidades do ensino. Ambas as ciências dialogam, cada uma à sua maneira, com a temática da aprendizagem.

De acordo com Kiguel (citado por Bossa, 2019, p. 26), "o objeto central de estudo da Psicopedagogia está se estruturando em torno do processo de aprendizagem humana: seus padrões evolutivos normais e patológicos – bem como a influência do meio (família, escola, sociedade) no seu desenvolvimento".

Para Neves (1991, p. 12),

> a Psicopedagogia estuda o ato de aprender e ensinar, levando sempre em conta as realidades interna e externa da aprendizagem, tomadas em conjunto. E mais, procurando estudar a construção do conhecimento em toda a sua complexidade, buscando colocar em pé de igualdade os aspectos cognitivos, afetivos e sociais que lhe estão implícitos.

O que torna a psicopedagogia uma área de estudo específica é a centralidade de suas investigações e intervenções em torno da aprendizagem humana: como as pessoas aprendem, quais são os fatores que interferem nesse processo, como aprimorar a aprendizagem e como combater as dificuldades que se manifestam nos caminhos do aprender.

A psicopedagogia se concentra na relação aprender-ensinar, observando as realidades interna e externa da aprendizagem dos indivíduos e dos grupos, tomadas como um todo. Estuda, assim, a construção do conhecimento em toda a sua complexidade, de modo holístico, articulando os aspectos cognitivos, a influência dos elementos afetivos e os fatores sociais que interferem no ato de aprender.

É pela presença dessas várias características (cognitivas, afetivas e sociais) na aprendizagem que a psicopedagogia pode ser considerada um campo de conhecimento eminentemente multidimensional e multidisciplinar. Ela incorpora saberes de outras áreas, como a psicologia, a pedagogia, a neurociência, a fonoaudiologia, a antropologia e a linguística, a fim de integrar, sintetizar e articular os conhecimentos necessários para entender o aprender e a forma como esse fenômeno se desenrola em um sujeito biológico, psicológico e social (o ser cognoscente).

Bossa (2008, p. 45) afirma que

> [os] domínios específicos [da psicopedagogia] são: o sujeito do conhecimento, o agente de transmissão e suas dimensões constitutivas; logo, o sujeito-objeto da Psicopedagogia é o ser humano contextualizado em situação de aprendizagem. Assim, o campo da Psicopedagogia resulta numa convergência conceitual ao caracterizar a aprendizagem, o sujeito contextualizado em situação de aprendizagem e os processos psicoeducativos como objetos da intervenção e da reflexão psicopedagógica.

Para a psicopedagogia, é necessário estabelecer conexões entre as diferentes questões que interferem no aprender: fatores sociais, linguagem, aspectos neurobiológicos, metodológicos e conceituais e formação dos agentes de mediação do conhecimento, especialmente os professores.

Qual é exatamente o objeto da psicopedagogia institucional? Esse é o campo da psicopedagogia que se ocupa das questões da aprendizagem no âmbito das instituições. Em geral, a sociologia define *instituição social* como um grupo ou uma organização em que indivíduos são socializados ou interagem com base em regras e comportamentos e na qual existem papéis sociais a serem cumpridos. São exemplos de instituições sociais: a família, as instituições educativas, as instituições religiosas, as instituições jurídicas, políticas e militares. Em todas as instituições sociais são desenvolvidas práticas de aprendizagem, as quais versam sobre linguagens e outros códigos, valores, procedimentos técnicos e papéis a serem incorporados por esses mesmos indivíduos.

A psicopedagogia institucional se debruça sobre as questões da aprendizagem humana em ambientes voltados à socialização dos indivíduos. A escola é o principal espaço institucional de atuação do psicopedagogo, mas não é o único. As empresas, os hospitais, as clínicas, as organizações não governamentais (ONGs) e todo e qualquer organismo social que desenvolva práticas de socialização também são objeto de estudo da psicopedagogia.

Muitas reflexões que tratam da psicopedagogia institucional têm como lócus fundamental a escola, em razão de esta ser uma instituição voltada essencialmente para o aprender e na qual os problemas de aprendizagem são mais visíveis. Ainda há muito a se estudar acerca da aprendizagem no ambiente escolar – em outras instituições, então, há muito mais.

No âmbito das inúmeras atividades da psicopedagogia, podemos perguntar: Qual é a diferença entre a atuação do psicopedagogo na área institucional e na área clínica? Segundo Camargo (2012, p. 40),

> na psicopedagogia clínica, o atendimento é preferencialmente individual com a utilização de instrumentos específicos, tanto para diagnosticar, quanto para a intervenção. Na psicopedagogia institucional, o atendimento é coletivo, com uso de

instrumentos de diagnóstico e intervenção também específicos. Os instrumentos em ambos os casos dependem do referencial teórico de cada um.

O eixo de intervenção do psicopedagogo na instituição passa, portanto, pelo trabalho com o coletivo, com os grupos. Nesse sentido, Bastos (2015, p. 49) considera que "o psicopedagogo institucional pode ser compreendido como o técnico da relação interpessoal, uma vez que ele investiga os grupos, interage com eles, propõe que eles reflitam sobre as relações profissionais e o trabalho de uma forma geral". O psicopedagogo é também considerado técnico dos vínculos humanos ou técnico da explicitação do implícito, já que, por meio da sua "leitura, ele faz emergir conteúdos que estavam latentes, explicita os conflitos e trabalha para fortalecer os vínculos dos integrantes dos grupos" (Bastos, 2015, p. 49).

Outra característica da atuação institucional do psicopedagogo que a diferencia do trabalho clínico é seu caráter essencialmente preventivo. Ao passo que o trabalho do psicopedagogo na clínica consiste, principalmente, em uma intervenção voltada para equacionar problemas já manifestos na aprendizagem, na instituição o trabalho se concentra em evitar a generalização de dificuldades de aprendizagem em meio ao coletivo de aprendentes.

Para Camargo (2012), entretanto, a psicopedagogia precisa ser percebida como um único campo de conhecimento. A divisão ou definição dos campos clínico e institucional em seu contexto se refere apenas aos sujeitos atendidos e aos instrumentos.

De acordo com Porto (2011, citada por Azevedo, 2014, p. 125), na instituição "a ação do psicopedagogo está centrada na prevenção do fracasso e das dificuldades escolares, não só do aluno como também dos educadores e demais envolvidos neste processo". Para tanto, "é necessário que a intervenção psicopedagógica invista na melhoria das relações de aprendizagem e na construção da autonomia não só dos alunos, mas, principalmente, dos educadores" (Porto, 2011, citada por Azevedo, 2014, p. 124). Deve-se buscar "a construção da autonomia do professor, da postura crítica em relação à sua ação pedagógica e o desenvolvimento da autoria de pensamento [que] pode acontecer pela intervenção psicopedagógica na escola" (Porto, 2009, p. 116).

A autora observa que "o fracasso escolar está alicerçado, basicamente, sobre duas dimensões que se influenciam em uma relação dialética: a individual, que diz respeito ao aluno e às suas vivências, pertencente a uma estrutura familiar, e outra externa, que corresponde à escola e aos aspectos culturais, ideológicos e sociais da aprendizagem" (Porto, 2009, p. 116).

Oliveira (2009), por sua vez, atenta para o fato de que os estudos sobre a psicopedagogia no campo institucional têm se voltado, progressivamente, para o propósito de que as instituições se antecipem ao aparecimento dos problemas de aprendizagem.

Buscam, assim, que elas cada vez mais se ocupem de uma ação preventiva, "pois se percebeu, ao longo do tempo, que era preciso tomar atitudes anteriores ao aparecimento dos problemas encaminhados à clínica (não somente à psicopedagogia clínica), além de se formar um acervo que permitisse aos estudiosos compreenderem melhor a práxis da aprendizagem" (Oliveira, 2009, p. 37).

De acordo Oliveira (2009, p. 37),

> os trabalhos que foram sendo desenvolvidos por profissionais que atuaram diretamente com problemas de aprendizagem mostraram que a intervenção direcionada ao sujeito com dificuldades muitas vezes adaptava-o a uma situação externa já identificada como sendo a mais adequada, deslocando o sintoma e não o eliminando.

Para a autora, portanto, com o avanço dos estudos, é possível notar que muitas das dificuldades com que os sujeitos aprendentes se deparam no dia a dia estão relacionadas a variáveis de caráter coletivo, sejam institucionais, sejam escolares, sejam familiares.

1.2 Contextualização histórica da psicopedagogia institucional

Fontes (2006) destaca que a psicopedagogia surgiu no final do século XIX, na Europa, com vistas a entender e sanar os problemas de aprendizagem, relacionando-os a outros campos do saber, como a pedagogia, a psicologia e a medicina. A primeira escola preocupada em solucionar problemas de aprendizagem foi fundada na França, no final do século XIX, pelo médico e educador Édouard Séguin e destinava-se a crianças com deficiência mental. Naquele momento, o aluno ou sujeito aprendiz não estava presente nas preocupações sobre a aprendizagem; o foco recaía apenas nos distúrbios e nas técnicas capazes de superá-los.

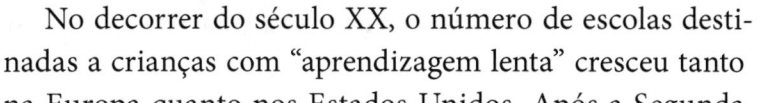

No decorrer do século XX, o número de escolas destinadas a crianças com "aprendizagem lenta" cresceu tanto na Europa quanto nos Estados Unidos. Após a Segunda Guerra Mundial, a psicóloga Juliette Favez-Boutonnier e o psicanalista George Mauco fundaram o primeiro centro médico psicopedagógico em Paris, na França, na tentativa de articular medicina, psicopedagogia, psicanálise e pedagogia. O primeiro enfoque a orientar os psicopedagogos no esclarecimento dos problemas de aprendizagem foi também o orgânico, amparado por uma postura pautada na biologia e na medicina. Pretendia-se, assim, uma readaptação do aluno por meio da psicopedagogia, com a utilização do chamado *método adaptativo*.

Em 1948, surgiu o segundo centro psicopedagógico da França, dessa vez na cidade de Estrasburgo. No mesmo período, foi fundada a Associação dos Centros Psicopedagógicos de todo o país. Cresceu a influência de novas abordagens sobre a problemática da aprendizagem, com a superação gradual dos paradigmas médicos e a incorporação dos paradigmas psicanalíticos e socioculturais na análise do fracasso escolar.

Na Argentina, a graduação em Psicopedagogia foi implantada na década de 1950, ocupando importante espaço nos âmbitos da educação e da saúde. Em entrevista a Bossa (2002, p. 44), as psicopedagogas Alicia Fernández e Carmen Montti comentaram o fato de que os cursos de Psicopedagogia naquele país têm servido para cooperar na redução do fracasso escolar, seja este "da instituição, seja do sujeito ou, o que é mais frequente, de ambos". Essa façanha é alcançada por meio do assessoramento a pais, professores e diretores, no sentido de decidirem sobre a elaboração de planos de recreação, cujo objetivo é desenvolver a criatividade, o juízo crítico e a cooperação entre alunos. O psicopedagogo argentino também atua no serviço de orientação vocacional na passagem do ensino fundamental para o ensino médio e na passagem deste para o ensino superior, bem como em outras demandas concretas de cada instituição.

No campo da saúde, os psicopedagogos argentinos trabalham em consultórios particulares e outras instituições como hospitais públicos e particulares. Buscam, em sua ação cotidiana, atuar sobre as alterações de aprendizagem sistemática e/ou assistemática, utilizando o diagnóstico na identificação dos múltiplos geradores desse problema, e procuram, fundamentalmente, descobrir como o sujeito aprende. Também trabalham com os pais, fazendo entrevistas cuja intenção é levantar hipóteses relativas ao perfil familiar e social que interfere na formação da criança (Bossa, 2002).

No Brasil, a psicopedagogia parte do consultório e vai para a escola, seguindo a influência da formulação acadêmica e da prática profissional da Argentina. Durante décadas, perdurou, aqui, a ideia de que os problemas de aprendizagem tinham sua origem em fatores orgânicos, sendo provocados por distúrbios, nos quais, em geral, sua causa é atribuída a uma disfunção do sistema nervoso central (Bossa, 2002, p. 50). Nas últimas décadas do século XX, com a massificação do acesso à escola básica, que em muitas sociedades de todo o mundo ocorreu de modo desigual, o foco dos problemas de aprendizagem se deslocou dos fatores orgânicos que afetam a saúde do estudante para o fracasso escolar.

Inicialmente, o insucesso de muitos estudantes brasileiros foi associado a fatores de origem sociocultural, com os educadores tentando imputar o fracasso massivo na escola a aspectos extraescolares. Na década de 1980, autoras como a especialista em psicologia escolar Maria Helena Patto afirmavam que o fracasso escolar brasileiro seria um problema social e politicamente produzido, resultante da política educacional hegemônica, seletiva, elitista e excludente. Segundo a autora, "o fracasso da escola pública elementar é o resultado inevitável de um sistema educacional congenitamente gerador de obstáculos à realização de seus objetivos" (Patto, 1996, p. 343). Desde a década de 2000, entretanto, Bossa (2002) vem propondo que o problema do fracasso escolar se caracteriza como um sintoma social e procura observá-lo em diversos contextos – de ordem individual, cultural e escolar –, em uma perspectiva multidimensional.

Nas décadas de 1970 e 1980, difundiram-se, no Rio Grande do Sul e em São Paulo, centros de estudos e clínicas voltadas aos problemas da aprendizagem. Em 1984, realizaram-se o 1º Encontro de Psicopedagogos, em São Paulo, e o 1º Seminário de Estudos em Psicopedagogia, em Porto Alegre.

Em 1979, foi criado o curso de formação clínica e institucional de psicopedagogia no Instituto Sedes Sapientia, em São Paulo, por meio da ação de um grupo de educadores, pedagogos e psicólogos.

Os Encontros de Psicopedagogia (promovidos inicialmente pela Associação dos Psicopedagogos de São Paulo na década de 1980 em intercâmbio com grupos de estados como Rio Grande do Sul, Rio de Janeiro, Paraná e Minas Gerais) geravam troca de experiência e enriquecimento das discussões da área de psicopedagogia.

Dos encontros da Associação dos Psicopedagogos de São Paulo surgiu, em 1980, a Associação Brasileira de Psicopedagogia (ABPP), que, em 2020, completou 40 anos de existência. A ABPP congrega profissionais da área em todo o país e tem 2 núcleos e 16 secções pelo Brasil. Na maioria dos estados, é possível encontrar vários cursos de graduação e dezenas de cursos de especialização em Psicopedagogia (presenciais e a distância).

As diversas áreas do conhecimento têm trazido cada vez mais luzes para a compreensão das diversas dimensões da aprendizagem. A psicologia, a linguística, a sociologia, a antropologia e a psicolinguística têm colaborado para reformular as abordagens sobre os desafios do aprender. Scoz (2013) destaca a contribuição de paradigmas como:

- a abordagem piagetiana da psicóloga e pedagoga argentina Emilia Ferreiro (1937-);
- o sociointeracionismo do psicólogo e pensador bielorrusso Lev Vygotsky (1896-1934);
- as abordagens psicopedagógicas do psicólogo social argentino Jorge Visca (1935-2000) e seu conceito de aprendizagem como construção intrapsíquica; e
- a ideia de desenvolvimento do aprender associado a fatores internos e externos ao sujeito da psicóloga argentina Sara Paín (1931-).

Scoz (2013, p. 29) ressalta a grande contribuição desses autores para a psicopedagogia no sentido de redimensionar o problema da aprendizagem e propor uma visão mais ampla do ser humano, dando ênfase ao seu "mérito de oferecer à psicopedagogia uma visão da pluricausalidade de fatores que envolvem o processo de aprendizagem e os problemas dele decorrentes, o que evidencia a necessidade de um conhecimento multidisciplinar na ação psicopedagógica".

Emilia Ferreiro

Emilia Ferreiro (2001), ao estudar os desafios da construção da leitura e da escrita em crianças na idade de alfabetização, identifica que muitos "erros" cometidos por elas na produção oral e textual são, na verdade, hipóteses que elaboram na construção de seu conhecimento. Ela dá destaque às produções espontâneas das crianças, que, segundo observa, "representam um valiosíssimo documento que precisa ser interpretado e analisado. Aprender a lê-las é um longo aprendizado que requer uma atitude teórica definida" (Ferreiro, 2001, p. 17). A autora afirma que o desenvolvimento da escrita da criança não segue necessariamente o tempo formalmente definido para seu ensino pela escola e, portanto, não pode ser enquadrado em uma estratégia única, padronizada.

Ainda segundo Ferreiro (2001), a escola deve evitar definir tempos de resposta padronizados para as crianças, enquadrando-as em "boas" ou "más". Em vez disso, deve compreender o processo de desenvolvimento das crianças, trabalhando seus limites. A autora destaca que as atividades de interpretação e produção textual dos indivíduos começam antes da escolarização, como parte da dinâmica própria da idade pré-escolar. A aprendizagem se insere, portanto, em um sistema de concepções previamente elaboradas, não podendo ser reduzida a um conjunto de técnicas perceptivo-motoras.

Lev Vygotsky

A abordagem de Lev Vygotsky tem sua ênfase no processo de interação das crianças umas com as outras e entre elas e o meio e, nesse contexto, ganha destaque o papel do professor. Se os fatores biológicos condicionam o desenvolvimento infantil inicial, o desenvolvimento das habilidades cognitivas no decorrer do tempo é determinado pelas interações sociais com as demais crianças e os adultos. As práticas sociais nas quais meninos e meninas estão envolvidos vão propiciando, com o tempo, a consciência de si e do mundo que os cerca.

Na teoria vygostkiana, tem centralidade o conceito de *zona de desenvolvimento proximal*, ou seja, a diferença entre o nível de desenvolvimento real da criança (funções mentais por ela já desenvolvidas e capacidade de fazer coisas por si mesma) e o nível de desenvolvimento ideal ou potencial (aonde ela pode chegar por meio da assistência de adultos ou de parceiros com *performance* mais adiantada).

Nessa concepção de aprendizagem, conforme Scoz (2013, p. 26),

> se entendermos a aprendizagem como um processo profundamente social, que deve focalizar formas emergentes de aprender, então não se trata mais de propor uma instrução programada, muitas vezes mecanizada e restrita apenas às dificuldades. Trata-se, sim, de apostar nas capacidades das crianças, propondo um tipo de trabalho que considere mais suas qualidades que seus defeitos.

Com base nas teorias de Ferreiro e Vygotsky, Scoz (2013) questiona a efetividade dos testes padronizados e de outras ferramentas de mensuração que isolam o indivíduo de seu contexto e acabam desconsiderando outros fatores (como os processos de interação social) no desenvolvimento de suas competências e habilidades[1].

Jorge Visca

A teoria de Jorge Visca, denominada *epistomologia convergente*, qualifica a aprendizagem como uma construção de perspectiva intrapsíquica, resultante de uma articulação entre fatores físicos e individuais do sujeito e o meio no qual ele está inserido. Visca estabelece níveis de aprendizagem de matriz genética que se estendem durante toda a vida, a saber: a protoaprendizagem (ocorre nos primeiros contatos da criança com a mãe); a deuteroaprendizagem (consiste em um interjogo de relações entre a criança, os objetos que a rodeiam e o ambiente mais próximo); a aprendizagem assistemática (marcada pelas interações que os indivíduos desenvolvem com a comunidade em seu entorno); e a aprendizagem sistemática (caracterizada pelo aprender com base nas interações ocorridas nas instituições educativas).

Visca também propõe uma classificação dos estados patológicos de aprendizagem: níveis semiológicos (marcados por sintomas objetivos e subjetivos); níveis patogênicos (baseados

---

1 Trataremos mais detalhadamente do pensamento de Vygotsky neste livro. Por agora, sugerimos a leitura da obra de Antunes (2002), que destaca o papel da interação no processo de aprendizagem, entre outros temas.

em estruturas e mecanismos que provocam e mantêm os sintomas); e níveis etiológicos (determinados por causas históricas).

De acordo com tal modelo, ele considera três grandes classes de dificuldades para a aprendizagem humana, que podem articular-se entre si. No nível patogênico, encontra-se o obstáculo epistêmico, representado pelo nível da construção da estrutura cognitiva para a apreensão da realidade. O obstáculo epistemofílico expressa o vínculo afetivo que o sujeito estabelece com objetos e situações de aprendizagem. Já o obstáculo funcional consiste em obstáculos que não podem ser enquadrados nas categorias anteriores. No nível etiológico, detectam-se causas de origem biológica e psicológica mais remotas, que perduram até o momento do diagnóstico[2].

Sara Paín

Sara Paín afirma que a aprendizagem depende essencialmente da articulação de fatores internos e externos ao sujeito. Os fatores internos se referem ao funcionamento do corpo como um todo, incluindo a coordenação dos movimentos, o desejo, as estruturas cognitivas (base da inteligência) e a dinâmica do comportamento (respostas do sujeito à realidade circundante). Os fatores externos, por sua vez, são aqueles que resultam do meio social em que o aprendente está inserido.

---

2 Para um conhecimento mais aprofundado das teses de Jorge Visca, recomendamos a leitura de sua obra intitulada *Clínica psicopedagógica: epistemologia convergente* (1987).

> A pesquisadora define três funções básicas para a aprendizagem: a socialização (permite ao indivíduo internalizar as regras coletivas e tornar-se um ser social); a repressão (voltada ao controle, permite ao sistema submeter os indivíduos às regras da sociedade); e a transformação (permite ao sujeito interferir na vida coletiva, na comunidade)[3].

Novas abordagens científicas acerca da aprendizagem humana (e que interferem na atuação do psicopedagogo na instituição) estão relacionadas com as novas demandas da sociedade no que concerne à educação. Nas últimas décadas, esta tem ganhado cada vez mais relevância no contexto das novas estruturas econômicas, políticas e sociais da contemporaneidade, que produzem mudanças no universo do aprender.

As novas demandas da aprendizagem se ampliam também no contexto do movimento mundial Educação para Todos, uma articulação internacional de governos e entidades da sociedade civil desenvolvida na década de 1990 cujo objetivo é ampliar as oportunidades educacionais em todo o mundo. Seu ponto alto foi a Conferência Mundial sobre Educação para Todos no ano de 1990, em Jomtien, na Tailândia, promovida pela Organização das Nações Unidas para a Educação, a Ciência e a Cultura (Unesco) e o Fundo das Nações Unidas para a Infância (Unicef), com apoio do Banco Mundial. Seu objetivo foi estabelecer compromissos internacionais para garantir a todas as pessoas os conhecimentos básicos

• • • • •
3 Para um conhecimento mais aprofundado das teses de Sara Paín, recomendamos a leitura de de sua obra intitulada *Diagnóstico e tratamento dos problemas de aprendizagem* (1987)

necessários a uma vida digna, condição *sine qua non* para a construção de uma sociedade mais justa e pacífica.

A Declaração Mundial sobre Educação para Todos (Unesco, 1990), resultante dessa conferência, consagra o direito de toda criança a ter acesso aos bens culturais produzidos pela humanidade, ressaltando o objetivo de "satisfazer as necessidades básicas da aprendizagem de todas as crianças, jovens e adultos". O documento aponta que

> cada pessoa – criança, jovem ou adulto – deve estar em condições de aproveitar as oportunidades educativas voltadas para satisfazer suas necessidades básicas de aprendizagem. Essas necessidades compreendem tanto os instrumentos essenciais para a aprendizagem (como a leitura e a escrita, a expressão oral, o cálculo, a solução de problemas), quanto os conteúdos básicos da aprendizagem (como conhecimentos, habilidades, valores e atitudes), necessários para que os seres humanos possam sobreviver, desenvolver plenamente suas potencialidades, viver e trabalhar com dignidade, participar plenamente do desenvolvimento, melhorar a qualidade de vida, tomar decisões fundamentadas e continuar aprendendo. (Unesco, 1990)

Os focos das políticas educacionais orientadas a partir daí se concentraram na aprendizagem, no desenvolvimento de habilidades e na afirmação da educação inclusiva.

No contexto das orientações internacionais voltadas à educação, também ganhou destaque o livro *Educação: um tesouro a descobrir*, escrito pelo político francês Jacques Delors e outros especialistas – sob a coordenação da Comissão Internacional sobre Educação para o Século XXI, da Unesco – e publicado em 1996. O texto ficou conhecido como *Relatório Delors* e apresentava um diagnóstico da situação do acesso à educação e das condições de aprendizagem nas diversas partes do mundo, propondo a prioridade das oportunidades educacionais como uma das "molas mestras" para o combate à pobreza, à desigualdade social e ao racismo e para a promoção de um ambiente propício à paz e ao desenvolvimento sustentável em todos os países, além de estabelecer um conjunto de ações aos diferentes governos e à sociedade com vistas à concretização da ideia de educar para o desenvolvimento humano (Delors et al., 1996).

O referido livro define aquilo que ficou conhecido como *os quatro pilares da educação*: aprender a conhecer, aprender a fazer, aprender a viver junto e aprender a ser (Delors et al., 1996). Na essência, indica novas dimensões para os desafios do aprender, envolvendo a lógica de desenvolvimento de habilidades e competências em consonância com os novos modelos de desenvolvimento econômico, político, tecnológico e social, advindos da globalização, bem como dos novos arranjos familiares e da emersão de novos laços de sociabilidade humana, no contexto de temas como diversidade e multiculturalismo.

Uma das ideias que emergem neste novo cenário educacional é o paradigma de aprendizagem durante a vida, cada vez mais adotado em todos os países e incorporado no ideário de órgãos como a Unesco. Segundo esse paradigma, a educação é uma necessidade contínua dos indivíduos, especialmente com o advento da sociedade do conhecimento. De acordo com a Unesco (Delors et al., 1996), a sociedade do conhecimento exige um *continuum* formativo que vai além do conceito de educação permanente, superando divisões tradicionais como educação inicial e educação continuada.

Conforme o Relatório Delors,

> Uma educação permanente, realmente dirigida às necessidades das sociedades modernas não pode continuar a definir-se em relação a um período particular da vida – educação de adultos, por oposição à dos jovens, por exemplo – ou a uma finalidade demasiado circunscrita – a formação profissional, distinta da formação geral. Doravante, temos de aprender ao longo de toda a vida e uns saberes penetram e enriquecem os outros. Às vésperas do século XXI, as missões que cabem à educação e as múltiplas formas que pode revestir fazem com que englobe todos os processos que levem as pessoas, desde a infância até ao fim da vida, a um conhecimento dinâmico do mundo, dos outros e de si mesmas, combinando de maneira flexível as quatro aprendizagens fundamentais [...]. É este *continuum* educativo, coextensivo à vida e ampliado às dimensões da sociedade, que a Comissão entendeu designar, no presente relatório, pela expressão "educação ao longo de toda a vida". Em seu entender, é a chave que abre as portas do século XXI e, bem além de uma adaptação necessária às exigências do mundo do trabalho, é a condição para um domínio mais perfeito dos ritmos e dos tempos da pessoa humana. (Delors et al., 1996, p. 103-104)

Uma importante vertente que também se desenvolveu no escopo dos debates educacionais em escala mundial foi a educação inclusiva, que será nosso objeto de estudo no Capítulo 6.

Entre os novos desafios que se apresentam com relação ao aprender também estão as novas tecnologias, as novas metodologias e os novos ambientes de aprendizagem que vêm surgindo desde os anos 1990. Esse cenário inédito é decorrente das mudanças tecnológicas propiciadas pela revolução informacional da década de 1970, que deu início ao uso massivo do computador e, posteriormente, da internet e do espaço virtual, também conhecido como *ciberespaço*.

O uso do computador em rede promoveu uma revolução nos processos de interação humana, com forte impacto na questão do aprender e nos métodos de mediação pedagógica. Esse fenômeno atinge empresas, organizações governamentais e não governamentais, instituições educativas, políticas e religiosas, entre outras. Apesar de muitas pessoas ainda terem dificuldade de acesso à rede mundial de computadores e utilizarem internet de baixo desempenho, a tendência de universalização das formas de interação baseadas na virtualidade é inevitável e global.

Os métodos tradicionais de ensino – baseados na visão de que o professor é o centro emissor do conhecimento e o aluno é o receptor – já vinham sendo superados desde a emersão do movimento escolanovista, liderado por pensadores como John Dewey e Maria Montessori, na passagem do século XIX para século XX.

Para saber mais

O livro a seguir indicado resgata o histórico da Escola Nova, corrente pedagógica responsável pela renovação da escola no século XX. O autor apresenta as proposições dos principais teóricos escolanovistas e suas contribuições para o debate pedagógico, bem como sua atuação no Brasil. A obra retrata, também, a influência do escolanovismo no debate educacional pós-ditadura militar e faz um balanço do movimento em questão.

DI GIORGI, C. **A Escola Nova**. São Paulo: Ática, 1986.

Com o advento das tecnologias informacionais, esse processo passou a avançar ainda mais, entrando em cena a aprendizagem colaborativa, a qual consiste em um conjunto de procedimentos metodológicos que buscam articular interação, colaboração e participação ativa daqueles que aprendem, o que é facilitado pelas novas tecnologias disponíveis.

Emergem, nesse contexto, as tendências da sala de aula inovadora, baseada em práticas de metodologias ativas, críticas da aula expositiva – centrada na figura do professor –, que colocam o aprendente como protagonista do processo de ensino-aprendizagem. Quando falamos em *aula inovadora*, estamos nos referindo à necessidade de fazer com que o aprender ocorra de forma significativa tanto na educação básica quanto na superior, conforme explicam Camargo e Daros (2018). De acordo com os autores, é preciso "estabelecer caminhos que levem à inovação no ensino, de modo a chegar cada vez mais próximo de metodologias que maximizem o potencial de aprendizagem do aluno" (Camargo; Daros, 2018, p. 4).

Novas abordagens como a aula invertida, a aprendizagem baseada em projetos, o ensino híbrido e o aprendizado por meio de competências inovam a maneira de dar aula e servem como elementos motivadores para quem aprende, tornando-o sujeito do processo do aprender. Camargo e Daros (2018) entendem que todas as pessoas têm a capacidade de inovar, exercendo a criatividade e produzindo novas ideias, o que gera um processo fundamental: a motivação do sujeito que aprende para que busque novos conhecimentos.

Os novos desafios da educação e, especialmente, das instituições que formam educadores, no contexto da sociedade do conhecimento, consistem em

> instrumentalizar os alunos para um processo de educação continuada que deverá acompanhá-lo em toda a sua vida. Nesta perspectiva, o professor precisa repensar sua prática pedagógica, conscientizando-se de que não pode absorver todo o universo de informações e passar essas informações para seus alunos. Um dos maiores impasses sofridos pelos docentes é justamente a dificuldade de ultrapassar a visão de que podia ensinar tudo aos estudantes. O universo de informação ampliou-se de maneira assustadora nestas últimas décadas, portanto o eixo da ação docente precisa **passar do ensinar** para **enfocar o aprender** e, principalmente, o **aprender a aprender**. (Moran; Masetto; Behrens, 2000, p. 70, grifo do original)

Atualmente, vivemos o que o sociólogo espanhol Manuel Castells definiu como uma *sociedade em rede*: um mundo em que as pessoas estão cada vez mais integradas a comunidades virtuais (Castells, 2003). Nestes tempos, o aprender vai muito além da sala de aula, na medida em que o conhecimento percorre a rede mundial de computadores, criando novas comunidades de aprendizagem. Estas se caracterizam por novas práticas de mediação, interação e difusão do conhecimento, que passa a estar em todo lugar, intermediado pelas tecnologias digitais. Nesse cenário, cabe ao aprendente, antes da aprendizagem dos conteúdos, o domínio das novas linguagens deste novo tempo.

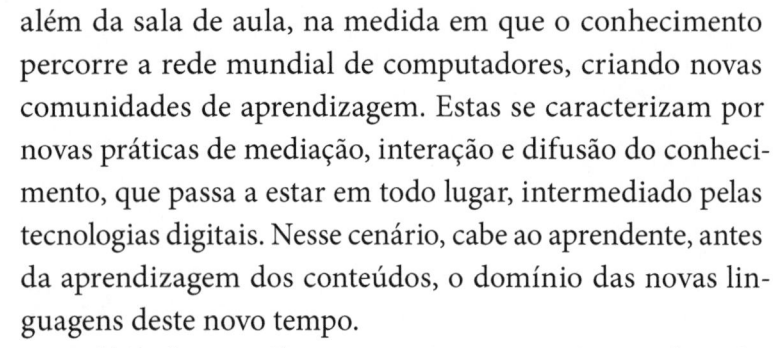

O filósofo e sociólogo tunisiano Pierre Lévy, analisando o futuro do pensamento na era da informática, observa que

> novas maneiras de pensar e de conviver estão sendo elaboradas no mundo das telecomunicações e da informática. As relações entre os homens, o trabalho, a própria inteligência dependem, na verdade, da metamorfose incessante de dispositivos informacionais de todos os tipos. Escrita, leitura, visão, audição, criação, aprendizagem são capturados por uma informática cada vez mais avançada. (Lévy, 1993, p. 7)

Os novos artefatos propiciados pelos computadores – como o hipertexto, a difusão da robótica em sala de aula, a imersão de alunos em ambientes artificiais por meio de tecnologias interativas e a incorporação de outras ferramentas tecnológicas – têm transformado a educação e não podem ser desconsiderados pelos psicopedagogos que atuam no campo institucional. A expansão da educação a distância via internet também se apresenta como um fenômeno que exige um repensar permanente das estratégias de mediação do conhecimento. As tecnologias da inteligência vieram para ficar e compõem cada vez mais a paisagem das instituições.

Uma das questões que merecem destaque no debate educacional mais recente, com repercussão direta no campo da psicopedagogia, consiste na ideologia da aprendizagem: a emersão de um ideário pedagógico que toma como referência o aprender como objeto, até certo ponto, separado das condições de ensino que estão ao seu redor. Segundo Carneiro (2019, p. 43), esse é um paradigma próprio de quem

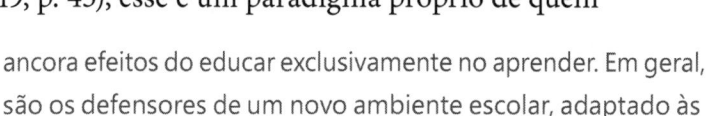

> ancora efeitos do educar exclusivamente no aprender. Em geral, são os defensores de um novo ambiente escolar, adaptado às exigências tecnológicas e à autonomia de seus estudantes. [...]
>
> Nesse novo palco, a métrica que avalia tem a altura dos desempenhos relativos à ordem das competências e habilidades.

Sob essa ótica, o foco nos resultados educacionais desconhece outros fatores – de caráter político, sociocultural e emocional. Para Carneiro (2019, p. 43), com a ideologia da aprendizagem,

> mais do que o saber, procura-se avaliar o "saber como", o que se explicita na atual Base Nacional Comum Curricular (BNCC), alinhada a diversos documentos de órgãos internacionais que encontram nos modelos educacionais um eixo para estruturar toda uma forma econômica, baseada na comparação de desempenhos entre países [...]. A economia abraça a aprendizagem e, com isso, faz de seus *rankings* um verdadeiro sismógrafo das crises da educação.

O olhar sobre a educação focado em resultados quantitativos tem sido muito difundido por organismos internacionais e entidades do terceiro setor vinculadas a instituições financeiras, porém estabelece um ponto de vista limitado sobre o fenômeno do aprender. Tal ponto de vista dialoga com um viés pedagógico economicista, embasado na teoria do capital humano, que se constitui como fundamento dos objetivos educacionais definidos pelo Estado desenvolvimentista.

Conforme Pires (2006, p. 75), os defensores do paradigma economicista caminham para o entendimento de que "a educação é um requisito fundamental para o desenvolvimento econômico", conduzindo a ideia de que seria necessário que os governos adotassem "políticas explícitas para a ampliação do acesso da população ao ensino formal". Assim, a educação se colocaria a serviço do expansionismo econômico.

Nesse contexto, sob a influência de organismos internacionais, como a Unesco e a Comissão Econômica para a América Latina e o Caribe (Cepal), as políticas educacionais tomam como referência a necessidade de potencializar os indivíduos por meio de sua capacitação para ampliar a produtividade e a riqueza.

Outro fator a ser considerado pelo profissional da psicopedagogia são os avanços da legislação educacional. A psicopedagogia vem se desenvolvendo bastante no Brasil, especialmente após a promulgação da Constituição Federal de 1988 e a aprovação da Lei n. 9.394, de 20 de dezembro de 1996 (Brasil, 1996), ou Lei de Diretrizes e Bases da Educação Nacional (LDBEN).

A Constituição, em seu art. 205, estabelece que a educação é um direito de todos e dever do Estado e da família (Brasil, 1988). Com base nisso, o Brasil aprovou um conjunto de legislações que ampliaram o ingresso no ensino, da creche à universidade. Milhões de crianças, jovens e adultos passaram a ter acesso à educação em seus diferentes níveis e modalidades.

De acordo com o Censo do Ministério da Educação (MEC), cerca de 47,3 milhões de crianças e adolescentes estavam matriculados na educação básica em todo o país em 2020. A educação superior é outro exemplo de grande expansão. Atualmente, o Brasil tem mais de 8 milhões de alunos matriculados em faculdades e universidades (Brasil, 2021).

A LDBEN contribuiu para diversificar a escola brasileira, propiciando a expansão de modalidades como a educação a distância, a educação profissional, a educação étnico-racial e a educação especial. Ao mesmo tempo, avançou no conceito de desenvolvimento de competências, tornou mais flexível a mobilidade dos discentes entre as etapas do ensino (conforme as características e o desempenho de cada um, como na previsão de tratamento diferenciado aos superdotados), criou um Sistema Nacional de Avaliação e adotou a ideia de aprendizagem durante a vida, sobre a qual comentamos anteriormente.

1.3
Campos de atuação da psicopedagogia institucional

Até este ponto, vimos que o psicopedagogo é o profissional que se dedica a analisar os processos de aprendizagem humana em todas as suas dimensões. A maioria dos cursos de Psicopedagogia, especialmente em nível de pós-graduação, apresenta-se sob uma perspectiva fragmentada em termos de nomenclatura e estrutura curricular (por exemplo: psicopedagogia institucional, psicopedagogia clínica, psicopedagogia hospitalar, neuropsicopedagogia), mas esse tipo de formação é incompleto e não permite ao profissional atuar em todos os espaços.

Em seus documentos emitidos desde os anos 2000, a ABPP tem propugnado pela necessidade de uma formação genérica em psicopedagogia como base para a atuação no mercado de trabalho. O psicopedagogo genérico, que pode cuidar das questões da aprendizagem em diferentes espaços sociais, é necessário porque não é possível desarticular a intervenção clínica da institucional, ou vice-versa. De acordo com o Código de Ética do Psicopedagogo (ABPP, 2019, p. 1-2),

> Art. 1º A Psicopedagogia é um campo de conhecimento e ação interdisciplinar em Educação e Saúde com diferentes sujeitos e sistemas, quer sejam pessoas, grupos, instituições e comunidades. Ocupa-se do processo de aprendizagem considerando os sujeitos e sistemas, a família, a escola, a sociedade e o contexto social, histórico e cultural. Utiliza instrumentos e procedimentos próprios, fundamentados em referenciais teóricos distintos [...].
>
> § 1º A intervenção psicopedagógica é da ordem do conhecimento, relacionada com a aprendizagem, considerando o caráter indissociável entre os processos de aprendizagem, as dificuldades e as possibilidades dos sujeitos e sistemas.
>
> § 2º A intervenção psicopedagógica ocorre com diferentes sujeitos e sistemas, quer sejam pessoas, grupos, instituições e comunidades, considerando os processos de aprendizagem e seus contextos, em situações de pesquisa, de atendimento clínico e/ou institucional.

É exatamente a indissociabilidade entre a atuação institucional e a atuação clínica que impede a fragmentação da formação do psicopedagogo, cujas consequências se manifestam de maneira negativa no mercado de trabalho. Em geral, a intervenção no âmbito clínico tem desdobramentos no espaço institucional, e muitos dos casos trabalhados no contexto grupal acabam gerando desdobramentos no âmbito terapêutico individual.

No Brasil, a regulamentação da atuação do profissional da psicopedagogia – Projeto de Lei n. 3.512/2008 (Brasil, 2008a) – encontrava-se, até o período da elaboração deste livro, em tramitação no Congresso Nacional. Isso não impede, contudo, a atuação do psicopedagogo no mercado de trabalho, visto que a área é reconhecida e está em amplo crescimento, ao mesmo tempo que é prevista na Classificação Brasileira de Ocupações, no quadro de técnicos em educação (Brasil, 2010).

Em geral, podemos dividir o campo de atuação do psicopedagogo nas instituições em torno dos seguintes contextos:

a. as escolas e as demais instituições de ensino;
b. as empresas;
c. os hospitais e as demais instituições de saúde; e
d. as organizações sociais.

Em todos esses espaços, a psicopedagogia contribui nos processos que propiciam, de forma grupal, a construção do conhecimento.

A escola é o ambiente primordial de atuação do psicopedagogo institucional, pois é o principal espaço de socialização tanto dos indivíduos na cultura quanto do saber na sociedade moderna. Não nos referimos aqui apenas às instituições que ofereçam o ensino básico, mas também ao acompanhamento das demandas de aprendizagem desde a pré-escola até o ensino superior, incorporando as diferentes etapas e modalidades de ensino.

No caso brasileiro, quando tratamos das etapas de ensino, incluímos a pré-escola (na qual se incluem as creches), o ensino fundamental, o ensino médio, a graduação e a pós-graduação. Quando consideramos as modalidades, referimo-nos à educação presencial, à educação a distância, à educação de jovens e adultos, ao ensino profissional e tecnológico, à educação indígena, à educação do campo, à educação quilombola e à educação especial. Todas essas classificações estão previstas na legislação brasileira e refletem a tendência internacional de diversificação dos padrões escolares, diante da emersão dos novos paradigmas educacionais e das novas demandas do mercado de trabalho.

Conforme vimos anteriormente, as mudanças ocorridas na educação desde a década de 1990 (com o advento do movimento Educação para Todos e da educação inclusiva) aumentam o desafio dos profissionais da educação e do Estado no que concerne aos resultados do sistema escolar. Na atualidade, não é possível falar sobre o direito à educação levando em conta apenas o acesso à escola. Em países como o Brasil, que praticamente já alcançaram a universalização das matrículas no ensino fundamental, ganham cada vez mais relevância questões sobre a necessidade de se reduzirem as taxas de evasão e repetência, bem como sobre o desempenho escolar em exames padronizados – como a Avaliação Nacional do Rendimento Escolar (Prova Brasil), o Exame Nacional do Ensino Médio (Enem) e o Programa Internacional de Avaliação de Estudantes (Pisa) – que comparam o desempenho de alunos em linguagem, matemática e ciência. Nesse ambiente educacional competitivo, há uma pressão contínua por resultados, por isso o cuidado com o aprender acaba ganhando relevância.

Instituições que atuam na educação informal também necessitam da presença do olhar psicopedagógico sobre a aprendizagem. Na medida em que se diversificam as modalidades de ensino e os novos modelos de gestão da educação – com organizações sociais (entidades do terceiro setor) atuando por meio de projetos com grupos específicos (crianças, idosos, pessoas com deficiência etc.) –, essas instituições necessariamente requerem a intervenção psicopedagógica, a fim de assegurar maiores cuidados com a aprendizagem.

As empresas são outro espaço de ação da psicopedagogia institucional. Quando falamos em *empresas*, não nos referimos apenas a empresas privadas, e sim a todos os diversos tipos de organizações que articulam esforços coletivos para alcançar resultados comuns. O tema da aprendizagem organizacional vem cada vez mais se tornando objeto de preocupação dos gestores de organizações públicas e privadas, especialmente diante do ambiente mais e mais competitivo. Essas organizações concentram-se no propósito de se tornarem cada vez mais eficientes, e um pré-requisito para isso é envolver os trabalhadores na construção dos resultados almejados.

A psicopedagogia empresarial também é conhecida como *psicopedagogia laboral* ou *psicopedagogia do trabalho* e já existe de forma significativa em países como a Argentina e a Espanha. No Brasil, ainda é um campo de atuação pouco desenvolvido e menos ainda estudado, com raras publicações.

As transformações nas tecnologias e nos processos de organização da produção têm propiciado mudanças intensas e rápidas nas empresas, o que exige delas uma adequada gestão do conhecimento e favorece o desenvolvimento de habilidades e competências, bem como o aumento da capacidade de inovação. Os departamentos de recursos humanos têm despendido esforços cada vez maiores para ampliar seus programas de treinamento de trabalhadores, seja contratando equipes próprias de capacitação, seja terceirizando serviços, seja firmando parcerias com outras organizações.

Nas empresas, o psicopedagogo atua nos processos de aprendizagem organizacional, tendo em vista a necessidade de os membros (especialmente os novos) conhecerem a cultura da organização e se integrarem a ela de maneira efetiva. O psicopedagogo também estimula a incorporação de normas e valores, promove dinâmicas interativas com o objetivo de mudar padrões de comportamento e relações interpessoais e colabora para a adaptação às mudanças constantes no mundo do trabalho e na sociedade.

De acordo com Miranda e Garcia (2015), o desenvolvimento da sociedade da informação na década de 1990 impôs novos padrões de organização do trabalho que exigem maior incorporação do conhecimento ao processo produtivo, bem como maior valorização do capital intelectual. Segundo as autoras, com as mudanças que ocorrem em ritmo acelerado, buscar novas formas de se diferenciar como vantagem competitiva no mercado parece ser a única saída para as organizações. O aprender é algo inerente ao homem, embora aconteça de forma imperceptível às vezes, e não é só a escola o local de educação. De certa forma, durante a inserção no mercado de trabalho é que se demonstram e são cobrados conhecimentos e atitudes provindas desta. (Miranda; Garcia, 2015, p. 293)

Assim, a necessidade de um aprendizado constante e renovado por parte de gerentes e trabalhadores exige uma reflexão permanente sobre o aprender – e isso abre espaço para a atuação do psicopedagogo.

Bossa (2011, p. 49) trata da importância da psicopedagogia nas organizações, apontando que "Existe também uma proposta de atuação nas empresas, onde o objetivo seria favorecer a aprendizagem do sujeito para uma nova função, auxiliando-o para um desenvolvimento mais efetivo de suas atividades". A autora (2011, p. 49) afirma também que o psicopedagogo pode "realizar processos de orientação educacional, vocacional e ocupacional, tanto na forma individual quanto em grupo". Sua atuação reside na análise dos fatores que determinam o aprendizado, bem como dos aspectos que podem dificultá-lo, objetivando construir seu modelo de intervenção, tanto em uma perspectiva individual quanto em uma perspectiva grupal.

Costa (2009, p. 19), por sua vez, ratifica a atuação do psicopedagogo empresarial no setor de recursos humanos, ao propugnar que "o Psicopedagogo atua principalmente nas áreas de Treinamento e Desenvolvimento de pessoal e Avaliação de Desempenho [...] recrutamento e na seleção de pessoal [...]", tudo isso no sentido de favorecer uma melhor *performance* profissional e uma maior integração ao grupo.

Os hospitais e as demais instituições de saúde são outro contexto em que a presença do psicopedagogo é cada vez mais exigida. Há várias décadas, os ambulatórios hospitalares têm ampliado o atendimento de crianças e adolescentes que enfrentam problemas de aprendizagem. Em países como a França, a psicopedagogia hospitalar surgiu justamente na área da saúde, como especialidade profissional de equipes médico-psicopedagógicas em centros ambulatoriais na periferia de Paris, com a inauguração da primeira escola para crianças inadaptadas, criada pelo planejador urbano francês Henri Sellier. Esse exemplo espalhou-se por toda a França, foi seguido por outros países da Europa, como a Alemanha, e chegou aos Estados Unidos, com o atendimento a crianças com tuberculose. A atuação do psicopedagogo no contexto hospitalar possibilita a aprendizagem por meio da ludicidade e da realização de oficinas psicopedagógicas com os internos nos ambulatórios.

Na Argentina, a psicopedagogia hospitalar surgiu na década de 1960; no Brasil, teve início na década de 1970. Em nosso país, a implantação da classe hospitalar aconteceu no contexto dos avanços da educação especial.

Atualmente, a Resolução n. 2, de 11 de setembro de 2001, do Conselho Nacional de Educação (CNE) define diretrizes para o atendimento, entre os educandos com necessidades educacionais especiais, daqueles que apresentam dificuldades de acompanhamento das atividades curriculares em razão de condições e limitações específicas de saúde. Segundo essa resolução,

Art. 13. Os sistemas de ensino, mediante ação integrada com os sistemas de saúde, devem organizar o atendimento educacional especializado a alunos impossibilitados de frequentar as aulas em razão de tratamento de saúde que implique internação hospitalar, atendimento ambulatorial ou permanência prolongada em domicílio.

§ 1º As classes hospitalares e o atendimento em ambiente domiciliar devem dar continuidade ao processo de desenvolvimento e ao processo de aprendizagem de alunos matriculados em escolas da Educação Básica, contribuindo para seu retorno e reintegração ao grupo escolar, e desenvolver currículo flexibilizado com crianças, jovens e adultos não matriculados no sistema educacional local, facilitando seu posterior acesso à escola regular. (Brasil, 2001, p. 4)

Desde 2002, portanto, o MEC vem promovendo a criação de serviços escolares no contexto hospitalar para crianças e adolescentes impossibilitados de frequentar a escola. Profissionais como o pedagogo e o psicopedagogo têm sido incorporados a projetos na área, especialmente em hospitais da rede pública.

No Brasil, outro espaço de articulação entre educação e saúde são os Centros de Atenção Psicossocial (Caps), que consistem em pontos de atenção estratégicos da Rede de Atenção Psicossocial (Raps) vinculados ao Sistema Único de Saúde (SUS). Os Caps realizam atendimentos de saúde mental anteriores aos procedimentos de internação, prestando serviços de saúde de caráter aberto e comunitário. São formados por equipes multiprofissionais que atuam sob a ótica interdisciplinar e atendem, prioritariamente, pessoas com sofrimento ou transtorno mental (incluindo aqueles relacionados ao uso de álcool e outras drogas), em processo de reabilitação psicossocial ou em situações de crise. A psicopedagogia nos Caps pode contribuir significativamente para a integração de pessoas com dificuldades de aprendizagem, sempre de modo articulado com as instituições escolares.

As organizações sociais também são um campo de atuação do profissional da psicopedagogia. O terceiro setor é um espaço propício para intervenções relacionadas à aprendizagem e ao resgate da cidadania, em particular em ONGs que executam projetos sociais não necessariamente pertencentes ao Estado ou ao mercado – embora possam ser contratados por tais setores. As áreas de educação, saúde, assistência social e cultura são muito receptivas a esse tipo de iniciativa.

Além das ONGs, os movimentos sociais e comunitários também são zonas de atuação da psicopedagogia. Nesse contexto, são identificadas necessidades voltadas a questões socioculturais e práticas educativas muitas vezes informais, que desafiam os profissionais, acostumados a uma abordagem tradicional. Nos últimos anos, na Argentina e em outros países, estudiosos têm reconhecido a importância de o trabalho psicopedagógico ser aplicado em outras esferas que não as estritamente ligadas à educação formal. É o caso da educação comunitária, que atinge especialmente grupos sociais vulneráveis. Há urgência em ampliar nosso olhar e nossa atuação sobre esse contexto, em uma perspectiva de transformação social.

1.4
O psicopedagogo na instituição: assessoramento e acompanhamento individualizado

No âmbito da instituição, o psicopedagogo pode atuar basicamente de duas maneiras:

1. assessoramento à equipe multidisciplinar que compõe a instituição, com enfoque essencialmente grupal; e
2. acompanhamento individualizado do aprendente, com intervenções predominantemente de caráter coletivo.

O trabalho psicopedagógico institucional passa, basicamente, pela prevenção e pela intervenção. Cabe ao profissional detectar possíveis dificuldades de aprendizagem e agir para proporcionar um ambiente favorável ao processo de ensino-aprendizagem, às interações interpessoais, a um desenvolvimento emocional apropriado e a um processo de troca adequado entre os sujeitos que ensinam e que aprendem, considerando as características coletivas e individuais.

E em que consiste, efetivamente, o assessoramento psicopedagógico? De acordo com Azevedo (2014, p. 123), o assessoramento "é o trabalho de orientação e intervenção frente às demandas institucionais que se originam da difícil demanda educacional que se apresenta atualmente". Para a autora, a escola e as demais instituições educativas têm tentado suprir carências que antes eram resolvidas pela família:

> Essa lacuna emocional, afetiva e social mudou a dinâmica da convivência entre professores e alunos e, consequentemente, vivenciamos um mal estar nas instituições educativas, a qual cresce [sic] as agressões verbais, físicas e emocionais, tornando um ambiente tenso e desfavorável tanto para quem trabalha quanto para quem estuda. [...] o principal desafio do psicopedagogo é criar estratégias de convivência para promover um ambiente saudável e favorável a aprendizagem, de modo que, tanto a equipe técnica quanto os professores e alunos sintam-se motivados a aprender e ensinar mutuamente. (Azevedo, 2014, p. 123)

Na prática, o ponto de partida para a intervenção psicopedagógica na instituição é a abordagem sistêmica ou holística. Esta consiste em perceber os problemas de aprendizagem na instituição sob uma perspectiva ampla, levando-se em consideração os diversos fatores que interferem em seu funcionamento, de forma a tomá-los não como questões isoladas, mas como componentes de um todo. É preciso analisar quando, onde e como acontece o processo de ensino-aprendizagem, indo além das questões específicas a ele relacionadas, buscando-se observar os contextos em que se desenvolve e investigar as inter-relações produzidas entre os sujeitos envolvidos.

Gasparian (1997) defende a adoção do pressuposto sistêmico com o objetivo de se entender a construção da aprendizagem. Para ela,

> por oferecer referências teóricas úteis à compreensão das leis que regulam os sistemas vivos, [a teoria geral dos sistemas] torna-se um modelo epistemológico cada vez mais eficaz para os profissionais que, trabalhando com a escola e com

as famílias, podem utilizar os modelos elaborados a partir da observação do comportamento de apenas um indivíduo. (Gasparian, 1997, p. 87)

Não é possível compreender o ser cognoscente e suas vicissitudes sem percebê-lo como parte de um sistema maior. O sujeito que aprende compõe subsistemas que integram esse sistema mais amplo.

Além do pressuposto sistêmico, contribui significativamente para a prática do assessoramento psicopedagógico a adoção do olhar etnográfico sobre o aprender e os coletivos em que se desenvolve. A etnografia tem sido cada vez mais utilizada na pesquisa em educação e colaborado para que se possa compreender melhor os meandros do cotidiano das instituições voltadas à aprendizagem, com um enfoque direcionado especialmente aos processos de interação.

Esse método permite lançar um olhar diferenciado sobre as práticas desenvolvidas em escolas, universidades e outros espaços que envolvem alunos, professores e demais membros da coletividade. A etnografia incorpora os aspectos simbólicos, as representações sociais, os rituais, as normas, as regras e outros elementos que compõem a cultura da organização aprendente. Com o uso de ferramentas específicas, busca-se identificar os valores, os hábitos, as crenças, as práticas e outros comportamentos do coletivo e que influenciam cada indivíduo.

De acordo com André (2012), a abordagem etnográfica possibilita investigar as raízes dos problemas ocorridos na escola. A autora define *etnografia* como um esquema de pesquisa desenvolvido pelos antropólogos para estudar a cultura e a sociedade. Etimologicamente etnografia significa "descrição cultural". Para os antropólogos, o termo tem dois sentidos: (1) um conjunto de técnicas que eles usam para coletar dados sobre os valores, os hábitos, as crenças, as práticas e os comportamentos de um grupo social; e (2) um relato escrito resultante do emprego dessas técnicas. (André, 2012, p. 27)

Qual é o objeto da pesquisa etnográfica? É o estudo dos povos e de sua cultura. Na educação, a etnografia propõe-se a descrever, interpretar e explicar o que as pessoas fazem em determinado ambiente ou contexto (a sala de aula, por exemplo), quais são os resultados de suas interações cotidianas e qual é seu entendimento sobre o que estão fazendo. A pesquisa etnográfica permite ao pesquisador ter foco na cultura de um grupo.

Na prática, o pesquisador deve mirar nas regras, nos conceitos, nas crenças e nos significados dos povos em seu próprio grupo, ou seja, nos elementos materiais e simbólicos que o compõem. Deve também articular os fenômenos com seu contexto.

Um elemento básico da pesquisa etnográfica é a preocupação com os detalhes. É preciso praticar bem a observação do que as pessoas dos grupos estudados fazem, descrever adequadamente como fazem e ter um registro detalhado de informações.

Com base nesses pressupostos, a prática do assessoramento se volta não somente para o sujeito que aprende, mas para toda a comunidade da instituição – inclusive professores, instrutores, treinadores, coordenadores e profissionais de apoio. Todos estão inseridos no trabalho de mediação do conhecimento; cabe ao psicopedagogo institucional agir para que atuem da melhor maneira possível.

Seu trabalho não deve concentrar-se apenas nos problemas de aprendizagem que se manifestam, mas também, e principalmente, no esforço pela melhoria da qualidade do ensino, o que leva à necessidade de um diálogo permanente com a equipe. Segundo Azevedo (2014, p. 6), "a atuação do assessor psicopedagógico tem como objetivo promover estratégias e ações que previnam e interferem [sic], positivamente, junto às demandas educacionais para um maior desenvolvimento da inclusão e aprendizagem dos alunos nas Instituições de Ensino". Por meio da observação, do mapeamento e da avaliação das práticas da equipe, o assessor realiza ações voltadas a uma melhor compreensão do funcionamento da instituição.

1.5
Atuação psicopedagógica preventiva e terapêutica

O profissional da psicopedagogia pode atuar de modo preventivo ou terapêutico, dependendo do caso e do contexto.

De maneira preventiva, ele pode agir em escolas, cursos de formação, empresas e organizações sociais, auxiliando o professor nas condições de aprendizagem dos alunos e procurando compreender os processos de desenvolvimento e da aprendizagem. Para isso, o psicopedagogo deve utilizar-se de diferentes estratégias, tendo como objetivo prevenir dificuldades de aprendizagem que porventura surjam.

Também atua preventivamente nas mais diversas instituições ao colaborar de modo integrado no planejamento e ao realizar atividades de intervenção psicopedagógica. O trabalho colaborativo com a equipe da instituição é uma das características da ação psicopedagógica preventiva. Segundo Font e Gallart (2000, p. 11), a parceria tem a finalidade de que a instituição consiga potencializar "ao máximo a capacidade de ensinar dos profissionais que a integram e a capacidade de aprender dos alunos, a quem o ensino é dirigido num processo que, além do mais, pretende-se emocionalmente gratificante para todos os envolvidos".

Para Font e Gallart (2000, p. 12),

> Promover as capacidades mencionadas pressupõe um complexo emaranhado em que os aspectos organizacionais e estruturais, o funcionamento da instituição, as representações dos docentes e dos alunos, os recursos de que dispõe e outros fatores que, mesmo sem estar "dentro" da escola influem intensamente nela – disposições normativas, contextos socioeconômicos, relações com as famílias, recursos de apoio com que se conta no lugar da implantação etc. – interagem constantemente.

Assim, o trabalho psicopedagógico preventivo se desenvolve sobre uma realidade complexa e multiforme, na qual o profissional deve atuar com visão estratégica, antecipando-se aos problemas e pensando no futuro.

A atuação terapêutica da psicopedagogia, por sua vez, tem seu foco no indivíduo e contempla crianças, adolescentes e adultos que manifestam algum distúrbio ou dificuldade de aprendizagem. Essa modalidade é desenvolvida especialmente em clínicas e consultórios com caráter remediador. Nesse caso, o profissional tem como principais atribuições investigar as motivações para o surgimento da dificuldade de aprendizagem e, na sequência, ofertar soluções para contribuir na superação do problema.

De certo modo, temos de romper os preconceitos com a palavra *terapia*, expressos, no entendimento leigo, pela ideia de que implica tratamento para determinada enfermidade ou doença associada a problemas mentais. Quando falamos em *terapia*, estamos nos referindo a um tratamento que promove a saúde, a autonomia e o bem-estar. Procuram-se as causas de bloqueios e dificuldades no aprender que se manifestam por meio de sintomas como baixo desempenho na escola, hiperatividade, agressividade e baixa concentração.

A psicopedagogia terapêutica concentra-se na aprendizagem do sujeito individual, particularizado. Parte-se de uma queixa, que desencadeia um processo de avaliação psicopedagógica (em que ocorre a investigação do caso), o qual, por sua vez, resulta em um diagnóstico individualizado. A partir daí, o profissional elabora um prognóstico em que prevê a realização de uma intervenção, cuja consequência será o desaparecimento do sintoma e o desenvolvimento do aprender sob condições mais positivas.

Síntese

Neste capítulo, vimos que o objeto central de estudo da psicopedagogia é o processo de aprendizagem humana. Procuramos esclarecer o conceito de psicopedagogia institucional, promover uma contextualização histórica de seu desenvolvimento e abordar seus diversos campos de atuação, com destaque para a presença do psicopedagogo na instituição. O eixo de intervenção nesse caso passa pelo trabalho com o coletivo, com os grupos, investigando-se e interagindo-se com eles. A atuação do psicopedagogo institucional parte de uma abordagem sistêmica e tem uma perspectiva eminentemente preventiva.

Indicações culturais

ABPP – Associação Brasileira de Psicopedagogia.
Disponível em: <https://www.abpp.com.br>. Acesso em: 15 abr. 2022.
No *site* da ABPP, você encontra informações sobre o exercício da atividade do psicopedagogo, a regulamentação da profissão, diversas discussões e eventos acadêmicos, além de documentos de interesse de estudantes e profissionais.

A EDUCAÇÃO proibida. Direção: Germán Doin.
Argentina: Eulam Produciones, 2012. 121 min.
Esse documentário questiona as lógicas da escolarização moderna e a forma de entender a educação, retratando experiências educacionais diferenciadas que buscam um novo paradigma educativo.

CLARO, G. R. **Fundamentos de psicopedagogia**. Curitiba: InterSaberes, 2010.

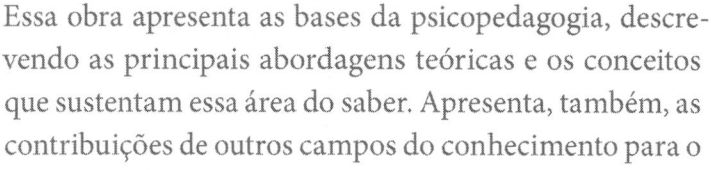

Essa obra apresenta as bases da psicopedagogia, descrevendo as principais abordagens teóricas e os conceitos que sustentam essa área do saber. Apresenta, também, as contribuições de outros campos do conhecimento para o avanço das pesquisas que buscam caminhos mais sólidos e atuais para o processo de ensino-aprendizagem.

SILVA, M. C. A. e. **Psicopedagogia**: a busca de uma fundamentação teórica. São Paulo: Paz e Terra, 2010.

Esse livro esboça uma fundamentação teórica relativamente consistente para a psicopedagogia no Brasil, destacando seu objeto de estudo e direcionando seu debate teórico para o campo científico.

Atividades de autoavaliação

1. A área institucional é um dos campos de intervenção da psicopedagogia. Quando se fala em *psicopedagogia institucional*, faz-se referência à atuação dos profissionais:
   a) na clínica e nas escolas.
   b) em escolas, hospitais, empresas e entidades da sociedade civil.
   c) de modo individualizado ou em grupo.
   d) especificamente na escola.
   e) Nenhuma das respostas anteriores.

2. No decorrer do tempo, as dificuldades de aprendizagem deixaram de ser percebidas sob o paradigma médico e passaram a ser observadas sob um novo olhar, de caráter mais amplo, contemplando-se novos fatores. Que novo olhar foi esse?
   a) Um olhar focado, fundamentalmente, em causas de origem social, especialmente a pobreza.
   b) Um olhar centrado nas metodologias dos professores.
   c) Um olhar com uma perspectiva holística, global, sobre o problema, incorporando as dimensões social, cognitiva e da saúde.
   d) A ausência de um capital cultural por parte do aprendente e de sua família como fator impeditivo da aprendizagem.
   e) Nenhuma das respostas anteriores.

3. O trabalho de assessoramento psicopedagógico, no âmbito da instituição, passa basicamente pelo trabalho preventivo e tem um enfoque direcionado eminentemente:
   a) ao grupo de professores e aos demais membros da equipe pedagógica.
   b) à detecção de distúrbios e dificuldades de aprendizagem.
   c) ao aprendente, centrando-se no desenvolvimento de ações de caráter terapêutico.
   d) aos professores que utilizam metodologias inadequadas.
   e) Nenhuma das respostas anteriores.

4. No contexto das orientações internacionais voltadas à educação, ganhou destaque o documento conhecido como *Relatório Delors* (elaborado por Jacques Delors e outros especialistas), referente aos desafios para a educação do século XXI. Esse relatório:
   a) defendia que era necessário renovar a educação brasileira, do ponto de vista pedagógico, com proposições como a Escola Nova.
   b) definiu os denominados *quatro pilares da educação do futuro*: aprender a conhecer, aprender a fazer, aprender a viver junto e aprender a ser.
   c) propôs uma abordagem economicista para a educação, dando prioridade para o ensino profissionalizante.
   d) propôs iniciativas que contemplavam, no processo educativo, uma visão segregadora das crianças com deficiência.
   e) Nenhuma das respostas anteriores.

5. A respeito da ideologia da aprendizagem, analise as afirmativas a seguir.
   I) As novas linguagens propiciadas pelo computador (como o hipertexto), a difusão da robótica em sala de aula, a imersão de alunos em ambientes artificiais por meio de tecnologias interativas e a incorporação de outras ferramentas tecnológicas têm transformado a educação e não podem ser desconsideradas.

II) Segundo essa perspectiva, o foco da educação deve concentrar-se nos resultados educacionais. Devem ser desconsiderados outros fatores que interferem na vida do discente, como aqueles de caráter político, sociocultural e emocional.

III) Apresenta um olhar focado em resultados qualitativos, e não quantitativos, sobre a educação.

IV) Tem seu foco na crítica social dos conteúdos.

V) Dialoga com um viés pedagógico economicista embasado na teoria do capital humano, segundo a qual a teoria econômica se constitui como fundamento dos objetivos educacionais.

Estão corretas apenas as afirmativas:

a) I e II.
b) II e III.
c) I, II e V.
d) IV e V.
e) Nenhuma das respostas anteriores.

Atividades de aprendizagem

Questões para reflexão

1. Procure observar fatores (familiares, culturais e comunitários) que fazem parte da vida de uma criança ou grupo de crianças. Verifique se eles são retratados no contexto escolar em que elas estão inseridas e elabore possíveis estratégias voltadas a esse enfoque.

2. Pesquise profissionais da psicopedagogia a que você tenha fácil acesso. Identifique o perfil de atuação de cada um e busque mapear em que perfis e/ou atividades você se reconhece.

Atividade aplicada: prática

1. Faça uma pesquisa na internet e investigue a atuação de um(a) psicopedogogo(a) que trabalhe na área clínica e de outro(a) que trabalhe na área institucional. Procure identificar e analisar pontos em comum e pontos específicos na atuação de ambos.

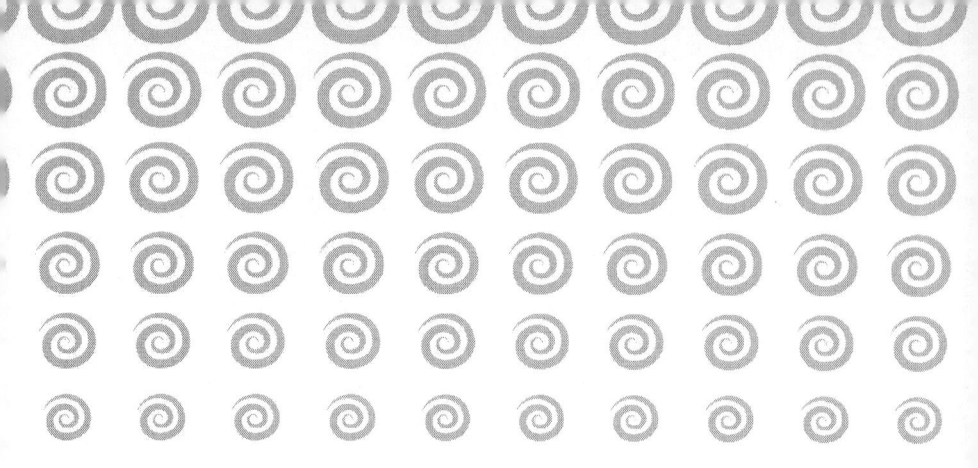

2
Avaliação psicopedagógica institucional

Neste capítulo, trataremos da avaliação psicopedagógica institucional. Entendemos que avaliar é uma missão fundamental no processo educativo, mas é preciso enfatizar as especificidades da avaliação psicopedagógica.

Iniciaremos com o conceito de avaliação pedagógica institucional (diferenciando-a, sobretudo, da avaliação da aprendizagem) e, em seguida, abordaremos a definição de suas etapas, desde o mapeamento institucional até a avaliação com a equipe multidisciplinar. Analisaremos, também, o papel do diagnóstico psicopedagógico institucional, percebido como um instrumento voltado à observação e à análise específica dos processos de aprendizagem, como uma ferramenta dinâmica articulada a relações que envolvem o aprendente. Além disso, discutiremos a importância da queixa e o levantamento das hipóteses. Ao final, destacaremos os objetivos, as metas e os procedimentos do diagnóstico na instituição.

2.1
Avaliação da aprendizagem e avaliação psicopedagógica

Um dos maiores desafios da intervenção psicopedagógica é avaliar. Os dicionários associam o conceito de *avaliar* ao ato de medir, julgar, classificar, estabelecer valia ou valor. Na educação atual, a avaliação tem grande importância, já que vivemos em um sistema capitalista competitivo, no qual se busca obter resultados quantificáveis. Nesse sentido, a ideia de uma boa escola, infelizmente, tem sido vinculada diretamente a elevadas taxas de aprovação.

Quando falamos em *avaliação da aprendizagem*, referimo-nos ao processo cotidiano de medição dos resultados do ensino e da aprendizagem, realizado por meio de exercícios, testes, provas, exames e outras tarefas acadêmicas às quais os alunos são submetidos. De acordo com Luckesi (2013), a prática de realizar exames escolares é milenar, porém a prática de avaliar a aprendizagem é bem mais recente. Em conformidade com o conceito de Ralph Tyler, a avaliação da aprendizagem diz respeito ao "cuidado necessário que os educadores precisam ter com a aprendizagem de seus educandos" (Luckesi, 2013, p. 24). Tal cuidado deve ocorrer em virtude do surgimento de fenômenos como baixo rendimento escolar, reprovação e evasão.

O autor destaca que a expressão *exames escolares* predominou na Lei de Diretrizes e Bases da Educação (LDB) até 1971. A partir de então, evoluiu para *aferição do aproveitamento escolar*. Com o texto de 1996, passou-se a utilizar a terminologia *avaliação da aprendizagem*. A mudança na nomenclatura, ainda segundo Luckesi (2013), resultou do desenvolvimento de um novo ponto de vista sobre o assunto: essencialmente, o aluno vai para a escola não para ser selecionado ou classificado, mas para aprender – o que deveria ser óbvio, mas acaba não sendo.

Atualmente, difundem-se por todo o mundo modelos de avaliação centrados em testes padronizados e massivos, originários de países como Estados Unidos e Inglaterra, cujos sistemas educacionais são altamente competitivos.

No caso brasileiro, um dos exames mais conhecidos desse tipo é a Prova Brasil, que busca medir o desempenho de escolas, redes e instituições de ensino comparativamente conforme o Índice de Desenvolvimento da Educação Básica (Ideb). O mais famoso dos testes padronizados brasileiros é o Exame Nacional do Ensino Médio (Enem), cujas notas são classificatórias tanto para permitir o acesso às universidades públicas por meio do Sistema de Seleção Unificada (Sisu) quanto para estabelecer *rankings* comparativos entre escolas e entre os sistemas privado e público.

Foi na educação superior brasileira, contudo, que se desenvolveu um sistema de avaliação mais complexo e institucionalizado. Etapa da educação que mais cresceu desde a década de 1990, especialmente por meio das instituições privadas, o ensino superior carecia de mecanismos eficazes para o controle da qualidade dos serviços oferecidos. Dias Sobrinho (2010) destaca dois momentos particulares na avaliação da educação superior: a criação do Exame Nacional de Cursos (também chamado de *Provão*) em 1996 e o surgimento do Sistema Nacional de Avaliação da Educação Superior (Sinaes) em 2003.

Por meio de todos esses exames, instituiu-se, na educação brasileira, uma "cultura da avaliação", que passou a ter centralidade na regulação do sistema de ensino e no funcionamento das instituições. Avaliam-se os alunos do ensino fundamental, do ensino médio e do ensino superior.

Dias Sobrinho (2010) é bastante crítico aos exames de larga escala. Ele identifica uma visão mercadológica e fragmentadora no processo, além de influências externas que retiram dos Estados nacionais, das redes de ensino e das escolas o poder de definir os principais rumos de seus caminhos pedagógicos. Para o autor,

> nos últimos anos, a avaliação vem tendendo a perder seu caráter educativo de diagnóstico e melhora, relacionando-se mais com as metas políticas e econômicas dos governos e adquirindo a função de controlar a eficiência e produtividade das instituições educacionais. Instalou-se como tecnologia de vigilância e controle sobre rendimentos de estudantes e professores, portanto, sobre os produtos das instituições. (Dias Sobrinho, 2010, p. 218)

Luckesi (2013), por sua vez, afirma que os novos desafios dos sistemas educacionais impõem uma reflexão cada vez mais intensa sobre as práticas dos educadores, entre as quais se inclui a avaliação. Para ele, torna-se progressivamente mais necessário aprender a avaliar, ou seja, "aprender os conceitos teóricos sobre avaliação, mas concomitante a isso, aprender a praticar a avaliação, traduzindo-a em atos do cotidiano" (Luckesi, 2013, p. 26). Trata-se de buscar atuar e refletir sobre o que se faz cotidianamente com a avaliação da aprendizagem; buscar uma "conversão", o que seria, nas palavras dele, uma "mudança de conduta", incluindo a autoavaliação por parte de professores e educadores. No ambiente descrito, como se situa a avaliação psicopedagógica? Ela se desenvolve em um contexto real, factível, envolvendo organizações aprendentes (escolas, hospitais, empresas) e profissionais voltados às tarefas de mediação do conhecimento e facilitação deste. A avaliação psicopedagógica acontece em um ambiente sociocultural diverso, bastante competitivo e, no caso da realidade brasileira, marcado por profundas desigualdades sociais, inclusive de acesso ao ensino.

A avaliação psicopedagógica engloba uma série de procedimentos técnicos adotados pelo profissional da psicopedagogia – seja na clínica, seja na instituição –, com o objetivo de identificar as possíveis causas de dificuldades de aprendizagem e diagnosticá-las. Trata-se de uma condição *sine qua non* para a implementação de estratégias interventivas.

De acordo com Colomer, Masot e Navarro (2008, p. 16), a avaliação psicopedagógica institucional pode ser definida como "um processo compartilhado de coleta e análise de informações relevantes da situação de ensino-aprendizagem, considerando-se as características próprias do contexto escolar e familiar, a fim de tomar decisões que visam promover mudanças que tornem possível melhorar a situação colocada".

A avaliação psicopedagógica é uma atividade de suporte às equipes multidisciplinares das escolas e das demais instituições voltadas à aprendizagem e é desenvolvida por meio das chamadas *equipes de assessoramento psicopedagógico* (EAPs) (Colomer; Masot; Navarro, 2008). Essas equipes são formadas por assessores psicopedagógicos ou consultores com formação específica e são responsáveis pelo acompanhamento psicopedagógico em uma instituição ou conjunto de instituições.

A avaliação psicopedagógica se diferencia da avaliação da aprendizagem na medida em que a primeira está voltada especificamente aos processos cognitivos e tem instrumentos e técnicas próprias para intervenção, ao passo que a segunda se concentra em medir a apreensão dos conteúdos estudados e as interações entre os sujeitos por meio de ferramentas e abordagens construídas pela pedagogia e pelas ciências que são objeto da avaliação. Além disso, a avaliação psicopedagógica tem caráter interdisciplinar, pois incorpora outros atores e saberes científicos às contribuições próprias da competência de cada um.

Ambos os tipos de avaliação, todavia, não podem ser realizados de modo estanque e desarticulado. Pelo contrário, fazem parte de um conjunto, de um mesmo sistema de ensino e aprendizagem.

Colomer, Masot e Navarro (2008, p. 16, grifo do original) afirmam que a avaliação psicopedagógica é

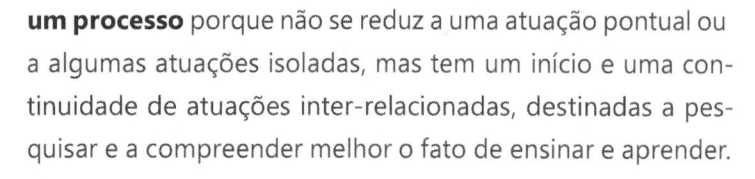

um processo porque não se reduz a uma atuação pontual ou a algumas atuações isoladas, mas tem um início e uma continuidade de atuações inter-relacionadas, destinadas a pesquisar e a compreender melhor o fato de ensinar e aprender.

A avaliação psicopedagógica desenvolve-se **em colaboração** com o conjunto de participantes no processo: os alunos, a família, a escola, outros profissionais, etc.

Sales e Dalmau (2004, p. 214) esclarecem que a avaliação psicopedagógica tem sido objeto de profundas modificações nos últimos anos, deixando de ser apenas uma ferramenta de classificação de alunos e cuja finalidade é buscar uma colocação escolar idônea, averiguar o que os estudantes não sabem e – talvez – apontar como poderiam chegar a saber.

As autoras destacam que, atualmente, a avaliação passou a ser entendida como um processo formador contínuo, "cuja principal função é saber o que o aluno aprendeu, como aprendeu, que tipo de apoio necessitou, com que materiais etc." (Sales; Dalmau, 2004, p. 214). Em suma, a avaliação

> deve servir para melhorar a atenção educativa de cada aluno e deve ser o ponto de partida de todas as decisões que deveriam ser tomadas em seu processo de aprendizagem. Assim, a avaliação psicopedagógica não deve ser diferente da avaliação escolar; deve ser complementar a esta e deve compartilhar com ela das mesmas finalidades. (Sales; Dalmau, 2004, p. 214)

Hoje, a avaliação psicopedagógica é um processo dirigido para apoiar a tomada de decisões sobre a situação escolar.

O processo avaliativo deve basear-se em um olhar sistêmico a fim de articular os diferentes momentos e espaços da aprendizagem. Em acordo com o conceito de sistema, as ações de sala de aula (lócus principal do aprender) devem estar associadas a outras ações, para que todas elas interajam, influenciando-se mutuamente dentro e fora da escola, pois esta faz parte de um contexto maior de fatores sociais, como a família. Para Colomer, Masot e Navarro (2008, p. 17), "qualquer mudança produzida em algum dos sistemas leva a mudanças ou adaptações de outros. A avaliação psicopedagógica terá de considerar todos estes contextos, assim como sua interação".

A avaliação psicopedagógica pode ser realizada com apenas um aluno ou com um grupo de alunos que apresentem necessidades educativas especiais (NEEs) permanentes ou temporárias, durante sua vida escolar ou momentaneamente, sempre diante do surgimento de uma demanda específica e da necessidade da implementação de ajustes nos cuidados educativos. Por meio dessa avaliação, torna-se possível aos profissionais da mediação do conhecimento tomar decisões em prol de ajustes nos processos de aprendizagem, que serão construídos de forma compartilhada entre as EAPs e os professores.

O envolvimento do conjunto de profissionais e dos pais é fundamental para o êxito do processo avaliativo, que deve ser dinâmico e interativo e permitir a atuação dos diferentes sujeitos articulados com os alunos em análise. Todas essas pessoas precisam estar envolvidas na construção do processo e se sentir partícipes, compartilhando a finalidade da avaliação.

Sales e Dalmau (2004) enfatizam que não se deve esperar a culminação do processo para tomar decisões, visto que, nesse caso, a avaliação psicopedagógica deixaria de cumprir, em grande parte, as funções de ajudar nas decisões pedagógicas e adequar a ação educativa. Conforme as autoras, "trata-se de utilizar as informações que, em cada momento, vão sendo proporcionadas para tomar decisões que permitam introduzir progressivamente, as mudanças necessárias" (Sales; Dalmau, 2004).

Outro ponto relevante é que a avaliação psicopedagógica não deve ter como objeto central a dificuldade de aprendizagem, e sim o aluno ou o grupo de alunos com todas as suas características e potenciais. A prioridade, portanto, é o desenvolvimento máximo do aprendente, e não a solução deste ou daquele problema em particular. Nesse sentido, Colomer, Masot e Navarro (2008) consideram que a avaliação deve centrar-se necessariamente no estudo das capacidades e potencialidades, mais do que no déficit ou nas dificuldades apresentadas pelos alunos.

Assim, as orientações obtidas devem voltar-se ao planejamento dos auxílios e das condições que tornem possível a melhoria da situação em foco. Como definem Colomer, Masot e Navarro (2008, p. 17), a avaliação psicopedagógica constitui "uma ferramenta para tomar decisões que melhorem a resposta educacional do aluno ou grupo de alunos, mas também para promover mudanças no contexto escolar e familiar".

2.2 Aspectos da avaliação psicopedagógica institucional

Sem uma coleta de informações adequada e sem um olhar aguçado, dificilmente se faz uma avaliação psicopedagógica acertada. Reunir o máximo possível de informações é fundamental para que o psicopedagogo possa avaliar a realidade institucional, identificar os problemas e as potencialidades presentes, realizar um diagnóstico da situação e propiciar uma intervenção que permita melhorar os processos de ensino e aprendizagem. A avaliação psicopedagógica institucional é, como vimos anteriormente, condição *sine qua non* para a intervenção.

A observação é um pressuposto da avaliação, pois possibilita o levantamento das primeiras informações, importantes para o andamento do trabalho. Todavia, não se pode desenvolver uma observação em um quadro de improviso. Um olhar pouco atento até pode chegar a identificar questões importantes, porém um olhar muito atento, associado a uma metodologia adequada, permite que se avance muito mais no caminho da produção de um diagnóstico.

Porto (2009, p. 121) destaca que, para lidar com os diversos problemas com os quais se defronta no dia a dia da instituição, o profissional da psicopedagogia precisa usar metodologias adequadas, "a fim de evitar a identificação de fatores que têm pouca ou mesmo nenhuma relação com o comportamento complexo que se deseja estudar".

A autora também discute a presença do próprio observador no processo de avaliação. A figura do psicopedagogo junto aos aprendentes, seja em sala de aula, seja em ambientes nos quais não costumava estar antes, pode interferir no comportamento dos sujeitos e comprometer o trabalho. Isso exige que o profissional aja com naturalidade nessas situações, o que não eliminaria, segundo Porto (2009), toda a influência de sua presença, mas minimizaria seu efeito no resultado final da observação. Outro fator a ser considerado na avaliação psicopedagógica é o tempo. Muitas vezes, o trabalho de campo precisa ser prolongado para dar conta de novos fatores que aparecem no decurso do estudo, inclusive por dificuldades inerentes ao trabalho com seres humanos, especialmente quando envolve grupos.

2.2.1 Pressupostos da avaliação e da intervenção psicopedagógica

Antes de abordarmos as etapas da avaliação psicopedagógica institucional, precisamos tratar do enfoque que fundamenta o trabalho psicopedagógico. Esse marco conceitual é fundamental para a definição dos caminhos a serem percorridos pelo profissional na busca pela solução dos problemas de aprendizagem que se apresentam.

Font e Gallart (2000) apontam que há diferentes enfoques no trabalho psicopedagógico e que estes interferem nos procedimentos a serem adotados, bem como nos resultados finais alcançados. Eles propugnam por um enfoque educacional-construtivo do trabalho psicopedagógico, que é definido por quatro características básicas, descritas a seguir.

1. Entende-se que o desenvolvimento humano supõe um processo permanente de culturalização, na medida em que tanto a criança quanto o jovem e o adulto, no decorrer da vida, aprendem no contato com outros sujeitos sociais que os inserem no meio. Para Font e Gallart (2000, p. 18), "a aprendizagem é o motor do desenvolvimento e não um mero acréscimo a este, como consideram outras teorias evolutivas".
2. A interação entre os agentes mediadores do conhecimento (pais, familiares, amigos e educadores) e o aprendiz é produzida sempre em um contexto social e histórico. Que contexto é esse? Inicialmente, a casa; depois, a comunidade, a escola, a igreja e outros espaços em cujo convívio cada "criança e adulto começam a interpretar os comportamentos do outro em relação às práticas conjuntas que se realizam, fora das quais perderiam seu sentido" (Font; Gallart, 2000, p. 18).
3. Os agentes educativos e o professor, como mediadores especializados, devem guiar o aprendiz desde seus conhecimentos prévios até os níveis progressivamente mais elevados de abstração e de autonomia. Para Font e Gallart (2000), essa mediação deve ser presidida pela consciência e pela intencionalidade.
4. A maior parte das dificuldades de aprendizagem e dos atrasos no desenvolvimento de alguns alunos pode ser explicada pela inexistência ou baixa qualidade da interação

social recebida. Segundo Font e Gallart (2000), é preciso considerar as relações entre o desenvolvimento do sujeito e a aprendizagem como fenômenos influenciados pelos processos de construção, culturalização, contextualização, mediação e aquisição de autonomia, o que "impõe uma mudança radical nas práticas educacionais, nas orientações didáticas, nos estilos docentes e, por extensão, exige uma profunda revisão das funções do psicopedagogo e do tipo de relações profissionais que ele deverá favorecer em seu trabalho" (Font; Gallart, 2000, p. 19).

Na psicopedagogia institucional, deve-se superar o foco no indivíduo e destacar o foco nos processos de interação entre o indivíduo e o grupo, buscando-se uma abordagem colaborativa. Font e Gallart (2000, p. 19) compreendem que a missão do psicopedagogo com enfoque construtivista é fazer com que "a escola desenvolva ao máximo suas potencialidades, daí o paralelismo que pode estabelecer-se entre o conceito de zona de desenvolvimento institucional, a distância teórica existente entre os avanços que uma instituição educativa pode realizar sem ajuda ou com ajuda de uma intervenção eficaz".

Incorporando a abordagem socioconstrutivista de Vygotsky, destacam Saenz e Plazaola (2004) a contribuição do conceito de zona de desenvolvimento proximal (ZDP) para o delineamento de um modelo de análise que embase a avaliação e a intervenção. Segundo as autoras, ao passo que a avaliação e a intervenção definem a distância entre o nível de desenvolvimento atual da criança e seu nível de desenvolvimento potencial, a ZDP das escolas e das organizações que aprendem, em geral, seria a distância entre o que professores, treinadores e instrutores podem realizar sozinhos e o que podem realizar com a presença do assessor psicopedagógico. Assim,

> o assessoramento deveria influenciar na criação da ZDP dos professores e das escolas, transferindo responsabilidades e controle e construindo significados compartilhados com o objetivo de fomentar a autonomia progressiva da escola. É o que denominaríamos Zona de Desenvolvimento Institucional – ZDI. (Saenz; Plazaola, 2004, p. 189)

Os papéis do professor e do psicopedagogo estão claramente delimitados no campo institucional, mas o objeto de trabalho precisa ser pensado sempre no contexto de colaboração.

O assessoramento psicopedagógico é essencialmente uma situação de interação, na qual deve ocorrer uma intersubjetividade. Professor e psicopedagogo devem "falar a mesma língua" desde a fase da avaliação, estabelecendo um diálogo construtivo que pode abrir caminhos para a colaboração. A atuação na ZDI sem esse pré-requisito pode ser prejudicada pela presença daquilo que os teóricos de mídia e da teoria da administração chamam de *ruídos na comunicação*: elementos internos e/ou externos que interferem no processo de transmissão entre o emissor e o receptor da mensagem. Esses "ruídos" atrapalham, e muito, o trabalho da equipe. Sem uma atitude dialógica entre os membros da equipe multiprofissional, responsável pela aprendizagem escolar ou mesmo pela aprendizagem organizacional, dificilmente o resultado buscado será alcançado.

Porto (2009) afirma que o processo de avaliação psicopedagógica é uma atividade que combina análise documental, entrevistas com respondentes e informantes, participação direta, observação e introspecção, tudo ao mesmo tempo. A autora ressalta que "o principal aspecto do método é mergulhar no campo e observar, segundo a perspectiva dos membros da ação" (Porto, 2009, p. 122). Desse modo, na avaliação psicopedagógica, é necessário adotar abordagens de caráter participante.

Nesse sentido, também podemos falar em *pesquisas participantes*: aquelas cujos objetivos são compreender a realidade estudada, intervir nela e transformá-la; aquelas que consideram o fato de que todo ser humano é, em si mesmo, uma fonte original e insubstituível de saber, oferecendo um repertório de experiências destinadas a superar a tradicional oposição entre sujeito e objeto presente na ciência. As pesquisas participantes buscam envolvimento com a realidade, não o oposto. São qualitativas e não quantitativas, pois não buscam fórmulas de generalização do conhecimento, e sim profundidade no entendimento do fenômeno estudado, mesmo que este seja um pequeno grupo.

Michel Thiollent

Uma das abordagens de pesquisa participante mais utilizadas é a pesquisa-ação. O sociólogo e economista francês residente no Brasil Michel Thiollent (1947-), seu estudioso mais conhecido, define essa metodologia como "um tipo de pesquisa social com base empírica que é concebida e realizada em estreita associação com uma ação ou com a resolução de um problema coletivo e no qual os pesquisadores e os participantes representativos da situação ou do problema estão envolvidos de modo cooperativo ou participativo" (Thiollent, 2000, p. 14). A pesquisa-ação baseia-se em uma abordagem intervencionista, na qual o pesquisador procura uma mudança no sentido de melhorar a realidade. Segundo Thiollent (2000), uma pesquisa só pode ser qualificada como pesquisa-ação quando se verifica efetivamente uma ação (do tipo coletiva) por parte das pessoas ou grupos implicados na situação observada.

Outro aspecto imprescindível é o ativismo do pesquisador. Para Thiollent (2000, p. 15), "Na pesquisa-ação, os pesquisadores desempenham um papel ativo no equacionamento dos problemas encontrados, no acompanhamento e na avaliação das ações desencadeadas em função dos problemas".

A pesquisa-ação de Michel Thiollent é muito utilizada nas ciências humanas, incluindo a educação; busca articular conhecimento e ação e envolver pesquisadores e pesquisados em torno dos objetivos finais daquilo que é estudado[1].

De acordo com Lewin (1946), os fenômenos sociais só se revelam aos pesquisadores na medida em que eles estejam dispostos a se engajar pessoalmente, observando, diagnosticando e intervindo nos processos de pesquisa. Os fenômenos sociais não podem ser analisados por meio de um olhar externo a eles.

• • • • •
1 A obra de Thiollent intitulada *Metodologia da pesquisa-ação* (2000) apresenta ao leitor iniciante uma visão ampla sobre essa abordagem e a destaca como ferramenta capaz promover uma interlocução com os atores sociais envolvidos na pesquisa.

A metodologia desenvolvida por Lewin é composta por um ciclo que se desenvolve em quatro etapas: a coleta de dados, o diagnóstico, a implementação das ações propostas e a avaliação. Para o autor, esse tipo de pesquisa se baseia em uma espécie de laboratório ou clínica social que reúne um conjunto metodológico com vistas a mudanças interpessoais, grupais e intergrupais fundamentadas em ações de caráter participativo e integrativo. Segundo ele, isso de maneira alguma implica que a pesquisa requerida seja, "sob qualquer aspecto, menos científica ou 'inferior' que as que se exigiria da ciência pura no campo dos eventos sociais" (Lewin, 1946, p. 217).

Outra abordagem muito útil e que pode contribuir substancialmente para a avaliação e a intervenção psicopedagógica institucional é a etnografia. Oriunda da antropologia, a etnografia consiste, de modo geral, em observar e interpretar culturas. Podemos compreender a instituição (escola, empresa ou hospital) como um espaço em que se produz cultura, como toda e qualquer organização ou coletivo humano. O estudo de símbolos, normas, rituais, objetos e outros constructos materiais e imateriais é essencial tanto para a avaliação escolar quanto para a avaliação psicopedagógica. O aluno ou o grupo de alunos ou de profissionais interage em meio a um contexto cultural, produzindo representações e linguagens.

Para André (2012), a abordagem etnográfica, que se caracteriza por um contato direto do pesquisador com a realidade analisada, permite a reconstrução dos processos e a percepção das relações que configuram a experiência escolar em seu cotidiano. Conforme a autora,

> Por meio de técnicas etnográficas de observação participante e de entrevistas intensivas, é possível documentar o não documentado, isto é, desvelar os encontros e desencontros que permeiam o dia a dia da prática escolar, descrever as ações e representações dos seus atores sociais, reconstruir sua linguagem, suas formas de comunicação e os significados que são criados e recriados no cotidiano do seu fazer pedagógico. [...]
>
> Conhecer a escola mais de perto significa colocar uma lente de aumento na dinâmica das relações e interações que constituem o seu dia a dia, apreendendo as forças que a impulsionam ou que a retêm, identificando as estruturas de poder e os modos de organização do trabalho escolar e compreendendo o papel e a atuação de cada sujeito nesse complexo interacional onde ações, relações, conteúdos são construídos, negados, reconstruídos ou modificados. (André, 2012, p. 41)

Parte-se da ideia de que a instituição é um espaço social em que ocorrem aproximações e afastamentos e em que se criam e se recriam conhecimentos, valores e significados, constituindo-se em um terreno cultural no qual se verificam processos de acomodação, contestação, conflitos e resistências em um ambiente marcado por uma pluralidade de linguagens.

2.2.2
Etapas da avaliação psicopedagógica institucional

A seguir, apresentaremos as etapas do processo de avaliação psicopedagógica institucional, presentes em praticamente todos os processos avaliativos, analisando cada uma delas, detalhando os procedimentos de cada fase e identificando o resultado esperado com sua implementação. É evidente que cada situação é única e tem suas particularidades. Ações específicas sempre se mostrarão necessárias para dar conta de uma realidade singular, de modo a alterar parte do percurso a ser percorrido.

Convém destacar também que o processo de avaliação institucional não é descrito igualmente por todos os autores da área. O processo de avaliação expressa concepções e abordagens resultantes do olhar de quem escreve, de sua visão de mundo e de sua educação, ao mesmo tempo que resulta da experiência profissional.

De maneira geral, as etapas da avaliação psicopedagógica podem ser definidas da seguinte forma:

1. Mapeamento institucional
2. Observação
3. Análise das atividades desenvolvidas pelos estudantes
4. Aplicação das provas psicopedagógicas
5. Devolução das informações e propostas de trabalho
6. Entrevistas familiares
7. Monitoramento das avaliações
8. Avaliação com a equipe multidisciplinar

Com o avanço da psicopedagogia institucional no decorrer do tempo, os processos avaliativos vão sendo aperfeiçoados, da mesma forma que ocorre com a avaliação da aprendizagem escolar.

Mapeamento institucional

A avaliação psicopedagógica institucional começa pelo reconhecimento da instituição. Como vimos anteriormente, toda instituição (escola, empresa, hospital ou organização não governamental) tem um saber próprio e um modo único de enfrentar as situações de aprendizagem presentes em seu cotidiano. Porto (2009, p. 124) define o mapeamento institucional como "um método de análise da instituição escolar, observando minuciosamente não somente aquilo que é dito mas o que não é dito por meio de observações".

Ainda de acordo com Porto (2009), o psicopedagogo precisa ser o mais isento possível para fazer uma avaliação fidedigna e próxima da realidade e, assim, preparar-se para uma posterior proposta interventiva.

Na sequência, vamos apresentar um passo a passo do mapeamento institucional, que é composto pelos elementos descritos a seguir.

Identificação da organização

Propomos que o psicopedagogo comece o mapeamento institucional pela identificação da organização em que vai atuar, com base nas normas legais que a criaram e a regem, conhecendo sua instituição mantenedora e os objetivos que busca alcançar, o público-alvo que a instituição atinge, os cursos que oferece e sua estrutura.

Com essa base, é possível distinguir as principais características da organização, percebendo de onde ela vem, para onde deseja ir, que tipo de formação pretende alcançar, que missão deseja cumprir e quais serviços está obrigada a fornecer.

No caso de escolas públicas, o documento basilar é o projeto político-pedagógico, que fundamenta toda a sua atuação. Trata-se de um documento de caráter público que pode ser livremente consultado, sendo um bom ponto de partida para o psicopedagogo ficar ciente da escola onde atuará.

Currículo da organização

Deve-se conhecer bem o que se estuda: quais são as abordagens utilizadas, se os assuntos trabalhados dialogam com o contexto do aprendente, se há práticas interdisciplinares, se a aprendizagem está articulada com as últimas tendências sociofilosóficas e tecnológicas etc. Nesse sentido, o currículo é considerado o "coração" da instituição de aprendizagem.

Deve-se identificar e caracterizar o sistema de avaliação empregado para o processo de aprendizagem, considerando-se os métodos e os instrumentos usados (provas, pesquisas, avaliação contínua, pontos de participação individual ou em grupo etc.). O caráter da avaliação também precisa ser identificado.

A maioria dos especialistas divide os modelos de avaliação em três tipos básicos: avaliação diagnóstica, avaliação formativa e avaliação somativa. A **diagnóstica** é aquela realizada no início do processo de aprendizagem; busca verificar se o aprendente tem ou não os conhecimentos básicos para a organização dos processos de ensino-aprendizagem com base em sua realidade. A **formativa** é incorporada ao ato de ensinar e pretende melhorar o processo de ensino-aprendizagem mediante o uso de informações obtidas na prática avaliativa. Por fim, a **somativa** está relacionada aos resultados da aprendizagem; visa fazer um balanço somatório da sequência das ações de formação.

Além do currículo e da avaliação, outros fatores que interferem diretamente no nível da aprendizagem são a composição e o tamanho das turmas, o horário das aulas, a extensão da jornada, a existência ou não de atividades extraclasse etc.

Cultura organizacional

De acordo com Freitas (1991), a discussão em torno da cultura organizacional vem seguindo uma base de conceitos fornecidos pela antropologia cultural, incorporando aspectos cognitivos, simbólicos e estruturais. Srour (1998) afirma que a cultura organizacional exprime a identidade de uma organização. Schein (2000) entende que a cultura organizacional é o modelo dos pressupostos básicos que determinado grupo inventou, descobriu ou desenvolveu no processo de aprendizagem para lidar com os problemas de adaptação externa e de integração interna. Dando certo, tais pressupostos são ensinados aos demais membros da organização como a maneira certa de perceber, pensar e sentir em relação àqueles problemas.

A cultura organizacional é o que diferencia uma empresa da outra. O que Schein (2000) chama de *cultura corporativa* pode ser aprendido em três níveis: (1) nível dos artefatos visíveis (ambiente, arquitetura, tecnologia, comportamentos visíveis, manuais de instruções e procedimentos, disposição de escritórios e comunicações abertas); (2) nível dos valores (código ético e moral do grupo, conjuntos de princípios que definem os artefatos estabelecendo uma ponte entre o consciente – artefatos visíveis – e o inconsciente – pressupostos básicos); e (3) nível dos pressupostos básicos (paradigmas e crenças inconscientes que condicionam como os membros do grupo se relacionam com o mundo externo, a natureza da realidade, a natureza da relação tempo-espaço e a natureza da atividade e das relações humanas). Os níveis dos artefatos visíveis, dos valores e dos pressupostos básicos representam a fonte básica de valores e ações da organização, sua parte mais profunda.

Como em toda cultura, também as organizações apresentam subculturas. Estas podem estar ou não relacionadas entre si ou podem estar em confronto. Elas podem localizar-se geograficamente, departamentalmente ou situacionalmente. Os valores centrais da cultura dominante estão presentes nas subculturas, porém com o acréscimo de valores específicos de cada grupo, equipe ou setor da organização.

Uma instituição pode ter valores mais voltados à competitividade (principalmente no caso de empresas), à formação cidadã (como em escolas públicas), à religiosidade (como em instituições religiosas), à inclusão e à valorização do multiculturalismo (como em organizações sociais) ou à disciplina (como em colégios militares). Tais valores geram um currículo (aquilo que se aprende), ou seja, normas, regras, procedimentos, rotinas e técnicas didático-pedagógicas coerentes com aquilo em que se acredita.

Sem perceber a cultura organizacional da instituição em que atua, dificilmente o psicopedagogo terá êxito em suas estratégias de avaliação e intervenção.

Características socioeconômicas da comunidade da instituição

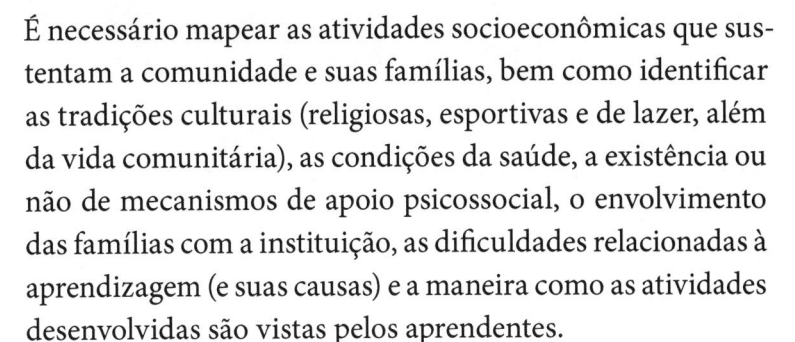

É necessário mapear as atividades socioeconômicas que sustentam a comunidade e suas famílias, bem como identificar as tradições culturais (religiosas, esportivas e de lazer, além da vida comunitária), as condições da saúde, a existência ou não de mecanismos de apoio psicossocial, o envolvimento das famílias com a instituição, as dificuldades relacionadas à aprendizagem (e suas causas) e a maneira como as atividades desenvolvidas são vistas pelos aprendentes.

A interlocução ou não da instituição com o contexto que a envolve é um fator que pode potencializar ou minimizar os processos de aprendizagem. Ao mesmo tempo, a instituição terá necessariamente de equilibrar fatores ausentes em seu ambiente externo para permitir o estabelecimento de condições favoráveis ao processo de cognição.

Perfil geral dos aprendentes

Identificados os objetivos da organização aprendente e o perfil da comunidade atendida, é necessário mapear o perfil dos aprendentes contemplados. É possível chegar a essas informações por meio de dois procedimentos principais: pesquisa nas fichas da instituição e análise de seus documentos oficiais ou de estudos realizados sobre o perfil geral dos aprendentes.

Estrutura e organização da instituição

É necessário identificar as condições de funcionamento da instituição, o que inclui: recursos físicos e financeiros, recursos humanos envolvidos, disponibilidade de material didático-pedagógico, estrutura de transporte, espaços físicos para convivência comunitária, calendário escolar, turnos e horários das atividades e logística para ações de educação inclusiva. A ausência de uma estrutura ou organização adequada é fator com grande capacidade de influenciar a aprendizagem, desarticulando ou fragilizando as ações voltadas para esse fim.

Observação

Feito o mapeamento institucional, o passo seguinte é começar o trabalho de observação, que é uma ferramenta da pesquisa científica imprescindível para a avaliação psicopedagógica institucional. Trata-se de uma fonte de dados inestimável, que requer maneiras específicas de implementação, além de poder ser combinada com outras técnicas importantes de coleta de informações, a exemplo da aplicação de questionários ou da realização de entrevistas. A observação é tradicionalmente classificada como um método qualitativo de investigação, que busca principalmente a profundidade do olhar sobre o que está sob análise.

Para Richardson (1999, p. 259), observar consiste em promover um "exame minucioso ou a mirada atenta sobre um fenômeno no seu todo ou em algumas de suas partes; é a captação precisa do objeto examinado". A observação é uma técnica científica que deve ser "sistematicamente planejada, sistematicamente registrada e ligada a proposições mais gerais e [...] é submetida a verificações e controles de validade e precisão" (Selltiz et al., 1987, citados por Richardson, 1999, p. 259). Em todos os seus passos, a pesquisa social requer, entre outros cuidados, "muita atenção, humildade, honestidade intelectual e rigor metodológico, desde a eleição do tema para estudo, seguindo em todos os seus passos até o relatório final" (Richardson, 1999, p. 260).

No âmbito de uma organização aprendente, há muito o que ser observado. Todos os procedimentos na sala de aula e em seu entorno merecem atenção. A forma como a criança é recepcionada na escola, os momentos de convívio na hora do intervalo ou no refeitório, o ambiente na sala dos professores (treinadores) e demais profissionais envolvidos no processo de ensino-aprendizagem, o convívio da direção da organização com os trabalhadores – todas essas situações podem fornecer informações valiosas para o psicopedagogo.

Nelas se pode perceber mais ou menos diálogo, amorosidade, proatividade, assuntos que geram interesse etc., ou seja, é possível detectar determinadas características e sinais presentes nas relações interpessoais que influenciam diretamente o ato de ensinar e aprender.

Certamente, a sala de aula é o espaço privilegiado da etapa de observação. Segundo Sales e Dalmau (2004, p. 218),

> a finalidade principal da observação em sala de aula é obter uma informação aproximada da dinâmica da aula em seu conjunto. [...] a cautela deve presidir o planejamento, a realização e a análise dos resultados dessa observação, pois, com frequência, é determinante do tipo de relação que se estabelece com o professor que formulou a solicitação inicial e condiciona as possibilidades de trabalho e colaboração futuras.

A observação pode ter como objetivo estabelecer contato inicial com a situação ou pode atender a outra finalidade mais específica. Objetivamente, o que se deve observar em sala de aula? Os processos de interação, os hábitos, as estratégias dos alunos e as estratégias dos docentes.

É fundamental começar os registros por uma breve descrição da aula com base no plano de aula do professor. Deve-se explicar a atividade a ser realizada, situando-a no contexto da aula, e esclarecer o nível de desenvolvimento em que ela se encontra. Na observação, o psicopedagogo deve mirar nos aspectos descritos a seguir.

1. **Como o grupo funciona** – É preciso observar como o grupo funciona, especialmente no tocante à realização das atividades. Elas ocorrem de maneira organizada, seguindo uma sequência lógica de conteúdos? A introdução dos assuntos é adequada? Há regras e critérios para a apresentação dos trabalhos? O tempo disponível para eles é suficiente? Há comando adequado para a realização das tarefas (seja oral, seja escrito)? Quais são os materiais utilizados? A atividade é em grupo ou individual? Qual é a eficácia real da dinâmica proposta pelo docente, seja no desempenho do grupo, seja no campo individual?

2. **Como os alunos se comportam** – Deve-se perceber e registrar o nível de interação dos alunos com o professor e com a atividade realizada. Eles se ajudam na execução das tarefas? São disciplinados, organizados, motivados, inquietos, proativos? Como é o envolvimento dos alunos com a atividade? Há comprometimento concreto por parte deles? Quais dificuldades se apresentam? Quais alunos têm dificuldade na execução das tarefas? Por quê?

3. **Como é a relação professor-aluno** – Deve-se observar se o docente contribui para estabelecer um clima adequado

para que a aula se desenvolva normalmente. Quais são as atitudes dele no tocante à manutenção da disciplina e da atenção dos alunos? É autoritário ou dialoga com a turma? Desenvolve um atendimento personalizado para os alunos?

Como podemos observar, são muitos os fatores a serem examinados durante a avaliação psicopedagógica institucional. O foco sempre se volta aos aspectos cognitivos dos sujeitos envolvidos no processo de ensino-aprendizagem e às relações interpessoais estabelecidas nesse contexto.

Análise das atividades desenvolvidas pelos estudantes

O terceiro passo da avaliação psicopedagógica institucional é a análise das atividades desenvolvidas pelos estudantes. Feito o mapeamento geral da instituição e observadas as atividades realizadas dentro e fora da sala de aula, cabe verificar o desempenho dos aprendentes em provas, trabalhos, seminários e outras ferramentas de avaliação usadas no âmbito da organização aprendente.

Nesse trabalho de análise, é necessário considerar aspectos como: tipo de material utilizado pelos estudantes (folhas, cadernos, pastas etc.); organização dos trabalhos; nível de elaboração dos trabalhos; atividades feitas com mais frequência; erros mais recorrentes; observações feitas pelo professor nas atividades. Junto a isso, deve-se comparar as atividades atuais com atividades anteriores, a fim de verificar a evolução do discente e contrastá-lo com outros colegas de sua turma e até de outras.

O trabalho de análise das atividades dos discentes não pode ser desenvolvido pelo psicopedagogo sozinho. Conversar com o professor e com os próprios analisados é fundamental para se formar um juízo mais acurado sobre o nível de desenvolvimento desses sujeitos. Muitas vezes, o que o aluno expressa em suas atividades pode ser uma "senha" para o psicopedagogo entender outras variáveis que interferem no aprender.

Aplicação das provas psicopedagógicas

Um instrumento primordial no processo de avaliação são as provas psicopedagógicas. Quando parte para essa etapa, o psicopedagogo já deve contar com informações gerais sobre a instituição, compreender sua organização e metodologia de trabalho, dispor dos dados obtidos na observação dentro e fora da sala de aula e conhecer os trabalhos dos estudantes, tendo até mesmo conversado com muitos deles.

As provas psicopedagógicas permitem ao psicopedagogo checar o nível de aprendizagem dos discentes em relação aos conteúdos estudados. Estão voltadas, basicamente, para o propósito de se avaliar o nível de desenvolvimento em leitura, escrita, fala e matemática.

Existem muitos modelos de testes disponíveis no mercado, mas a equipe psicopedagógica pode elaborar seu material ou adaptar algum já existente, incorporando informações mais adequadas ao contexto dos aprendentes, como palavras e imagens. Entre os modelos mais conhecidos, podemos destacar o Teste de Competência de Leitura de Palavras e Pseudopalavras (TCLPP), as provas operatórias de Jean Piaget e os testes voltados ao desenvolvimento da linguagem oral.

Os testes escolhidos devem adequar-se ao tipo de informação que o profissional da psicopedagogia está buscando. Da mesma forma, sua aplicação deve ajustar-se ao contexto da avaliação. Na aplicação, o profissional deve ter o cuidado de promover o envolvimento dos estudantes, escolhendo o momento certo e um ambiente tranquilo. Também deve deixar claro para os alunos o que a prova significa para a vida escolar e apresentar-se como uma pessoa que deseja ajudá-los.

Antes de analisar os resultados da aplicação das provas, o psicopedagogo deve perceber como os alunos as fizeram, que dificuldades apresentaram e que estratégias implementaram para nelas terem sucesso.

Realizados os testes e analisados os resultados, cabe à equipe psicopedagógica devolver as informações coletadas, as quais precisam ser socializadas com os professores e os demais membros da equipe multidisciplinar. Resultados amplos podem ser apresentados coletivamente, em uma reunião com o grupo. Dados específicos (referentes a esta ou àquela turma) devem ser expostos em entrevista com o profissional responsável.

Os diálogos em torno dos resultados dos testes devem tornar-se ponto de partida para o planejamento de ações que propiciem mudanças no processo de ensino-aprendizagem. Deve-se estabelecer compromissos no sentido de implementar estratégias no cotidiano da sala de aula e de acompanhá-las com a ajuda do psicopedagogo.

◎ Devolução das informações e propostas de trabalho

Finalizada a abordagem individual do aluno-aprendente, deve-se realizar uma entrevista com os profissionais que atuam no processo de aprendizagem para que apresentem os resultados. Começa-se, em geral, pelos aspectos positivos do processo e somente depois se expõem os problemas.

Nesse diálogo, deve-se construir ações mais adequadas de apoio ao aluno-aprendente, as quais devem ser coerentes com o contexto da escola e estabelecer compromissos para o acompanhamento do caso, incluindo um cronograma de reuniões. É fundamental a elaboração de um relatório detalhado da conversa, com destaque para os encaminhamentos aprovados e as responsabilidades assumidas.

◎ Entrevistas familiares

Depois de fazer a devolutiva com a equipe da escola, é hora de ouvir as famílias – tarefa fundamental no processo de avaliação psicopedagógica institucional. Identificando-se a necessidade de se dialogar com as famílias, estas devem conversar regularmente com os professores, sujeitos responsáveis por mediar o conhecimento.

Não cabe ao psicopedagogo substituir o docente na relação com o aprendente e seus familiares no momento de tratar de temas simples do cotidiano da sala de aula. Em vez disso, o psicopedagogo deve colaborar com o docente na realização das entrevistas familiares, ajudando-o a preparar-se, mesmo que não participe do diálogo. Caso necessário, o psicopedagogo pode participar da entrevista, desde que em comum acordo com o docente. Em casos extremos, pode ser preciso que o psicopedagogo conduza a entrevista com os familiares sozinho, sem a presença do docente.

Em que consiste a entrevista com a família? Nela são informados aos pais do aluno o resultado da avaliação psicopedagógica e os procedimentos a serem adotados para a superação das dificuldades apresentadas. É essencial deixar claro aos familiares quais são as ações de responsabilidade da instituição e de que maneira eles podem contribuir para equacionar os problemas descritos.

A entrevista deve ser conduzida de modo estratégico. O profissional deve saber, com clareza, aonde quer chegar e ser hábil para alcançar esse fim. Deve deixar os entrevistados à vontade e explicar as motivações da conversa. É importante, também, que o psicopedagogo exponha seu desejo de colaborar com a família e com os professores no enfrentamento da situação. Um erro comum nessas conversas é introduzir nos pais um sentimento de culpa quanto ao problema de aprendizagem de seu filho; isso atrapalha o avanço no diálogo e na construção da parceria.

Monitoramento das avaliações

O monitoramento é uma peça fundamental do processo de avaliação. Quando falamos em *monitorar*, referimo-nos à atividade de acompanhar o desenvolvimento das ações e dos encaminhamentos anteriormente acertados. Sem isso, a possibilidade de os resultados desejados serem alcançados é menor, visto que os sujeitos envolvidos no processo ficam demasiadamente à vontade.

Como pode ser feito esse monitoramento? A equipe psicopedagógica deve organizar um painel – que pode ser digital (em computador, *tablet* ou *smartphone*) ou físico (em um quadro na sala onde trabalha) – com as ações previstas e os respectivos responsáveis, destacando o passo a passo de cada operação e os sujeitos envolvidos. Um material desse tipo permite visualizar todo o processo operativo decorrente das avaliações anteriores.

Com a criação dessa "central" de informações sobre a avaliação, cabe acompanhar de perto as ações dos professores e apresentar sugestões voltadas a adaptações de currículo, ajustes metodológicos, materiais adequados, novas estratégias avaliativas e possíveis acompanhamentos individualizados. As reuniões de acompanhamento devem ser regulares, e todas as questões debatidas devem ser anotadas, de modo a subsidiar a "central".

A avaliação de cada ano deve servir para auxiliar o planejamento do ano seguinte (ou do curso seguinte, no caso de turmas não regulares). Ao final de cada período, é essencial produzir relatórios que contenham os resultados dos processos avaliativos, fornecendo-se informações para que, em caso de evolução no nível de formação (turma ou série), os novos professores disponham de dados que lhes permitam elaborar planos adequados de ação voltados tanto para o grupo de estudantes quanto para o acompanhamento de algum deles em especial.

O resultado da avaliação psicopedagógica é importante para se decidir sobre o futuro do aprendente, sobre sua evolução. Em alguns países, como a Espanha, a aprovação ou não do aprendente ou sua manutenção na série atual é fundamentada no resultado da avaliação psicopedagógica. No caso de se decidir pela permanência na série atual, deve haver sugestões para que se desenvolva um trabalho específico com o aprendente em questão.

A avaliação psicopedagógica também contribui significativamente na tomada de decisão sobre a escolarização de estudantes com necessidades educativas especiais, especialmente aqueles acometidos de distúrbios graves. Um parecer prévio com a participação do psicopedagogo é imperioso no sentido de definir que tipo de atenção especial o aluno merece e em que instituição ele pode ter um atendimento especializado.

Avaliação com a equipe multidisciplinar

Ao final de todo o processo avaliativo, é fundamental que se faça uma avaliação global das ações implementadas, envolvendo o conjunto de profissionais que compõem a equipe multidisciplinar da escola. A avaliação da equipe e a autoavaliação de cada profissional podem contribuir decisivamente para a localização de erros e acertos, bem como indicar caminhos para futuras ações. Colaboram, também, para uma reflexão crítica acerca da forma como nos posicionamos sobre nosso fazer e agir perante outras pessoas e perante a realidade.

A avaliação com a equipe multidisciplinar é uma ferramenta importantíssima para o trabalho compartilhado. Os acertos devem sempre ser ressaltados, e as falhas devem ser apontadas em uma perspectiva construtiva, na qual se deve buscar o aperfeiçoamento da prática profissional, e não punir ou desqualificar a *performance* da pessoa responsável.

2.3
Diagnóstico psicopedagógico no campo institucionalizado

Um dos desafios que mais se destacam no processo de intervenção na aprendizagem em instituições é a realização do diagnóstico psicopedagógico. O termo *diagnóstico* tem origem no adjetivo grego *diagnóstikós*, que significa "capaz de distinguir ou discernir". Nos dicionários de língua portuguesa, geralmente essa definição parte da medicina e associa *diagnóstico* ao conhecimento ou à detecção de alguma doença, que é identificada por meio de sintomas, sinais visíveis e exames.

Diagnosticar, então, implicaria descobrir que problemas alguém está enfrentando. No caso da psicopedagogia, isso consistiria em constatar as dificuldades de aprendizagem que estariam se apresentando na vida deste ou daquele aprendiz.

Assim como na medicina, o diagnóstico na psicopedagogia passou por transformações nas últimas décadas. No passado, a medicina buscava identificar um problema específico e eliminá-lo, com o objetivo de fazer com que o organismo, diante da eficaz ação pontual, voltasse a funcionar em sua plenitude. Atualmente, ao contrário, difunde-se cada vez mais a ideia de que é preciso conhecer o paciente (que, no caso psicopedagógico, é o aprendiz) como um todo, procurando-se identificar suas origens, seu contexto, sua biografia e suas características gerais, para então promover uma correta diagnose, com soluções sistêmicas relacionadas à vida do sujeito, de modo a atingir as raízes mais profundas de seus problemas.

Todo esse paradigma médico, todavia, tem sido cada vez mais abandonado pela psicopedagogia, na medida em que ela avança rumo a outros espaços de atuação – partindo da clínica e dirigindo-se à escola e a outras organizações aprendentes, saindo do enfoque curativo e individual para um enfoque preventivo e coletivo. Esses avanços decorrem, especialmente, do encontro da psicopedagogia com outros campos do conhecimento: antropologia, linguística, sociologia, filosofia etc. Como resultado, a dificuldade de aprendizagem perde, cada vez mais, a característica de patologia e passa a ser entendida como parte do processo de desenvolvimento do aprendiz, influenciada por múltiplos fatores que interferem no desempenho escolar.

Oliveira (2009, p. 63) destaca que a proposta do diagnóstico psicopedagógico tem como base uma série de pressupostos científicos que caracterizam a compreensão de um fenômeno "em que a realidade é significada com base no uso de conceitos, noções e teorias científicas". Assim, torna-se necessário conhecer o conceito de matriz do pensamento diagnóstico, que fundamenta sua implementação.

De acordo com Barbosa (citada por Oliveira, 2009), a matriz do pensamento diagnóstico parte do conceito de epistemologia convergente, de Jorge Visca, e está apoiada em princípios interacionistas, construtivistas e estruturalistas, organizando-se, como a maioria dos esquemas diagnósticos, em diagnóstico propriamente dito, prognóstico e indicações.

Também pode ser dividida em algumas abordagens principais:

- a análise do contexto em que o aprendente vive e a leitura do sintoma que apresenta;
- as explicações das causas que coexistem temporalmente com ele;
- a explicação da origem do sintoma e de suas causas históricas;
- a análise do distanciamento do fenômeno em relação a parâmetros considerados aceitáveis e um levantamento de hipóteses.

Analisar o contexto em que o aprendente vive é fundamental para fazer a leitura de seus sintomas. Trata-se do estudo da origem e da evolução do contexto no qual os sintomas emergem. O sintoma deve ser percebido com base em uma visão sistêmica, evitando-se uma excessiva focalização e uma abordagem tendenciosa, unidirecional. O sintoma deve ser analisado como algo que reflete o funcionamento da instituição como um todo, em sua complexidade sistêmica.

Deve-se buscar, também, a identificação das causas atuais, não históricas, do sintoma. Não se trata de negar a abordagem sistêmica e a historicidade concernente a ela, e sim de focalizar os elementos atuais e a especificidade que caracterizam o sintoma. Causas históricas convivem, geralmente, com causas não históricas. Nesse sentido, identificam-se relações de causa e efeito entre condições, fatos e circunstâncias preexistentes que interferem na situação-problema apresentada ao psicopedagogo. O aprendente deve ser percebido como um sujeito histórico, que tem uma biografia e uma trajetória de aprendizagem e de interações sociais.

2.4
Queixa e levantamento das hipóteses diagnósticas

A intervenção do psicopedagogo na instituição parte, em geral, da apresentação de uma demanda. Essa demanda tem origem nos professores, nas famílias, nos aprendizes ou em um profissional envolvido na situação que gerou a queixa. A queixa é, portanto, o ponto de partida da avaliação e da intervenção no processo de ensino-aprendizagem.

Nem toda reclamação pode, todavia, ser considerada uma demanda por avaliação psicopedagógica. Há casos e casos. Muitas vezes, o profissional é acionado apenas para que o queixoso seja ouvido. Em outras, a comunicação se restringe ao registro da reclamação. Por sua vez, há casos em que se apresenta uma demanda concreta, um pedido de providências.

Sánchez-Cano e Bonals (2008) afirmam que a resposta de assessoramento a uma pessoa que se queixa não pode ser a mesma oferecida a alguém que formula uma demanda. Eles definem como demanda de assessoramento de casos "os pedidos feitos às equipes de assessoramento psicopedagógico (EAP) para colaborarem, no âmbito da escola, na atenção aos alunos que manifestam algum tipo de problemática específica" (Sánchez-Cano; Bonals, 2008, p. 26). Segundo os autores, a demanda "surge de um desejo, de uma necessidade, de um interesse de melhorar uma situação na qual se identificam e natureza diversa e que se prevê como potencialmente passível de melhora" (Sánchez-Cano; Bonals, 2008, p. 28).

Sánchez-Cano e Bonals (2008) também diferenciam *demanda psicopedagógica* de *encargo psicopedagógico*. Este último se caracteriza por responder a uma necessidade sentida não pelos docentes, pelos pais ou pelos discentes, mas pela administração da unidade de ensino. Nesse contexto, a demanda não surge com base em uma necessidade concreta, sentida pelas partes envolvidas no processo de aprender, mas de uma obrigatoriedade de encargo institucional.

Já a demanda emerge em um contexto que informa sobre si e sobre quem a originou. Uma resposta apropriada tem de levar em conta quem a elaborou, para quem, onde, como, quando e por que a apresentou. Uma demanda requer tempo e espaço adequados, atitude de colaboração, atenção quanto às expectativas presentes e interesse e disponibilidade do demandante e do receptor. O emissor da demanda condicionará em que consiste a solicitação e, ainda, como, quando e por que está sendo feita. Seu receptor, obviamente, nunca é neutro; sua escuta será essencial para o processo posterior (Sánchez-Cano; Bonals, 2008). A demanda depende da pessoa que escuta; é um constructo modulado pelo tipo de receptividade de quem a percebe. A análise deve permitir identificar o tipo de demanda, a forma como se delineia e o porquê de sua apresentação. Deve ajudar a oferecer a resposta o mais adequada possível em cada caso.

Com base na demanda, na coleta de informações, na análise do caso e no estudo da literatura, o profissional da psicopedagogia deve formular as hipóteses. De acordo com Richardson (1999, p. 27), a hipótese consiste em "uma resposta possível de ser testada e fundamentada para uma pergunta feita relativa ao fenômeno escolhido". Trata-se de uma primeira tentativa de resposta ao problema formulado, com base no estudo da situação identificada. As hipóteses devem ser testadas, submetidas à prova, como em uma investigação policial, e, por fim, podem ou não se confirmar.

Na psicopedagogia institucional, para elaborar um sistema de hipóteses, é necessário utilizar ferramentas e instrumentos específicos, os quais abordaremos a seguir.

2.5
Diagnóstico: objetivos, metas e procedimentos

Barbosa (citada por Oliveira, 2009) caracteriza o diagnóstico psicopedagógico na instituição como um instrumento voltado à construção de uma observação e análise específica sobre os processos de aprendizagem. Conforme a autora,

> quando nos referimos ao diagnóstico psicopedagógico no âmbito da instituição nos referimos a um instrumento conceitual capaz de levar o psicopedagogo [...] a construir um olhar e uma escuta diferenciada, voltada para o ensinar/aprender, que possibilite o conhecimento de sintomas, a análise dos mesmos e a busca de solução para os problemas estudados. (Barbosa, citada por Oliveira, 2009, p. 62)

O diagnóstico precisa ser entendido, então, como uma ferramenta dinâmica, articulada a relações que envolvem o aprendente. Oliveira (2009, p. 78) destaca que é preciso entender o fenômeno psicopedagógico do processo de aprendizagem como uma rede de relações e evitar analisar o problema (ou a dificuldade enfrentada pelo aprendiz) fora de um contexto. Para a autora, deve-se "entender o fenômeno psicopedagógico envolvido no processo de ensinar e aprender", o que "requer a compreensão das causas que coexistem com sintoma" (Oliveira, 2009, p. 63).

O diagnóstico psicopedagógico institucional tem um objetivo: identificar a modalidade de aprendizagem da instituição que se encontra sob avaliação. A modalidade de aprendizagem é a maneira como cada sujeito ou instituição constrói sua forma de aprender; um tipo de matriz que formata o modo como cada sujeito ou organização aprende. De acordo com Fernández (2001b), para quem a relação entre ensino e aprendizagem toma diferentes formas e modelos, as modalidades de aprendizagem constituem-se em "molde ou esquema de operar que vai sendo utilizado nas diferentes situações de aprendizagem".

Compreender as modalidades de aprendizagem de cada instituição é algo que contribui decisivamente para a identificação e a correção das dificuldades de aprendizagem, também conhecidas como *modalidades de aprendizagem sintomáticas*. Inspirada na psicologia piagetiana, Paín (1987) defende que estas resultam de um desequilíbrio no processo assimilativo-acomodativo do conhecimento, ou seja, na adaptação (conceito que define o processo pelo qual os sujeitos que aprendem passam de um nível de conhecimento simples a outro mais complexo).

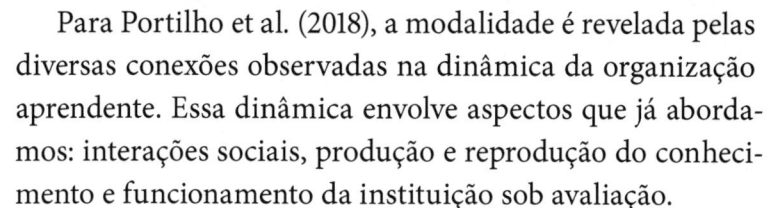

Para Portilho et al. (2018), a modalidade é revelada pelas diversas conexões observadas na dinâmica da organização aprendente. Essa dinâmica envolve aspectos que já abordamos: interações sociais, produção e reprodução do conhecimento e funcionamento da instituição sob avaliação.

Conforme Rubinstein (2000), o diagnóstico se assemelha a uma investigação. O psicopedagogo seria como um "detetive" que busca pistas, analisando-as minuciosamente, pois algumas delas podem ser verdadeiras, outras falsas e outras, ainda, irrelevantes. Segundo a autora, a meta do psicopedagogo, ao tentar diagnosticar, seria fundamentalmente "investigar todo o processo de aprendizagem, levando em consideração a totalidade dos fatores nele envolvidos para, valendo-se desta investigação, entender a constituição da dificuldade de aprendizagem" (Rubinstein, 2000, p. 128).

Rubinstein (2000) afirma que uma das características do diagnóstico psicopedagógico é seu caráter interventivo. A autora compreende que o processo diagnóstico é, em si, uma intervenção, visto que o profissional, necessariamente, deve deixar de lado uma postura meramente analítica para desenvolver estratégias terapêuticas. Assim, ele deve sair da "posição fria de mero espectador e constatador de fraturas para a posição de terapeuta que interage. Essa interação durante o processo de diagnóstico deverá ocorrer em vários níveis e com os diferentes participantes do processo investigativo: a família, a escola e o cliente" (Rubinstein, 2000, p. 128).

Depois de avaliar, o psicopedagogo entrega o resultado de seu diagnóstico. Ele apresenta suas conclusões sobre um aprendiz, um grupo de aprendizes ou uma turma, construídas com base em ações compartilhadas, à equipe de professores e à direção da instituição. As informações contidas no diagnóstico vão se somar às avaliações pedagógicas já feitas pelos docentes (com suas características e instrumentos próprios), tendo-se como objetivo promover intervenções que permitam mudar a situação de aprendizagem.

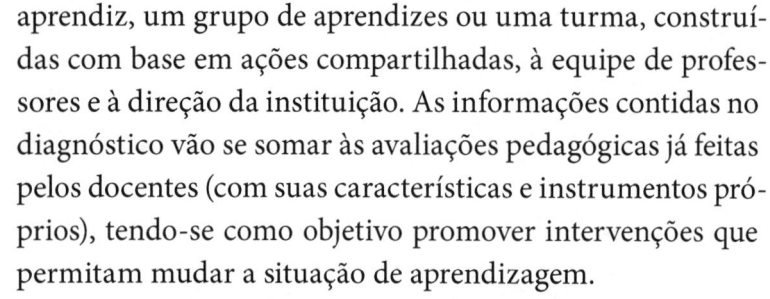

Por meio da avaliação psicopedagógica, é possível construir uma metodologia de avaliação contínua que envolva o processo de ensino-aprendizagem em todos os seus aspectos internos e externos. As conclusões apresentadas pelo psicopedagogo ou pela equipe psicopedagógica são uma base sobre a qual se instituirão as novas propostas de intervenção em torno das questões que demandaram a avaliação.

As novas estratégias a serem adotadas, embasadas na confluência da avaliação psicopedagógica com as avaliações realizadas pelos docentes, resultarão em alterações no planejamento da instituição – não somente nos planos de ensino dos professores, mas também no planejamento de outros elementos correlacionados com esses documentos. Quanto maiores forem os ajustes a serem feitos, mais significativas serão as mudanças nos planos. O esforço coletivo de toda a equipe é fundamental para promover as mudanças necessárias. Sem o envolvimento de todos, elas dificilmente acontecerão. Diante disso, o caráter participativo do planejamento das ações previstas é extremamente importante.

O monitoramento das ações propostas cumprirá papel decisivo no novo planejamento. Não basta sugerir mudanças, é preciso acompanhar cotidianamente sua implementação. Esse monitoramento também precisa ser compartilhado entre os membros da equipe psicopedagógica, os docentes, a direção da instituição e até mesmo os representantes dos aprendizes e usuários dos serviços ofertados pela instituição. No caso das escolas, cabe responsabilidade aos conselhos escolares ou conselhos de pais e mestres. No caso de hospitais e empresas, a responsabilidade compete aos representantes dos trabalhadores e dos usuários.

Síntese

Neste capítulo, apresentamos o conceito de avaliação psicopedagógica institucional e mostramos que um dos maiores desafios da intervenção psicopedagógica é avaliar. Destacamos que o foco da avaliação psicopedagógica institucional reside no processo de interação entre o indivíduo e o grupo. Buscamos explorar as etapas constitutivas da avaliação no âmbito da instituição, caracterizar o diagnóstico psicopedagógico institucional (cujo objetivo é identificar a modalidade de aprendizagem da instituição que se encontra sob avaliação), a queixa, o levantamento de hipóteses e os procedimentos a serem adotados pela instituição. Em última instância, o diagnóstico deve servir para propiciar um novo planejamento, com a implementação de ações a serem executadas e monitoradas.

Indicações culturais

REVISTA PSICOPEDAGOGIA. Disponível em: <https://www.revistapsicopedagogia.com.br/>. Acesso em: 15 abr. 2022.

A página da revista da Associação Brasileira de Psicopedagogia (ABPP) reúne artigos científicos sobre psicopedagogia, incluindo as áreas clínica e institucional.

BASSEDAS, E. et al. **Intervenção educativa e diagnóstico psicopedagógico**. 3. ed. Porto Alegre: Artmed, 1996.

Essa obra aborda a atuação do psicopedagogo diante das dificuldades de aprendizagem no contexto educativo. Inspirado no construtivismo de Jean Piaget e na teoria de sistemas, o livro reúne textos de diversos autores e trata dos aspectos do diagnóstico psicopedagógico.

SÁNCHEZ-CANO, M.; BONALS, J. **Avaliação psicopedagógica**. Porto Alegre: Artmed, 2008.

Esse livro trata de diversos instrumentos psicopedagógicos, com textos de autores reconhecidos na área. Apresenta importantes reflexões sobre o tema da avaliação psicopedagógica e discute estratégias para o enfrentamento de dificuldades e distúrbios de aprendizagem.

PRO DIA nascer feliz. Direção: João Jardim. Brasil: Copacabana, 2006. 88 min.

Esse documentário retrata situações conflituosas que os adolescentes brasileiros de diferentes origens sociais enfrentam na escola.

Atividades de autoavaliação

1. Sobre a avaliação da aprendizagem e a avaliação psicopedagógica na instituição, é correto afirmar:
   a) A avaliação da aprendizagem concentra-se em medir quantitativamente, por meio de testes de escala, o nível de proficiência dos alunos quanto aos assuntos estudados.
   b) A avaliação psicopedagógica institucional pode ser definida como um processo compartilhado de coleta e análise de informações relevantes da situação de ensino-aprendizagem, considerando-se as características próprias dos contextos escolar e familiar, a fim de tomar decisões que visam promover mudanças que melhorem a situação colocada.
   c) Quando se fala em *avaliação da aprendizagem*, faz-se referência ao processo esporádico de medição dos resultados do ensino e da aprendizagem, realizados por meio de exercícios, testes, provas e outras tarefas acadêmicas às quais os alunos são submetidos.
   d) A avaliação da aprendizagem se diferencia da avaliação psicopedagógica na medida em que a primeira está voltada especificamente aos processos cognitivos e tem instrumentos e técnicas próprias para intervenção, ao passo que a segunda se concentra em medir a apreensão dos conteúdos estudados e as interações entre os sujeitos por meio de ferramentas e abordagens construídas pela pedagogia e pelas ciências que são objeto da avaliação.
   e) Nenhuma das respostas anteriores.

2. A avaliação psicopedagógica é uma atividade que combina diversos métodos. Ao mesmo tempo, faz-se necessário o uso de abordagens de caráter participante, cabendo ao psicopedagogo mergulhar no campo e observar sob a perspectiva dos membros da ação. Sobre os métodos participantes, é correto afirmar:

a) O assessoramento psicopedagógico é essencialmente uma situação de intervenção individual do profissional, na qual deve ocorrer uma clara separação entre o sujeito e o objeto estudado.

b) O psicopedagogo deve tratar o problema estudado com distanciamento, evitando mergulhar no campo em que o problema está instalado e se envolver na questão.

c) O assessoramento psicopedagógico é essencialmente uma situação de interação na qual deve ocorrer uma intersubjetividade. Professor e psicopedagogo devem "falar a mesma língua" desde a fase da avaliação, estabelecendo um diálogo construtivo que pode abrir caminhos para a colaboração.

d) A pesquisa-ação é pouco utilizada nas ciências humanas (inclusive na educação), pois busca articular conhecimento e ação e envolver pesquisadores e pesquisados nos objetivos finais daquilo que é estudado, o que não funcionaria nessa área.

e) Nenhuma das respostas anteriores.

3. De acordo com Rubinstein (2000), o diagnóstico psicopedagógico se assemelha a um processo de investigação. Por que isso ocorre?
   a) O psicopedagogo seria um tipo de "detetive" que busca pistas, analisando-as minuciosamente, pois algumas delas podem ser verdadeiras, outras falsas e outras, ainda, irrelevantes.
   b) A meta do psicopedagogo, ao tentar diagnosticar, seria fundamentalmente investigar os aspectos metodológicos do processo de aprendizagem.
   c) A constituição da dificuldade de aprendizagem só pode ser compreendida na medida em que o profissional investiga apenas os aspectos biológicos que interferem no processo de aprendizagem.
   d) Um processo investigativo bem feito, no diagnóstico psicopedagógico, resulta de uma posição fria de mero espectador e constatador de fraturas, do que decorre uma posição de terapeuta que deve manter equidistância do sujeito investigado.
   e) Nenhuma das respostas anteriores.

4. Sobre a realização da avaliação institucional com testes padronizados e exames de larga escala (a exemplo do Enem e da Prova Brasil), analise as afirmativas a seguir.
   I) Não tem eficácia comprovada.
   II) Tem eficácia limitada, por desconsiderar outros fatores importantes que interferem nos resultados.
   III) Tem sido pouco utilizada no Brasil.

IV) Instituiu-se, na educação brasileira, uma "cultura da avaliação", que passou a ter centralidade na regulação do sistema de ensino e no funcionamento das instituições.

V) Tem se desenvolvido mais efetivamente na educação básica e pouco no ensino superior.

Estão corretas apenas as afirmativas:

a) I e V.
b) II e III.
c) I, II e V.
d) II e IV.
e) Nenhuma das respostas anteriores.

5. Sobre a avaliação psicopedagógica institucional, é correto afirmar:
   a) O assessoramento psicopedagógico é essencialmente uma situação de interação na qual deve ocorrer uma intersubjetividade. Professor e psicopedagogo devem "falar a mesma língua" desde a fase da avaliação, estabelecendo um diálogo construtivo que pode abrir caminhos para a colaboração.
   b) Os papéis do professor e do psicopedagogo são claramente delimitados no campo institucional. O objeto de trabalho de cada um precisa ser pensado isoladamente, sempre em um contexto de não interferência mútua, preservando-se a autonomia de cada um.
   c) Deve-se evitar a adoção de métodos participantes, de modo que o profissional se abstenha do envolvimento com os sujeitos estudados.

d) A pesquisa etnográfica é oriunda da antropologia. Ela consiste, de maneira geral, em observar e interpretar culturas, com a adoção de um distanciamento total em relação ao objeto estudado.
e) Nenhuma das respostas anteriores.

Atividades de aprendizagem

Questões para reflexão

1. A avaliação psicopedagógica institucional é uma atividade que combina diferentes estratégias ao mesmo tempo, como participação direta, observação e introspecção. Um dos métodos utilizados é a observação participante, um tipo de investigação em que o pesquisador participa da realidade do grupo estudado. Desenvolva um trabalho de observação em um grupo do qual você faz parte, identificando aspectos positivos e negativos desse tipo de estratégia.

2. Desenvolva uma observação na instituição em que você estuda, trabalha ou atua como voluntário, objetivando estabelecer uma análise da cultura organizacional que nela predomina e examinar seu papel nesse contexto.

Atividade aplicada: prática

1. Desenvolva um trabalho de observação em uma instituição a que você tenha acesso, como parte do processo de mapeamento institucional, imprescindível no processo de avaliação psicopedagógica institucional. Procure identificar minuciosamente não somente aquilo que é dito, mas também o que não é dito referente ao processo de ensino e aprendizagem.

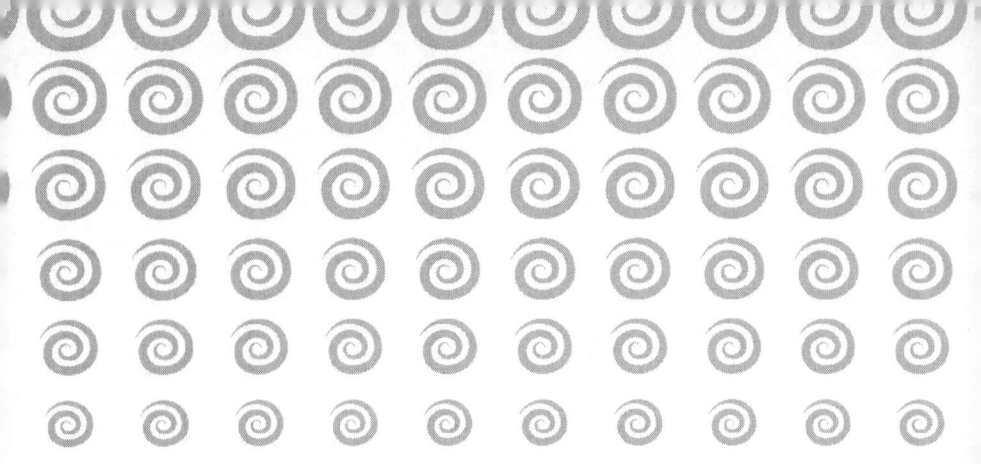

3
Instrumentos de avaliação psicopedagógica institucional

Neste capítulo, analisaremos os diversos instrumentos utilizados no processo de avaliação psicopedagógica. Inicialmente, abordaremos a importância do olhar e da escuta no processo de diagnóstico psicopedagógico. Em seguida, trataremos da aplicação da Entrevista Operativa Centrada na Modalidade de Ensino-Aprendizagem (Eocmea), técnica para o diagnóstico no campo institucional. Buscaremos, na sequência, destacar a relevância do jogo na psicopedagogia institucional por meio das contribuições de Donald Winnicott – teórico que percebe o jogo como atividade terapêutica que gera uma experiência repleta de subjetividade tanto para a criança quanto para o adulto. Por último, enfocaremos as dinâmicas de grupo, considerando que nas relações interpessoais e nos grupos que surge o vínculo necessário ao desenvolvimento da aprendizagem. Examinaremos o funcionamento dos grupos e os diferentes modelos de aprendizagem no âmbito institucional.

3.1
O olhar e a escuta no diagnóstico psicopedagógico

No processo de avaliação psicopedagógica, a observação é um instrumento indispensável para a realização do diagnóstico. Por meio da observação, é possível desenvolver uma importante coleta de dados acerca do objeto estudado, especialmente em educação. Na psicopedagogia, a observação deve ser amplamente utilizada, e o profissional deve ter sua capacidade de observar bastante aguçada.

E o que é observar? É muito mais do que ver ou focar a visão em determinado objeto. Observar é, sistemática e estrategicamente, ver e compreender uma situação, extrair o máximo de dados possíveis de um fato ou uma resposta por meio da análise do sujeito ou da situação, com vistas à construção de conclusões sólidas sobre as causas dos fenômenos. Devemos considerar, ainda, que observar é uma ação que precisa ser aprendida, regularmente praticada e treinada. Trata-se de uma habilidade científica a ser desenvolvida e aperfeiçoada pelo pesquisador ao longo de sua atuação profissional.

A observação, portanto, requer técnicas específicas e adequadas aos objetivos estabelecidos pelo pesquisador. Além de estabelecer objetivos claros, o pesquisador deve definir previamente as questões que nortearão a observação e o que, especificamente, precisa ser observado. Depois dessas definições de caráter estratégico, surge a necessidade de um registro eficaz das situações observadas. O bloco de notas deve estar sempre presente durante a ação de observar para que não se percam questões relevantes, uma vez que a memória é seletiva e não armazena todas as informações obtidas.

Cada campo do conhecimento promove a observação dos fenômenos estudados de uma maneira específica. No caso da psicopedagogia institucional, a observação pode ser realizada com foco no grupo ou no indivíduo. De acordo com Coma e Álvarez (2008), a observação individual não pode ser desvinculada da observação do grupo, já que a primeira não tem sentido fora do contexto de interação do aluno. Para ambos, a observação "implica sempre considerar os elementos próprios da dinâmica grupal e deve levar em conta o contexto, se quisermos dispor de informação consistente que nos permita propor alternativas de mudança nos âmbitos nos quais se produzam os conflitos e em que se situam as aprendizagens do aluno" (Coma; Álvarez, 2008, p. 50).

Para a adequada e eficiente observação dos fatos e objetos em processo de avaliação, é necessário o exercício do olhar e da escuta psicopedagógica. Quando falamos em *olhar psicopedagógico*, logicamente não estamos nos referindo a qualquer olhar. Trata-se de um olhar especial, que tem relação com três áreas principalmente, a saber:

1. **Área relacional** – Está vinculada aos laços que o aprendiz estabelece com os colegas, os professores e o processo de aprendizagem, aos vínculos necessários criados entre os membros dos grupos de aprendizagem na sala de aula e na instituição como um todo. Aqui, o foco está nas relações interpessoais, inclusive com o professor e com o papel da autoridade (como no caso da obediência ou não a regras, do exercício da autoridade no cotidiano da mediação do conhecimento e do respeito à hierarquia). A forma como os aprendizes se relacionam entre si, por sua vez, interfere tanto no processo de socialização de cada um deles quanto no relacionamento com os conteúdos estudados.
2. **Área do desenvolvimento em geral** – Diz respeito ao estágio em que se encontram as competências cognitivas dos aprendizes, considerando-se se elas avançam ou não. Busca-se saber como um indivíduo está do ponto de vista do processamento de informações, de seus recursos conceituais, de suas habilidades perceptivas, de sua psicomotricidade e de outros elementos que influenciam diretamente a aprendizagem.
3. **Área do desenvolvimento das habilidades específicas** – Refere-se ao nível de conhecimento de cada aprendiz, com foco no desempenho escolar em relação aos conteúdos estudados. Inclui a possibilidade de o sujeito resolver situações-problema de diferentes graus de complexidade vinculadas aos conteúdos contemplados.

Para Fernández (1990), antes de definir o tipo de olhar a ser desenvolvido pelo profissional da psicopedagogia, é necessário situar o lugar de onde ele olha. Para a autora, realizar uma escuta-olhar psicopedagógica é fazer a leitura da produção do paciente. A expressão *produção do paciente* se refere "ao material diagnóstico (hora de brinquedo, testes, discurso dos pais, desenvolvimento de ações lúdicas, gráficas, discurso verbal)", bem como à decifração da "mensagem do jogo, de uma atitude, de um silêncio, de um gesto. Resumindo: a como e desde onde realizar um diagnóstico psicopedagógico e interpretar a mensagem do sintoma na aprendizagem" (Fernández, 1991, p. 125-126).

3.1.1
Lugar analítico ou lugar de testemunha

Para Fernández (1990), a ação do avaliador psicopedagógico precisa ter um lugar e uma atitude. De acordo com a autora, o terapeuta é "uma testemunha que legaliza a palavra do paciente. Quer dizer, alguém que com sua escuta outorga valor e sentido à palavra de quem fala, permitindo-lhe organizar-se (começar a entender-se), precisamente a partir de ser ouvido" (Fernández, 1990, p. 126). Ela afirma que ser testemunha não isenta o profissional de se aproximar do sujeito investigado. Aqui não cabe o conceito de neutralidade e distanciamento do pesquisador em relação ao seu objeto, como defendem autores como Émile Durkheim, em *As regras do método sociológico* (2012)[1], e toda a escola positivista nas ciências humanas.

Para saber mais

Sobre esse assunto, recomendamos o livro a seguir, que trata da história da filosofia positivista e toma como referência a obra do filósofo positivista Auguste Comte, que defendia uma visão evolucionista do desenvolvimento social e propugnava pela criação de um Estado autoritário como caminho para o progresso e para a construção de uma ordem social sem conflitos,

RIBEIRO, J. **O que é positivismo**. São Paulo: Brasiliense, 2017.

É necessário que se crie uma relação de confiança entre o terapeuta e o paciente – que Fernández (1990, p. 126) identifica como *lugar analítico* –, em que se "busca encontrar o original, o particular, o apaixonante de cada história", o que só pode revelar-se com um mínimo de cumplicidade (ou intimidade) entre as partes.

A autora entende que é necessário encontrar o que ela chama de *fraturas do discurso*, bem como perspectivas dramáticas que permitem visualizar os aspectos originais de cada história. As fraturas do discurso correspondem a lapsos

---
[1] Esse livro é uma obra clássica sobre metodologia científica em sociologia. Publicado pela primeira vez em 1895, tem grande tradição na área das ciências sociais.

discursivos, incongruências, frases incompletas, repetições na fala e gestos presentes na linguagem corporal, que expressam diferentes aspectos do problema. Da mesma maneira, as perspectivas dramáticas são reveladas pelos discursos verbal e corporal e transmitem ideias inconscientes sobre a questão do aprender. Esse lugar analítico visa observar o não dito, aquilo que está interditado na comunicação, que não está explicitamente apresentado pelos sujeitos envolvidos no processo de ensino-aprendizagem.

3.1.2
Atitude clínica

Ocupando o lugar analítico, o psicopedagogo deve assumir uma atitude clínica. Em que isso consiste? Segundo Fernández (1991), a atitude clínica se baseia no ato de escutar e traduzir com base na emersão da história mítica – conceito que a autora busca na teoria do médico e psicanalista austríaco Sigmund Freud. A ideia da atitude clínica é que se deve buscar no aprendiz o feito traumático vivido causador do sintoma e que emerge do subconsciente, não se manifestando em sua narrativa oficial.

De acordo com Fernández (1991), à atitude clínica devem ser incorporados:

1. conhecimentos sobre como se aprende e sobre o organismo, o corpo, a inteligência e o desejo. Os problemas de aprendizagem ocorrem, conforme a autora, na intersecção entre esses quatro níveis básicos envolvidos no aprender que influenciam o ser cognoscente. É preciso conhecer

como eles atuam sobre o ensino-aprendizagem e como se relacionam na promoção do sucesso na vida escolar ou no surgimento de dificuldades de aprendizagem;
2. uma teoria psicopedagógica que se torne a matriz teórica interpretativa. Esta não deve ser o somatório dos conhecimentos anteriores, mas um corpo teórico que os abrange e que surge da prática diária com os problemas da aprendizagem. Os avanços nas áreas clínica e institucional e na reflexão acadêmica têm propiciado progressos no acúmulo teórico da psicopedagogia e em seu objeto próprio, a aprendizagem humana. Novas abordagens têm surgido, resultando em reflexões mais adequadas aos problemas atuais e em soluções concernentes a eles;
3. o correto conhecimento sobre o aprender e o não aprender. Trata-se de saber o que é aprender, no sentido de adquirir conhecimentos e saber usá-los, desenvolver habilidades e competências, significar e ressignificar conteúdos, aprender a aprender, aprender a ser. É preciso compreender igualmente o que é não aprender, no sentido não só do fracasso escolar, mas também da não aquisição de conhecimentos fundamentais para a vida do sujeito, para o exercício profissional e para o exercício da cidadania.

3.1.3
Olhar-escutar: passo a passo

Olhar e escutar: esses são os primeiros passos na relação do profissional com o paciente – e isso vale tanto para a clínica quanto para a instituição. Para Trinca (2003), o olhar psicopedagógico deve ter um foco principal: a subjetividade do aprendiz. Esse olhar deve se dirigir, antes de tudo, à existência do ser interior em cada pessoa, indagar o que a caracteriza como essencial, única e indivisível e perceber o modo como o sujeito ou grupo se vê, se situa e se sente em meio ao processo de ensino-aprendizagem.

O autor afirma que "o profissional da psicopedagogia deverá pensar sua atividade de modo muito amplo, considerando o educando em sua inserção social, educacional, familiar etc. [...]. Nesse contexto costumam surgir as dificuldades de aprendizagem" (Trinca, 2003, p. 79). Quando o aprendiz se insere em um coletivo de aprendizagem, esses problemas podem manifestar-se, ser potencializados e ganhar uma nova dimensão.

Fernández (1990) apresenta um guia do processo de escuta psicopedagógica que pode ser resumido conforme o quadro a seguir.

Quadro 3.1 – Guia para conseguir uma escuta psicopedagógica

Passo	Estratégia
1	Escutar-olhar
2	Mirar nas fraturas do discurso
3	Relacionar a fratura com fatos ocorridos anteriormente
4	Descobrir os esquemas de ação subjacentes
5	Buscar a repetição do esquema de ação
6	Interpretar a operação que forma o sintoma

Fonte: Elaborado com base em Fernández, 1990.

No primeiro momento, o psicopedagogo deve centrar-se em apenas escutar e olhar, logicamente registrando tudo. A seguir, deve observar muito além do discurso verbal: deve perceber o discurso corporal, ler os lapsos e as dificuldades de expressão e fazer emergir o inconsciente e a subjetividade do sujeito.

Em seguida, deve buscar a associação das fraturas com fatos anteriores, a fim de alcançar uma compreensão ampla de aspectos importantes da vida e da formação do aprendiz que não se manifestaram no discurso verbal. Nesse momento podem surgir explicações significativas para determinados traumas que interferem no desenvolvimento da aprendizagem.

Na sequência, cabe tentar descobrir os esquemas de ação subjacentes, que são mais relevantes para o psicopedagogo do que o conteúdo das ações desenvolvidas pelo paciente. Podem ser identificados diversos esquemas de ação, mas o terapeuta deve concentrar-se, principalmente, naqueles que se repetem. A insistência do esquema de ação permite ao profissional verificar se aquele é ou não um ponto de entrada importante. Deve-se buscar a repetição da produção do paciente, bem como a relação entre a produção deste e a de seu núcleo familiar. É preciso verificar repetidas vezes seu modo de agir, seu "esquema de ação", nas palavras de Fernández (1991, p. 133), de modo que seja possível compreender a operação que forma o sintoma.

Por último, deve-se interpretar a operação que forma o sintoma, buscando identificar as ideias inconscientes sobre o aprender e relacionando-as com a operação específica que constitui o sintoma.

3.1.4
Olhar-escutar na instituição

O olhar e a escuta psicopedagógica na instituição têm nuances próprias. Dirigem-se de um sujeito individual que aprende para um sujeito coletivo e seu contexto, o grupo. Nesse grupo, ganha relevância a ação de observar especificamente a atuação do agente de mediação do conhecimento – o professor – e sua relação com o processo e com os aprendizes.

Partindo de um modelo psicopedagógico institucional construtivo, Font e Gallart (2000) definem a atuação do profissional com base na perspectiva de uma prática colaborativa, sistêmica e preventiva com a equipe multiprofissional da instituição, em especial com os professores. É colaborando com esses profissionais, intervindo na escola como sistema e agindo de modo essencialmente preventivo que o psicopedagogo pode ter uma atuação eficaz.

O foco do modelo psicopedagógico construtivo é o contexto. Nesse sentido, o caminho do assessoramento psicopedagógico no campo institucional deve ter relação, prioritariamente, com os agentes mediadores do conhecimento. Assim,

> o assessor deixa de ser o técnico que dita e prescreve a intervenção que deve ser realizada e concentra a sua atenção para tentar construir um contexto de colaboração, primeiro com professores e pais de alunos, e depois com outros profissionais, para compartilhar o significado e o sentido da intervenção psicopedagógica. (Font; Gallart, 2000, p. 21)

Em outras palavras, o olhar e a escuta psicopedagógica devem mirar, em especial, na atuação do professor e em sua relação com os aprendizes. Nas salas de apoio, nos núcleos de assessoramento psicopedagógico e nos demais espaços de suporte e aconselhamento de docentes e discentes, os atos de olhar e escutar são ferramentas essenciais para o processo de avaliação.

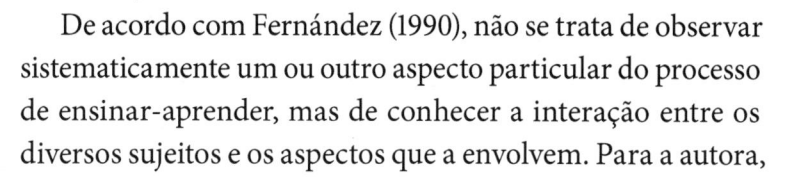

De acordo com Fernández (1990), não se trata de observar sistematicamente um ou outro aspecto particular do processo de ensinar-aprender, mas de conhecer a interação entre os diversos sujeitos e os aspectos que a envolvem. Para a autora,

> nossa escuta não se dirige aos conteúdos não aprendidos, nem aos aprendidos, nem as operações cognitivas não logradas ou logradas, nem aos condicionamentos orgânicos, nem aos inconscientes, mas às articulações entre essas diferentes instâncias. [...] Não se situa no aluno, nem no professor, nem na sociedade, nem nos meios de comunicação como ensinantes, mas nas múltiplas relações entre eles. (Fernández, 1990, p. 38)

Portanto, o aprender pode ser considerado uma via de mão dupla ou de diversas mãos. O eixo do exercício de olhar e escutar está na observação dos sujeitos envolvidos no processo de ensino-aprendizagem e das relações (ou vínculos) entre eles. Há um lugar que define o profissional como um parceiro-testemunha dos fatos revelados, bem como uma atitude clínica que, metodologicamente, esforça-se em captar a subjetividade ou o inconsciente. Nesse sentido, o olhar e a escuta são instrumentos indispensáveis no processo de detecção tanto de dificuldades de aprendizagem quanto de potencialidades do aprendiz ou do grupo/instituição investigados.

3.2
Entrevista Operativa Centrada na Modalidade de Ensino--Aprendizagem (Eocmea)

Na perspectiva da avaliação psicopedagógica institucional (incluindo a escola e as demais organizações aprendentes), é importante conhecer a Matriz do Processo de Avaliação Psicopedagógica Institucional, que se embasa na epistemologia emergente de Jorge Visca. Esse modelo, criado por Portilho et al. (2018), tem por objetivo identificar a modalidade de aprendizagem da instituição por meio da revelação das diversas articulações presentes em sua dinâmica de funcionamento.

Quadro 3.2 – Matriz do Processo de Avaliação Psicopedagógica Institucional

1	Entrevista inicial com o gestor
2	Enquadramento e Contrato com a Instituição
3	Eocmea e Eodi[2]
4	Quadro auxiliar e sistema de hipóteses
5	Quadro de análise da modalidade de aprendizagem na instituição
6	Elaboração do informe
7	Projeto de assessoria psicopedagógica
8	Entrevista devolutiva

Fonte: Portilho et al., 2018, p. 53.

• • • • •
2   Entrevista Operativa Dialógica.

A Matriz do Processo de Avaliação Psicopedagógica Institucional parte da realização da entrevista inicial com o gestor. Esse é o momento em que se levantam as motivações do processo de avaliação, geralmente iniciado após uma queixa contendo o primeiro informe acerca dos problemas de aprendizagem enfrentados na instituição.

Logo em seguida, faz-se o enquadramento do problema definindo-se as constantes (isto é, os elementos que não variam) que organizam a ação a ser desenvolvida no processo de avaliação. As constantes são compostas pelos detalhes de como ocorrerá o processo.

Na sequência, o demandante e os profissionais demandados definem os termos do contrato com a instituição (que pode ser formal ou informal) e estabelecem os objetivos, os métodos e os resultados esperados do processo avaliativo.

Tomadas essas providências iniciais, o psicopedagogo deve partir para a realização da Entrevista Operativa Centrada na Modalidade de Ensino-Aprendizagem (Eocmea), criada pela pedagoga brasileira Simone Carlberg. De acordo com Portilho et al. (2018), a Eocmea foi a primeira sistematização do processo de avaliação psicopedagógica de uma instituição. Inspirada na Entrevista Operativa Centrada na Aprendizagem (Eoca) e pensada para uso na clínica, a Eocmea propõe a estruturação de um modelo diagnóstico institucional com algumas adequações voltadas para pesquisar grupos em atividade (Carlberg, 1998).

A Eocmea tem por objetivo aproximar o psicopedagogo do objeto de estudo com o intuito de desenvolver a percepção daquilo que o grupo sabe, indo muito além da identificação do que ele não sabe. Esse saber é relativo à operatividade do grupo e no grupo. Nas palavras de Carlberg (1998, p. 2), pesquisam-se "a dinâmica (o que o corpo fala), a temática (o que é verbalizado) e o produto. A intenção não é a pesquisa isolada desses aspectos, mas sim a articulação deles e seu significado".

A Eocmea busca, portanto, promover uma aproximação inicial entre o grupo em tarefa e o profissional e, então, permitir a observação da temática, daquilo que é falado, do que é expresso por meio de movimentos e do que é produzido como resultado da tarefa. Dessa forma, é possível ao profissional estruturar um primeiro sistema de hipóteses sobre o objetivo central da pesquisa, que é a identificação da modalidade de aprendizagem da instituição que demandou a avaliação psicopedagógica.

E o que é modalidade de aprendizagem? Conforme Portilho et al. (2018, p. 58), trata-se de um

> modo particular, peculiar de executar algo; no caso, uma tarefa grupal. Além disso, do ponto de vista linguístico, modalidade é a gramaticalização de atitudes e opiniões daqueles que falam.
>
> Assim, nessa "fala", denominada de "temática" (opiniões) e "dinâmica" (atitudes), observa-se o modo como o grupo realiza uma tarefa ou o modo como o grupo opera, em torno de algo a ser produzido em conjunto.

Inicialmente, deve-se escolher um subgrupo que apresente o sintoma para vir a compor uma amostra do universo da instituição. Pode ser um grupo de professores, alunos de uma série específica ou um subgrupo da equipe pedagógica. Segundo Portilho et al. (2018, p. 59), a escolha das pessoas "depende de variáveis, tais como: motivos apresentados pela instituição, disponibilidade de tempo e de espaço, número de participantes, dentre outras características".

Escolhido o grupo, é hora de partir para a consigna. De acordo com Barbosa e Carlberg (2014, p. 17, grifo do original), "o termo *consigna* se refere a uma forma de fazer pedidos aos aprendizes de modo a promover, além da realização pura e simples da tarefa, o exercício do pensamento". Trata-se de comandos que vão bem além de realizar uma atividade; as consignas objetivam promover reflexão, estabelecer relações e estimular outras habilidades mentais. São uma forma especial de "solicitar tarefas a um grupo ou a uma pessoa e que pode levá-los à ampliação do seu grau de autonomia nas situações de aprendizagem" (Barbosa; Carlberg, 2014, p. 21).

A consigna é, portanto, uma tarefa que não obedece a um modelo predefinido. Ela é oferecida ao grupo selecionado com o objetivo de retirar o professor do centro das atenções. Em vez da aula tradicional, em que o aprendente é um sujeito passivo na transmissão do conhecimento, deve-se priorizar uma didática em que o aprendente seja estimulado a pensar criticamente. Conforme Barbosa e Carlberg (2014, p. 29), na aula tradicional, expositiva, o professor é acostumado a "'treinar' seus alunos para o grande jogo, a prova, momento em que cada um joga sozinho e ninguém assiste". Como alternativa, as autoras oferecem a estratégia do grupo operativo e das consignas, em que o desafio do mediador do conhecimento é envolver os aprendentes em situações genuínas de aprendizagem.

Barbosa e Carlberg (2014) apontam a existência de três tipos de consignas: acadêmicas, cênicas e autênticas.

Quadro 3.3 – Classificação das consignas

Desafio acadêmico	Desafio em cenas (Cênica)	Problemas da vida cotidiana (Autêntica)
Problemas correspondentes a uma área do conhecimento.	Jogo de papéis (na realidade ou em forma imaginativa)	Resolver situações verdadeiras que exigem situações reais).
Tem foco em uma área do conhecimento e se ocupa de uma questão que decorre diretamente de um campo disciplinar. Contexto autêntico mínimo.	Mira em uma ou várias áreas do saber. Aborda um problema similar ao da vida cotidiana. Contexto autêntico médio.	Abordagem interdisciplinar. Problemática complexa do cotidiano. Contexto autêntico máximo.

Fonte: Gordon, citado por Barbosa; Carlberg, 2014, p. 31.

Não existe uma consigna-padrão: a tarefa deve ser adequada ao contexto em que será realizada. A consigna deve ser construída com base no tipo de instituição e no perfil dos sujeitos envolvidos.

O tipo mais adequado de consigna, que se adapta bem à maioria das realidades, é a autêntica: ela se propõe à resolução de problemas reais, que exigem soluções concretas. A consigna acadêmica, por sua vez, trata de problemas que correspondem a uma área do conhecimento; tem um contexto autêntico mínimo. Finalmente, a consigna cênica tem características que transitam entre as duas outras; sua abordagem se baseia em um contexto autêntico médio.

A consigna é, portanto, a sugestão de uma tarefa feita pela equipe de coordenação aos membros do grupo sem que se espere por um resultado concreto. Como explicam Barbosa e Carlberg (2014, p. 66), o objetivo da consigna, como parte da Eocmea, é promover uma "aproximação organizada para compreender o movimento grupal, com o menor grau de artificialização e contaminação possível". Assim, busca-se criar um ambiente o mais próximo possível da realidade da instituição que está sendo avaliada.

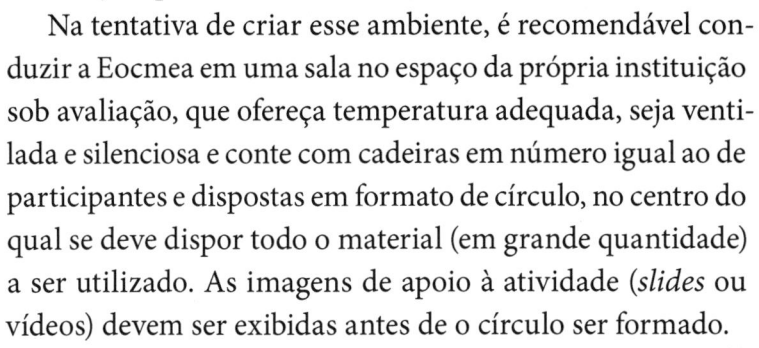

Na tentativa de criar esse ambiente, é recomendável conduzir a Eocmea em uma sala no espaço da própria instituição sob avaliação, que ofereça temperatura adequada, seja ventilada e silenciosa e conte com cadeiras em número igual ao de participantes e dispostas em formato de círculo, no centro do qual se deve dispor todo o material (em grande quantidade) a ser utilizado. As imagens de apoio à atividade (*slides* ou vídeos) devem ser exibidas antes de o círculo ser formado.

A tarefa pode ser apresentada de modo oral ou escrito e deve durar entre 60 e 120 minutos. Uma equipe de coordenação terá a missão de conduzir a atividade de maneira geral e de observar a temática e a dinâmica. Essa coordenação deve mediar a reunião, assumindo um perfil proativo, procurando intervir na situação e estimulando a iniciativa dos envolvidos, no intuito de criar "uma situação-problema cênica que serve como motivo para a observação do movimento grupal, aqui entendido como uma totalidade, que expressa uma mentalidade, um jeito de funcionar e um padrão de comportamento" (Barbosa; Carlberg, 2014, p. 71).

Outra missão importante da coordenação é fazer um relato referente à temática desenvolvida, à dinâmica da situação-problema cênica ocorrida, aos argumentos utilizados e aos movimentos observados. Esse relato deve ser feito depois que o grupo termina a tarefa proposta pela consigna. Os relatores devem construir uma narrativa em torno da qualidade das intervenções operadas no grupo e na equipe de coordenação. O relato deve vir acompanhado de uma análise e de um conjunto de hipóteses acerca da observação. De acordo com Oliveira (2009, p. 74), as hipóteses surgidas podem estar "relacionadas com questões interacionistas e culturais, podem dizer respeito aos vínculos afetivos, podem estar vinculadas ao funcionamento e forma de comunicação, com a capacidade da instituição em atender seus objetivos".

Concluída a realização da Eocmea, cabe à equipe de coordenação reunir-se e analisar os relatos, os produtos da tarefa e as demais informações coletadas. Com os resultados da análise em mãos, é possível levantar o primeiro sistema de hipóteses com o fim de tornar possível a definição dos instrumentos de pesquisa que darão prosseguimento ao processo diagnóstico.

O instrumento de avaliação mais adequado para a análise das informações coletadas é o Cone Invertido, elaborado por Enrique Pichon-Rivière (1998a). Trata-se de um esquema de avaliação do processo de interação grupal (que pode estar ocorrendo bem ou mal) por meio de vetores, como afiliação e pertença, cooperação, pertinência, comunicação, aprendizagem e tele. Essas categorias revelam uma escala de avaliação básica por meio da classificação básica de modelos de conduta global. No Capítulo 5, vamos aprofundar o estudo sobre as contribuições de Pichon-Rivière.

Para Portilho et al. (2018, p. 72), é possível afirmar que a aprendizagem consiste em um processo de interação entre um sujeito que aprende e o objeto da aprendizagem, "em um processo de significação e atribuição de sentido, que o transforma". Conforme as autoras, a análise, a articulação e a integração dos dados obtidos permitem a organização do sistema de hipóteses sobre a modalidade de aprendizagem da instituição, bem como a escolha dos instrumentos de pesquisa que serão utilizados (Portilho et al., 2018).

3.3
Winnicott e a psicopedagogia institucional: a importância do jogo

Como já mencionamos, o profissional consegue compreender a maneira como a criança aprende por meio da avaliação psicopedagógica. Algumas das contribuições da psicanálise à psicopedagogia são o estudo do subconsciente e a reflexão sobre temas relacionados a grande parte de nossas memórias, emoções e hábitos. Desenhos elaborados pelas crianças e outras atividades lúdicas são significativos na medida em que permitem a identificação de sintomas que revelam o desenvolvimento da dinâmica psíquica da criança.

A observação lúdica é de profunda relevância para a avaliação psicopedagógica, pois possibilita que o profissional tenha êxito na identificação de sintomas que revelam como se comporta o inconsciente, especialmente da criança. Por meio da observação lúdica, é possível entender como a criança percebe e interpreta o contexto em que está inserida, ou seja, o universo em seu redor.

É por intermédio dos jogos que o profissional tem o poder de estimular a criança a desenvolver o raciocínio, conviver com outras crianças e adultos, aprender coisas novas, atuar de modo colaborativo, ampliar sua concentração e desafiar seus limites, tudo isso de maneira estimulante e prazerosa. Os jogos também permitem que o profissional compreenda qual o nível de raciocínio lógico da criança e se esse nível é compatível com o esperado para sua idade.

Donald Winnicott

Um importante estudioso do papel do brincar no desenvolvimento da criança foi o pediatra e psicanalista inglês Donald Winnicott (1896-1971), antigo líder da Sociedade Britânica de Psicanálise Independente e presidente da Sociedade Britânica de Psicanálise. Winnicott se tornou um dos mais influentes psicanalistas voltados ao estudo das questões relativas à infância. Colaborou com jornais médicos, psiquiátricos e psicanalíticos e escreveu artigos para revistas destinadas ao grande público, em que debatiam problemas das crianças e das famílias, como a importância do brincar e dos cuidados maternos.

Winnicott desenvolveu a noção de objeto transicional e escreveu diversos livros, incluindo *O brincar e a realidade* (Winnicott, 2019), um de seus mais conhecidos trabalhos. Nele, o autor dá destaque ao brincar como elemento central para se pensar o desenvolvimento criativo e saudável da criança. Brincar é um ato natural que surge na infância e ocupa um papel significativo no desenvolvimento do indivíduo.

De acordo com Kishimoto (2010), brincar é uma atividade própria da criança e parte de seu dia a dia. Para ele, o brincar

> É importante porque dá a ela [a criança] o poder de tomar decisões, expressar sentimentos e valores, conhecer a si, aos outros e o mundo, de repetir ações prazerosas, de partilhar, expressar sua individualidade e identidade por meio de diferentes linguagens, de usar o corpo, os sentidos, os movimentos, de solucionar problemas e criar. Ao brincar, a criança experimenta o poder de explorar o mundo dos objetos, das pessoas, da natureza e da cultura, para compreendê-lo e expressá-lo por meio de variadas linguagens. Mas é no plano da imaginação que o brincar se destaca pela mobilização dos significados. Enfim, sua importância se relaciona com a cultura da infância, que coloca a brincadeira como ferramenta para a criança se expressar, aprender e se desenvolver. (Kishimoto, 2010, p. 1)

Discutindo o papel da brincadeira para o comportamento das crianças, Kishimoto (1998) considera que o jogo representa uma forma de violação dos padrões de comportamento social desenvolvidos pelas espécies. Para ele, o ato de brincar é uma oportunidade para que a criança explore, aprenda a linguagem e solucione problemas. Assim, "Educar e desenvolver a criança significa introduzir brincadeiras mediadas pela ação do adulto, sem omitir a cultura, o repertório de imagens sociais e culturais que enriquece o imaginário infantil" (Kishimoto, 1998, p. 15).

Para Campos (2012), a prática de jogar em sala de aula instaura, diante do mediador do conhecimento e do sujeito que aprende, um ambiente desafiador que favorece o desenvolvimento cognitivo. Desse modo,

> o jogo em sala de aula coloca uma situação favorável para a aprendizagem e o desenvolvimento de competências, tanto do professor como dos alunos, porque é uma atividade onde estão representados aspectos desafiadores presentes na realidade escolar e extraescolar, combinando-se de múltiplas formas. (Campos, 2012, p. 25)

Conforme Campos (2012, p. 26), o jogo contribui para o desenvolvimento das estruturas mentais ao propiciar um contexto no qual o aluno "aprende a coordenar meios para atingir os fins valorizados – essa, a verdadeira inteligência na perspectiva construtiva da aprendizagem"; para haver tal coordenação, ele "deverá tomar decisões com base em hipóteses e fazer representações antecipatórias (portanto, abstrações) acerca das situações que se apresentam nas partidas". Segundo a autora, entre as habilidades que o aprendiz pode desenvolver por meio dos jogos estão a resolução de situações-problema e a melhoria da capacidade de interação social (Campos, 2012).

Por que, no contato com os jogos, crianças e adolescentes se transformam em seres ativos e curiosos? Porque, com os jogos, eles desenvolvem a capacidade de pensar sozinhos e encontrar respostas para os desafios com que se deparam. Campos (2012, p. 27) destaca que jogar não é uma tarefa abstrata: "jogar é algo que tem sentido para a criança. O sentido decorre do fato de que há um contexto para sua ação intelectual. Por isso, ela se engaja no jogo com prazer, ao contrário do que acontece em muitas situações de ensino onde o significado da ação e das metas a alcançar escapa totalmente ao aluno".

É brincando em atividades alegres e divertidas que a criança expressa sua individualidade e sua identidade. Ela emprega diferentes linguagens: utiliza seu corpo, explora seus sentidos, movimenta-se, defronta-se com problemas e desafios, investiga o mundo, exerce sua imaginação e constrói significados. Em suma, é brincando que a criança se relaciona com a cultura da infância, na qual o jogo é fundamental para que ela se expresse, aprenda e se desenvolva física, intelectual e emocionalmente.

De acordo com Fernández (1990), não é possível haver construção do saber se não se joga com o conhecimento. Quando se fala em *jogo* ou *brincadeira*, não se está fazendo referência a um simples ato, tampouco a um mero produto, mas a todo um processo. A autora se refere a um lugar de confiança e de criatividade que Winnicott chama de *espaço transicional*. Trata-se de um espaço que transita ente o "crer e o não crer, entre o dentro e o fora. [...] o espaço transicional é o único onde se pode aprender. Espaço transicional e espaço de aprendizagem são coincidentes" (Fernández, 1990, p. 165).

Para Winnicott (2019), os objetos transicionais, assim como os fenômenos transicionais, compõem o domínio da ilusão, que se constitui na base do começo da experiência. Segundo o autor,

> esse estágio inicial do desenvolvimento é possibilitado pela capacidade especial que a mãe tem de se adaptar às necessidades do bebê, permitindo, assim, que ele tenha a ilusão de que aquilo que cria realmente existe. A área intermediária da experiência não é contestada quanto a pertencer à realidade interna ou externa (compartilhada) e representa a maior parte da experiência do bebê. Ao longo da vida, essa área é

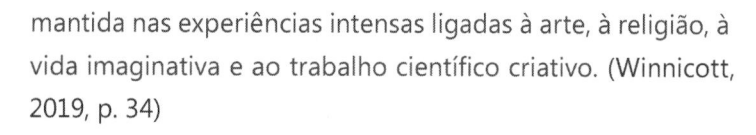

mantida nas experiências intensas ligadas à arte, à religião, à vida imaginativa e ao trabalho científico criativo. (Winnicott, 2019, p. 34)

É nesse espaço transicional que se desenvolve o desejo pelo brincar. Conforme Winnicott (2019), a brincadeira é primária, pois o ser humano é dotado de uma criatividade primária. Brincar é uma forma básica de viver, universal e própria da saúde, que facilita o crescimento e conduz aos relacionamentos grupais; o brincar deve ser visto como uma experiência criativa. Para o autor, brincar é um indicador da saúde, do desenvolvimento e do sentimento de ser do bebê. O prazer na brincadeira é a garantia de saúde de quem brinca.

Winnicott (2019, p. 88) destaca que

> o brincar é uma experiência, uma experiência sempre criativa, experiência no continuum espaço-tempo, uma forma básica de viver.
>
> A precariedade da brincadeira se deve ao fato de estar sempre no limiar teórico entre o subjetivo e aquilo que é objetivamente apreendido.
>
> [...] é mais fácil compreender o trabalho que realizamos quando reconhecemos que a base do que fazemos é o brincar do paciente, uma experiência criativa que ocupa um tempo e um espaço e é intensamente real para ele.

De acordo com Winnicott (2019), é no brincar que a criança (e até o adulto) tem liberdade para exercer a criatividade. Segundo o autor, "é no brincar, e apenas no brincar, que a criança ou o adulto conseguem ser criativos e utilizar toda a sua personalidade, e somente sendo criativo, o indivíduo pode descobrir o self. Assim, pode-se concluir que a comunicação só é possível por meio do brincar [...]" (Winnicott, 2019, p. 93). Em outras palavras, é somente por meio do brincar que o ser humano pode usufruir de sua personalidade de maneira plena e integral.

O brincar acontece em uma zona intermediária entre o eu e o não eu, ou seja, entre o mundo interno e o mundo externo do bebê, entre o indivíduo e o contexto no qual está inserido. É nela que acontece a experiência criativa necessária para a consolidação do *self* (isto é, a personalidade do indivíduo, como ele se percebe). Dessa maneira, torna-se perceptível que tanto o brincar quanto o exercício da criatividade estão na essência do processo psíquico que estrutura o *self*.

Na perspectiva de Winnicott (2019), a contribuição que o brincar oferece no tratamento de crianças também ocorre no tratamento de adultos.

> O que quer que se diga sobre o brincar de crianças aplica-se também aos adultos; apenas, a descrição torna-se mais difícil quando o material do paciente se revela sobretudo por meio da comunicação verbal. Sugiro que devemos encontrar o brincar tão em evidência na análise de adultos quanto o é no caso de nosso trabalho com crianças. Manifesta-se, por exemplo, na escolha das palavras, nas inflexões de voz e, na verdade, no senso de humor. (Winnicott, 2019, p. 72)

Para o autor, a criatividade sobre a qual ele fala é um fenômeno universal e é uma característica do viver, não se resumindo apenas às obras de arte.

> É preciso separar [...] a noção de criação da de obra de arte. É verdade que uma criação pode ser uma pintura, uma casa,

um jardim, uma roupa ou um penteado, uma sinfonia ou uma escultura; tudo, até uma refeição preparada em casa. Talvez seja melhor dizer que essas coisas são criações. A criatividade sobre a qual me debruço é universal e faz parte de estar vivo. Pode-se dizer que ela pertence à vida de alguns animais, assim como faz parte da vida dos seres humanos, embora seja um traço aparentemente menos relevante entre os animais e os seres humanos com baixa capacidade intelectual, se comparados a seres humanos com capacidade intelectual próxima da média, média ou alta. A criatividade que estamos estudando pertence ao modo como o indivíduo aborda a realidade externa. Presumindo uma capacidade intelectual razoável e uma inteligência suficiente para permitir que o indivíduo se torne uma pessoa que vive e faz parte da vida da comunidade, tudo o que acontece é criativo, a menos que o indivíduo esteja doente ou seja prejudicado por fatores ambientais que reprimem seus processos criativos. (Winnicott, 2019, p. 113)

Desse modo, o brincar deve estar no centro das intervenções pedagógicas e psicopedagógicas voltadas à criança.

3.4
Dinâmicas de grupo

Ao lado dos jogos e das vivências, as dinâmicas de grupo há muito tempo têm sido utilizadas pela área de recursos humanos de organizações (em treinamentos e outros eventos formativos), pela área educacional e, especialmente, pela intervenção psicopedagógica institucional. São muito utilizadas no sentido de verificar como o ambiente de trabalho contribui para o bom funcionamento da organização. Nesse âmbito, de acordo com Nascimento (2008, citada por Silva; Mendes, 2012, p. 341), o psicopedagogo atua em três etapas: "a de formação profissional (preparo da pessoa para uma determinada profissão), a de desenvolvimento profissional (aperfeiçoamento para a carreira) e a de treinamento (que é o preparo para determinado cargo)".

Segundo Silva e Mendes (2012, p. 341-342),

> Dentro dessa terceira possibilidade de atuação do psicopedagogo é que se pode discutir sobre a questão da gestão do conhecimento, enfocando competências, habilidades e atitudes exigidas e vinculadas aos objetivos da organização. [...] [o psicopedagogo] deverá em seu trabalho levar em conta, entre outros fatores, elementos como objetivos da organização, cultura e clima organizacional.

No debate em torno do clima e da cultura organizacional, ganha relevância o estudo relacionado à aprendizagem vivencial. Conforme Silva e Mendes (2012, p. 342), "pode-se dizer que esta é uma consequência do envolvimento das pessoas, pois a partir do momento da experimentação cria-se a oportunidade de analisar criticamente o processo, extraindo dessa análise alguma observação e aplicando-a em seu cotidiano".

Na tentativa de dar conta do tema da aprendizagem vivencial, foram criadas ferramentas vivenciais com o intuito principal de favorecer a emersão das questões interpessoais (desenvolvidas especialmente na subjetividade dos indivíduos) que interferem no desempenho de um grupo. Essas ferramentas consistem em recursos didáticos que permitem a vivência de situações do dia a dia que façam as pessoas refletirem. São dinâmicas de grupo, jogos dramáticos e outras formas de vivência que despertam nos participantes a reflexão e o espírito crítico, visando resgatar a espontaneidade e a criatividade em um ambiente que favoreça o desenvolvimento da ludicidade.

O estudo dos grupos nasceu da preocupação, no campo das ciências sociais, com as questões do relacionamento entre os indivíduos, isto é, com o funcionamento dos grupos e a maneira como se estabelecem os vínculos que lhes permitem funcionar. Segundo Enriquez (2001), um grupo só pode constituir-se quando se organiza em torno de uma ação a realizar, de um projeto a elaborar ou de uma tarefa a cumprir. Um grupo tem um sistema de valores suficientemente interiorizado pelo conjunto de seus membros, o que possibilita oferecer ao projeto suas características mais dinâmicas. Tal sistema de valores, para existir, deve apoiar-se em alguma representação coletiva, um imaginário comum que faz pensar, sentir e experimentar o mundo. Todo grupo funciona na base da idealização, da ilusão e da crença em alguma coisa. É essa base subjetiva, mental que, em última instância, legitima o grupo.

Neste livro, o que nos preocupa, fundamentalmente, são as dinâmicas de grupo como atividades mobilizadoras, coletivas, reflexivas e bastante úteis no contexto da avaliação psicopedagógica institucional. Isso porque, em sociedade, o indivíduo não pode ter sua ação compreendida se separada da ambiência que o cerca. De acordo com Lewin (1946), a firmeza das ações do sujeito e a clareza das decisões que ele toma dependem, em grande parte, das condições oferecidas por esse "terreno". Para o autor, "um dos elementos mais importantes do terreno em que o indivíduo atua é o grupo social a que 'pertence'" (Lewin, 1946, p. 160).

Conforme Militão e Militão (1999), a expressão *dinâmica de grupo* foi usada pela primeira vez em 1944, em um artigo publicado pelo psicólogo social alemão Kurt Lewin. De acordo com os autores, *dinâmica* vem de *dynamikós*, palavra de origem grega que significa "força", "energia", "ação". *Dinâmica de grupo* seria, portanto, o ensino de comportamentos novos às pessoas "através da discussão e decisão em grupo, em substituição ao método tradicional de transmissão sistemática de conhecimentos" (Militão; Militão, 1999, p. 16).

Segundo Silva e Mendes (2012), a expressão *dinâmica de grupo* tem tripla significação, envolvendo ciência, conjunto de técnicas e pensamento.

> Pressupondo que não basta reunir um aglomerado de pessoas para se determinar esse conjunto como um grupo, necessita-se que haja um objetivo em comum para este ser tratado como tal. Outra característica dos grupos são os múltiplos intercâmbios que as pessoas estabelecem entre si, sem essa interação psicológica não existe o conceito de grupo (Krech; Crutchfielf *apud* Aubry & Saint-Arnaud).
>
> Cada grupo tem um dinamismo próprio (problemas, sucessos, fracassos, etc.), a saída ou a chegada de um membro pode alterar profundamente sua estrutura, abalando ou reforçando as inter-relações. Ainda segundo Aubry e Saint-Arnaud, um grupo formado por adultos objetivos e maduros não garante que a estrutura grupal seja também adulta, objetiva e madura. (Silva; Mendes, 2012, p. 350)

As dinâmicas de grupo, portanto, cumprem um papel fundamental no processo de aprendizagem, especialmente na psicopedagogia institucional.

3.4.1
Pichon-Rivière e o grupo operativo

No estudo do papel fundamental das interações sociais e dos grupos na formação do indivíduo, em particular no tocante à contribuição destes no campo da educação, um dos autores mais importantes é Pichon-Rivière.

> **Enrique Pichon-Rivière**
>
> O psiquiatra e psicanalista suíço nacionalizado argentino Enrique Pichon-Rivière (1907-1977) foi fundador da Associação Psicanalítica Argentina e do Instituto Argentino de Estudos Sociais e chegou a ser membro da Associação Psicanalítica do Brasil. Foi influenciado pela psicanálise e dialogava com outros campos do conhecimento, como a cultura, a literatura e a política. Influenciou autores como Jacques Lacan e Paulo Freire. Dedicou boa parte de suas investigações como profissional e pesquisador ao grupo em tarefa, também chamado de *grupo operativo* ou *grupo em tarefa*.
>
> Para Pichon-Rivière (1998a), os pressupostos básicos ou o Esquema Conceitual, Referencial e Operativo (Ecro) dos grupos operativos são constituídos por

uma observação sistemática que se realiza juntamente com a análise das operações da mente em sua inter-relação social e no contínuo intercâmbio com o mundo externo – observação e análise que se centram na tarefa. Sobre o fundamento de uma psicopatologia grupal propomos uma psicoterapia pelo grupo centrada na tarefa, seja essa tarefa de aprendizagem, de cura, de criação etc. O grupo é o agente da cura, e o terapeuta reflete e devolve as imagens dessa estrutura em contínuo movimento, encarnando, além disso, as finalidades do grupo. (Pichon-Rivière, 1998a, p. 114)

De acordo com Pichon-Rivière (1998a), o grupo se estabelece quando um coletivo de indivíduos motivados por necessidades e desejos semelhantes se une em torno de uma tarefa específica, em tempo e espaço determinados por seus componentes. Tais sujeitos, inicialmente desarticulados entre si, passam a se unificar e a começar um processo de interação social e ação cooperada com o objetivo de realizar as tarefas.

No grupo operativo, a aprendizagem é percebida como um processo permanente em que fatores como o diálogo, a comunicação e a interação entre os sujeitos são entendidos como aspectos interligados, considerando-se que aprendemos por meio de uma relação com o contexto em que estamos inseridos e com o outro. Aprender em grupo permite uma troca de leituras da realidade e de saberes, abrindo espaço para atitudes questionadoras. O grupo é o principal instrumento de transformação da realidade; deve agir em função da mudança, seja individual, seja social, seja coletiva.

Um conceito importante na teoria dos grupos operativos é o de pré-tarefa: um modo de subjetividade (sentir e pensar) antagônico à tarefa. A pré-tarefa exprime uma resistência à mudança; não supõe nenhuma "preparação" para a tarefa. É um momento inicial marcado por uma atitude de resistência dos membros do grupo à interação com os demais. Constitui uma etapa lógica e não cronológica da tarefa.

Como esclarece Fabris (2014), a pré-tarefa diz respeito à capacidade dos indivíduos de vencer o medo e superar obstáculos, o que permite ao grupo entrar em tarefa. Para o autor,

> Se os sujeitos ou grupos logram vencer os medos e obstáculos que alimentam a resistência à mudança (ansiedades paranoides e depressivas que configuram o medo de mudança) e conseguem fazer valer a comunicação sobre o ruído, a aprendizagem sobre o obstáculo, o pertencimento sobre a serialidade, a capacidade de cooperar contra a sabotagem, o **pertencimento** se manifesta, então, como capacidade de estar centrado em uma tarefa. (Fabris, 2014, p. 115, grifo do original)

No grupo operativo, o núcleo central de sua existência (em torno do qual se organiza e para onde se dirige) é a realização da tarefa. Em que consiste a tarefa? Conforme Pichon-Rivière (1970b, citado por Fabris, 2014, p. 112), "A tarefa é a marcha do grupo em direção ao seu objetivo, é um fazer-se e um fazer dialético em direção a uma finalidade, é uma práxis e uma trajetória". Nesse sentido, a tarefa se torna o elemento essencial no contexto do processo grupal; representa um momento de diálogo e de encontro, um momento de descoberta, uma situação de construção.

A técnica de trabalho do grupo operativo não está centrada nos indivíduos isoladamente nem no grupo em sua totalidade, mas na relação de cada membro do grupo com a tarefa. No entanto, quando se faz uma análise do grupo em operação, o fundamental é procurar perceber "a relação entre um grupo e seus membros com uma dada tarefa" (Pichon-Rivière, 1970a, citado por Fabris, 2014, p. 114). Podemos afirmar que a tarefa é um caminho que o grupo percorre no intuito de atingir objetivos predefinidos, que se relacionam com a maneira como cada membro interage tendo em vista seus sonhos. Esses objetivos passam pela elaboração de um projeto compartilhado de transformação da realidade vivida.

Outro conceito significativo na teoria dos grupos operativos é o de trabalho. Pichon-Rivière (1998a) insiste em um sentido operacional e situacional de *tarefa*, ao passo que a noção de *trabalho* se refere a um aspecto determinante da organização social em seu conjunto. De acordo com Fabris (2014, p. 114),

> A tarefa supõe resultados que não são de todo predeterminados ou predetermináveis, pois os objetivos que ela busca admitem reconfigurações nas quais os sujeitos podem intervir ativamente. No trabalho, no entanto, os resultados são basicamente predeterminados e, em geral, condicionados por elementos externos: os objetivos devem ser cumpridos e são escassamente vinculados às decisões dos sujeitos.

Os grupos operativos, segundo Pichon-Rivière (1998a), funcionam com base em mecanismos de autorregulação que são postos em funcionamento pela figura de um coordenador (ou líder), cuja missão é manter com os demais membros uma comunicação proativa, baseada em um espírito criador. A função do coordenador é "criar, manter e fomentar a comunicação, chegando esta, através de um desenvolvimento progressivo, a tomar a forma de uma espiral, na qual coincidem didática, aprendizagem, comunicação e operatividade" (Pichon-Rivière, 1998a, p. 128). O coordenador deve atuar mediando tensões, a fim de que os conflitos ou as contradições do grupo possam ser equacionados e todos consigam aprender.

Outras funções também podem ser exercidas pelo líder no intuito de fazer fluir o debate. Líderes da mudança, por exemplo, são aqueles que tendem a "puxar o grupo para frente", levar adiante sua tarefa, buscar soluções e mobilizar os demais. Contrariamente, líderes da resistência manifestam atitudes de "puxar o grupo para trás", evidenciando comportamentos que tendem a dificultar os avanços do grupo.

Também contribuem bastante figuras como o bode expiatório e o porta-voz. O bode expiatório é aquele que se torna depositário das características negativas do grupo, assumindo para si todos os "defeitos" dos outros membros. Essa pessoa concentra em si as tensões do grupo; tende a aparecer como culpada por situações que são, na realidade, grupais. Já o porta-voz manifesta o que o grupo está sentindo e pensando; ele "fala pelo grupo", tem coragem de expor as tensões e as ansiedades, é capaz de verbalizar e dar forma aos sentimentos e conflitos do grupo.

3.4.2
Algumas dinâmicas de grupo

As dinâmicas de grupo fazem parte do elenco de ferramentas a serem utilizadas pelos psicopedagogos quando da realização da avaliação psicopedagógica institucional. Desde a década de 1970, o estudo da aprendizagem nos grupos está presente nas estratégias adotadas nessa área. Nos anos 1990, grande parte dos profissionais passou a incorporar um conjunto de reflexões e práticas que têm como centro o conceito de operatividade.

Segundo Portilho et al. (2018), para a psicopedagogia, a operatividade, o fazer e o protagonizar são recursos cada vez mais utilizados na perspectiva de promoção da aprendizagem. Revelando sua experiência com dinâmicas de grupo, baseadas na operatividade, as autoras afirmam:

> Fundamentadas na criação de Pichon-Rivière, Paulo Freire, Jacob Moreno e Simon Raiman, temos experimentado, em função das instituições, dos objetivos do trabalho, da intenção do grupo a ser coordenado, formas diferentes de organizar e coordenar os grupos de aprendizagem, mas sempre pautada na operatividade, na busca da autonomia, da autopercepção e da tomada de consciência, apresentados pelos aportes teóricos que nos orientam, ou seja, na crença de que o grupo pode reelaborar construir conhecimento e operá-lo de maneira autônoma com sentido. (Portilho et al., 2018, p. 94)

Tendo em vista esse intuito de se realizar um trabalho de grupo estimulando a autonomia, a capacidade de iniciativa, a autoconsciência e a capacidade operacional, a psicopedagogia atua no sentido de fazer com que os grupos e seus membros sejam cada vez mais autores da própria aprendizagem. A seguir, vamos apresentar alguns modelos de ação grupal que podem ser úteis em um processo de avaliação psicopedagógica nas instituições.

Roda de conversa operativa

Uma modalidade de dinâmica de grupo que pode ser bastante útil no processo de avaliação psicopedagógica institucional, seguindo uma estratégia de identificar a modalidade de aprendizagem e os problemas de construção do conhecimento em um lócus específico, é a roda de conversa. Trata-se de uma técnica muito utilizada em sessões de tratamento de problemas psicológicos (psicoterapia) e em intervenções em grupos no âmbito da educação popular e da antropologia.

Do ponto de vista filosófico, a roda de conversa se inspira no conceito de dialogicidade desenvolvido pelo educador e filósofo brasileiro Paulo Freire, bem como no exercício livre da palavra, na participação dos sujeitos e na troca resultante da comunicação entre sujeitos que pronunciam o mundo. Segundo Freire (2014), é no diálogo que a prática educativa se fortalece; é no exercício da fala que emerge a palavra autêntica, que produz as dimensões da ação e da reflexão. Para Freire (2014, p. 108), "não é no silêncio que os homens se fazem, mas na palavra, no trabalho, na ação-reflexão". A roda de conversa é uma estratégia de construção do conhecimento com o outro por meio do diálogo.

Freire (2014) enfatiza a necessidade de um diálogo verdadeiro, efetivo, entre iguais, o que pode ser uma mola propulsora da mudança. Para ele, o diálogo é uma exigência existencial. E, se ele é o encontro em que se solidarizam o refletir e o agir de seus sujeitos endereçados ao mundo a ser transformado e humanizado, não pode reduzir-se a um ato de depositar ideias de um sujeito no outro, nem tampouco tornar-se simples troca de ideias a serem consumidas pelos permutantes [...]. Porque é encontro de homens que **pronunciam** o mundo, não deve ser doação do **pronunciar** de uns a outros. É um ato de criação. (Freire, 2014, p. 109, grifo do original)

O princípio da dialogicidade, portanto, deve inspirar o funcionamento da roda de conversa, que se caracteriza por ser um espaço de diálogo, marcado por uma profunda horizontalidade no tocante à participação de seus membros. Estes, sentando-se frente a frente, em círculo, se pronunciam com igualdade de tempo em uma dinâmica de funcionamento acordada coletivamente. O exercício livre, organizado e equilibrado da palavra permite a emersão de diferentes pontos de vista e do pensamento reflexivo, promovendo, assim, o exercício do contraditório e uma atitude crítica nos sujeitos envolvidos. A roda de diálogo é organizada por um agente de mediação, a quem cabem o planejamento da atividade e sua execução.

A roda de diálogo pode propiciar um exercício qualificado da fala e da escuta psicopedagógicas, no sentido de viabilizar a emersão de um pensamento reflexivo, em que o falar e o ouvir de todos os participantes respondam às preocupações coletivas e, mais especificamente, às do psicopedagogo. Essa reflexividade deve embasar-se em uma atitude compreensiva dos fenômenos, isto é, os sujeitos devem buscar desenvolver uma compreensão profunda da realidade por meio de uma atitude crítica e escolher um curso planejado de ação.

O objetivo final da roda de conversa operativa é viabilizar a construção de um olhar qualificado acerca da modalidade de aprendizagem do grupo. Essa modalidade corresponde ao esquema operacional posto em prática na situação específica de aprendizagem que é revelada na avaliação em curso, por meio do qual cada sujeito se relaciona com o objeto de conhecimento. O que se quer saber, ao investigar a modalidade de aprendizagem de um grupo, é como esse coletivo e seus componentes aprendem e o que precisa ser feito para corrigir as falhas existentes e aprimorar as práticas educativas da instituição.

Jogo dramático

Anteriormente, destacamos que, no contato com os jogos, as crianças e os adolescentes se transformam em seres ativos e curiosos. Isso acontece porque, brincando, eles desenvolvem a capacidade de pensar sozinhos e encontrar respostas para os desafios com que se defrontam.

Por meio dos jogos, é possível trabalhar aspectos objetivos e subjetivos do sujeito que aprende. No decorrer da história das sociedades, o jogo, como atividade física ou intelectual de divertimento, é um elemento sempre presente nas diferentes culturas, tendo como caraterísticas comuns o caráter lúdico (com seu aspecto criativo) e a existência de normas e regras.

O jogo dramático é um exercício de representação dramática (ou seja, a encenação de uma história) que se desenvolve com base no improviso, pois o papel de cada jogador não é previamente estabelecido. Trata-se de um exercício de livre expressão, que pode ser musical ou plástica, com o objetivo de propiciar a manifestação de sentimentos e opiniões. O jogo dramático se diferencia do jogo teatral pelo fato de, em sua essência, dar pouca importância à linguagem cênica e enfatizar a realidade retratada do ponto de vista afetivo, cognitivo e psicomotor.

Para Portilho et al. (2018, p. 98),

> o jogo dramático é toda atividade que propicia ao sujeito expressar livremente o seu mundo íntimo, na forma de representação de um papel, de uma atividade corporal, uma fantasia ou produção mental. Além de ampliar a capacidade imaginativa e a percepção de si diante do grupo, viabiliza tomar contato com o que está emergente no grupo. Por ser uma atividade de interdependência, é um valioso instrumento para trabalhar pertença, comunicação, ou seja, dá visibilidade para que se leia a instituição a partir de sua complexidade.

O jogo dramático começa com a definição de um coordenador ou mediador da atividade e dos grupos participantes. Este faz o anúncio oral da consigna e, em seguida, realiza-se a reunião do grupo para montar a esquete (cena rápida) com base em seu entendimento a respeito do tema ou mote sugerido.

É muito importante que o coordenador colabore no estabelecimento de um ambiente favorável, marcado pela desconcentração e espontaneidade coletiva. O ambiente favorável contribui muito para que as características individuais e grupais se manifestem.

O grupo deve ter um tempo razoável para organizar sua apresentação, a qual deve durar em torno de 10 minutos – não deve ser longa, pois se trata de uma esquete, não de uma peça. A improvisação é fundamental como meio imaginativo e dinâmico. A apresentação pode ser reelaborada, com mudanças na história e troca de papéis sugeridas pelo psicopedagogo. Ao final, há um momento de avaliação, em que o psicopedagogo levanta questões, assim como a plateia. Todas as pessoas que compõem o grupo devem ser incentivadas a se manifestar.

Encerrada a avaliação, o psicopedagogo deve fazer um relatório detalhado do jogo dramático, desde o momento em que ocorreu o pedido da apresentação até o debate final, com os principais pontos levantados. Essas anotações devem colaborar para que todas as pessoas da instituição envolvidas na atividade possam estudar, rever seus procedimentos e melhorar seu desempenho no processo de ensino-aprendizagem.

É necessário que os relatos levem à superfície dos debates os aspectos afetivos, cognitivos e psicomotores que contribuem com as interações humanas e a aprendizagem ou que as atrapalham. É importante também promover uma reflexão sobre o espaço escolar, que precisa ser visto como um ambiente de aprendizagem. O clima organizacional, elemento responsável pela satisfação dos membros da organização e que envolve aspectos como cultura organizacional e comunicação interna, deve estar coerente com o projeto político-pedagógico da instituição. Nesse sentido, é de suma importância a existência de um clima socioemocional favorável.

Grupo reflexivo

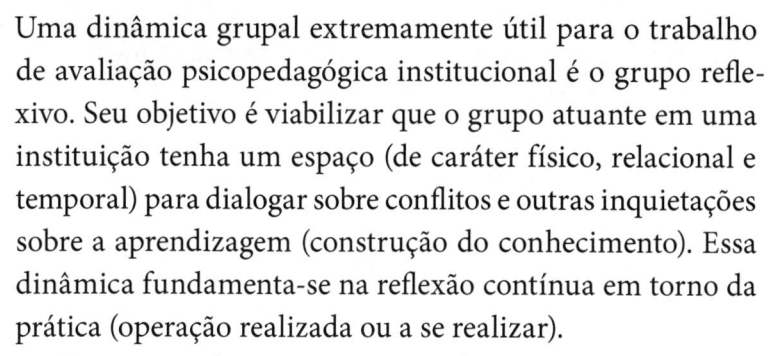

Uma dinâmica grupal extremamente útil para o trabalho de avaliação psicopedagógica institucional é o grupo reflexivo. Seu objetivo é viabilizar que o grupo atuante em uma instituição tenha um espaço (de caráter físico, relacional e temporal) para dialogar sobre conflitos e outras inquietações sobre a aprendizagem (construção do conhecimento). Essa dinâmica fundamenta-se na reflexão contínua em torno da prática (operação realizada ou a se realizar).

O grupo reflexivo, na psicopedagogia, é uma técnica desenvolvida pela pedagoga e psicopedagoga brasileira Laura Monte Serrat Barbosa. A pesquisadora se inspira no conceito de atitude operativa: uma atitude "que promova o fazer autônomo e comprometido, seja qual for a técnica a ser utilizada para que o grupo reelabore o conhecimento e avalie sua dinâmica interna" (Portilho et al., 2018, p. 116).

Além de fomentar uma reflexão constante em torno da ação desenvolvida e de seus membros, o grupo reflexivo permite que o coordenador faça uma leitura de como o coletivo está atuando e levante questões novas, que foram esquecidas ou interpretadas de diferentes formas durante as sessões.

A dinâmica do grupo reflexivo teve origem nas experiências dos grupos de reflexão e das equipes reflexivas.

Os grupos de reflexão surgiram no final da década 1930 como um tipo de grupo operativo que tinha uma tarefa ampla com ênfase no elemento da autorreflexão. Receberam esse nome do psiquiatra e psicanalista argentino Alejo Dellarossa, quando do lançamento de seu livro *Grupos de reflexión* (1979). De acordo com Portilho et al. (2018, p. 112), a meta maior do grupo de reflexão "é o conhecimento que se pode adquirir na vivência grupal, na qual não existe um tema pré-fixado e o grupo pode conhecer mais e melhor do tema presente em seu processo de aprendizagem".

A equipe reflexiva, por sua vez, consiste em uma técnica que dá voz a todos os participantes da dimensão horizontal do grupo, fazendo com que todos sejam observadores e observados. As equipes reflexivas foram concebidas pelo psiquiatra social norueguês Tom Andersen na década de 1990, impulsionado por seu desconforto e de sua equipe em relação às intervenções terapêuticas predominantes até a década de 1980, especialmente no âmbito da terapia familiar sistêmica.

Conforme Portilho et al. (2018), o grupo reflexivo visa reelaborar conhecimentos e equacionar situações de tensão. Nesse sentido, o grupo funciona como um dispositivo de aprendizagem que se torna efetivo na medida em que ocorre um processo de descrição, interpretação e debate da realidade vivenciada coletivamente pelos participantes. O aprender resultante dessa dinâmica grupal tem sua gênese nas relações de interação que marcam o fazer educativo do sujeito que ensina em sua convivência com o sujeito que aprende, contextualizado no ambiente em que essa aprendizagem ocorre, e tem seu ponto culminante no ato de refletir sobre esses elementos, que lhe são próprios.

Seu tempo de duração deve ser inferior ao de um grupo operativo e servir como um instrumento que sintetize as tarefas objetivas e subjetivas dos subgrupos formados. A coordenação do grupo deve ter um papel ativo no sentido de apresentar sua compreensão acerca da dinâmica do grupo e qualificar o debate, introduzindo temas para análise.

A síntese da tarefa deve ser feita pelo grupo, dialogando-se de preferência em círculo, com seus membros posicionados frente a frente. Feito isso, o coordenador fará seu balanço acerca da atividade para, em seguida, o grupo retomar a palavra para produzir uma compreensão em torno da intervenção do coordenador e fazer as adequações necessárias. É possível, ainda, que ao final o coordenador tenha de fazer uma avaliação a ser compartilhada com as demais pessoas e sugerir um encaminhamento para encontros posteriores.

Outras técnicas de dinâmica de grupo de caráter operativo podem ser utilizadas no processo de avaliação psicopedagógica em instituições, com equipes que compõem empresas, coletivos de formadores, ativistas de movimentos sociais, membros de organizações não governamentais, associações políticas etc. São dinâmicas que promovem a interatividade, facilitam a compreensão de conteúdos e exploram a subjetividade daqueles que delas participam, sempre com o objetivo de promover intervenções nesses grupos.

3.5
Grupos e modalidades de aprendizagem na instituição

Cada criança, adolescente ou adulto aprende de um jeito próprio, especial. Cada um de nós tem sua maneira particular de apreender o real, uma forma própria de se aproximar do conhecimento e se relacionar com o saber. Um dos elementos mais importantes do processo de avaliação psicopedagógica é a identificação da modalidade de aprendizagem. Essa maneira de aprender desenvolve-se desde cedo, nos primeiros anos de vida. Segundo Fernández (1991), é por meio da modalidade que o sujeito se depara com a angústia inerente à relação entre o conhecer e o desconhecer.

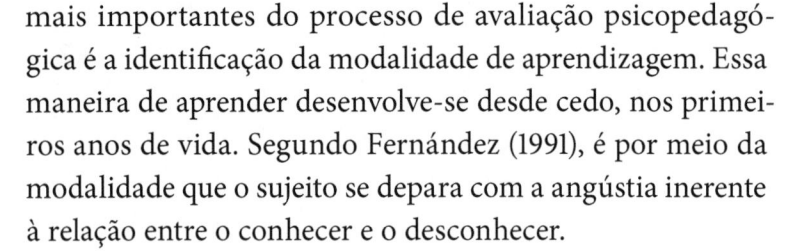

Para a autora, "a modalidade de aprendizagem é como uma matriz, um molde, um esquema de operar que vamos utilizando nas diferentes situações de aprendizagem" (Fernández, 1991, p. 107). Pode ser comparada a uma modalidade sexual ou à maneira de lidar com o dinheiro, visto que se trata de formas diferentes com que o desejo de possessão de um objeto se apresenta (seja na sexualidade, seja na aprendizagem, seja na relação com o dinheiro).

Quando da realização do diagnóstico psicopedagógico, o profissional deve buscar a identificação de como o sujeito aprende, a fim de

> fazer um corte que nos permita observar a dinâmica da modalidade de aprendizagem, sabendo que tal modalidade tem uma história que vai sendo construída desde o sujeito e desde o grupo familiar, de acordo com a real experiência de aprendizagem e como foi interpretada por ele e seus pais. No diagnóstico tratamos de observar, desnudar e começar a esclarecer os significados da modalidade de aprendizagem. (Fernández, 1991, p. 107)

Portilho (2011), por seu turno, define *modalidade de aprendizagem* como a característica de uma pessoa quando vai aprender. É como o sujeito realiza sua aprendizagem. Trata-se do "conjunto de estratégias e estilos colocado em funcionamento a partir de relações intrapsíquicas e interpsíquicas e construído na interação com o meio, no decorrer da história do aprendiz e daquele que ensina" (Portilho, 2011, p. 79).

Ainda segundo a autora, é a consciência dessa modalidade por parte do aprendiz que o coloca em uma nova posição na relação entre o ensino e a aprendizagem. "A ênfase passa a ser na aprendizagem e não mais no ensino, e isto nos motiva a concordar com a inversão da escrita da unidade dialética ensinar/aprender para aprender/ensinar" (Portilho, 2011, p. 79).

De acordo com Fernández (1991), para descrever a modalidade de aprendizagem, o psicopedagogo deve observar os seguintes elementos:

- a imagem que o sujeito faz de si mesmo como aprendente;
- o vínculo que o aprendente tem com o objeto do conhecimento;
- a história das aprendizagens como parte da novela pessoal que o aprende constrói;
- a maneira de jogar do aprendente;
- a modalidade de aprendizagem do grupo familiar.

É importante destacar, com base nos itens listados, que a modalidade de aprendizagem que o sujeito manifesta na infância guarda relação com o meio em que ele está inserido. A modalidade de aprendizagem do sujeito se relaciona, em um primeiro momento, com uma "modalidade de aprendizagem familiar", isto é, com a maneira própria do grupo familiar de se aproximar do não conhecido. Essas características podem esconder ou evidenciar um objeto que está em análise, estabelecer uma relação de conexão com ele ou provocar um afastamento.

Fernández (1991) busca estabelecer uma diferenciação entre os conceitos de *modalidade de aprendizagem* e de *modalidade de inteligência*. Para a autora, "A aprendizagem é um processo em que intervêm a inteligência, o corpo, o desejo, o organismo, articulados em um determinado equilíbrio [...] para estruturar a realidade e sistematizá-la através de dois movimentos que Piaget definiu como invariantes: assimilação e acomodação" (Fernández, 1991, p. 108). A assimilação e a acomodação são, portanto, dois movimentos que expressam a adaptação do organismo a um processo de organização progressiva do conhecimento. A autora destaca que o organismo se apoia e se desenvolve por intermédio de transações com o ambiente em que está inserido.

Fernández (1991) afirma que a assimilação nada mais é que o movimento do processo de adaptação por meio do qual os elementos que compõem o ambiente se alteram no intuito de serem incorporados à estrutura do organismo. Em outras palavras, por meio da assimilação o sujeito transforma a realidade para poder incorporá-la às suas possibilidades de agir.

A acomodação, por sua vez, está relacionada ao processo de adaptação por meio do qual o organismo se altera tomando como base as características do objeto a ser ingerido. Na acomodação, o sujeito transforma e coordena seus próprios esquemas ativos para poder adequá-los ao que a realidade exige.

A psicopedagogia deve voltar seu foco para o modo como o sujeito aprende, o que significa aprofundar o estudo acerca do processo de adaptação e da busca de uma constante equilibração entre o acomodar e o assimilar, pensados por Jean Piaget. Fernández (1991) destaca que é possível falar em uma modalidade de operação da inteligência de acordo com o tipo de equilíbrio que poderia ser alcançado entre a acomodação e a assimilação. Porém, como a inteligência é apenas uma das estruturas que interferem no processo de aprendizagem, junto ao desejo e à corporeidade, é preferível falar em *modalidade de aprendizagem*, e não em *modalidade de inteligência* (Fernández, 1991).

3.5.1
Modalidades de aprendizagem na instituição

Na medida em que o sujeito da aprendizagem é uma instituição, cuja dimensão é muito mais ampla do que a do sujeito individual – incluindo um coletivo de atores sociais e suas inter-relações –, a modalidade de aprendizagem dela decorrente pode ser definida como "o conjunto de características – habilidades, estratégias, enfoques e estilos – que são colocadas em funcionamento a partir das concepções e interações que acontecem no seu interior, no decorrer de sua história" (Portilho et al., 2018, p. 45).

Para identificar, portanto, como determinada instituição aprende e como isso se reflete nos sujeitos que a compõem, devemos ter em mente como ocorre a articulação de suas características no tocante às suas estratégias de aprendizagem.

No livro intitulado *A mulher escondida na professora*, Alicia Fernández (1994) propõe reflexões em torno das modalidades de aprendizagem, fazendo uma relação entre a maneira como nos alimentamos e a forma como nos apropriamos do conhecimento. Segundo a autora, as significações inconscientes do ato de aprender encontram a matéria-prima sobre a qual trabalhar em dois processos biológicos: o alimentar-se e o olhar, entendendo-se o alimentar-se como uma base somática do aprender.

Ainda de acordo com Fernández (1994), para que se constitua uma situação de aprendizagem, torna-se necessário que haja um ensinante e um aprendente que estabeleçam uma relação e que esta exista em função de uma relação de ambos com um terceiro elemento: o conhecimento. Assim, seria possível encontrar um aprendente que olha o que o ensinante olha e mostra. Nas palavras da autora, "quando digo 'olha', não me refiro a uma atitude passiva, de cópia ou repetição. Pelo contrário, o olhar implica uma busca e uma seleção. Quando digo 'mostra', refiro-me a dar uma mostra, a fazer um recorte da realidade, a dar uma insígnia" (Fernández, 1994, p. 65).

Fernández (1994) aponta, com base nessa premissa, a existência de quatro modalidades de aprendizagem na instituição, descritas a seguir.

1. A modalidade do **"ensinar/aprender – mostrar/olhar"** manifesta-se quando o sujeito que guarda o conhecimento o disponibiliza ao aprendiz para que ele possa "olhar", manipular e articular seus saberes já internalizados, transformando-os, autotransformando-se, descartando o que sobrou desse processo de assimilação e permitindo a ele a apropriação do saber. Para Portilho

et al. (2018, p. 42), em uma instituição, pode-se imaginar esse processo "quando as regras, os procedimentos e os conhecimentos são colocados à disposição de todo os colaboradores. Isto permite que perguntem, questionem os encaminhamentos e surjam alternativas".

2. A modalidade "**ensinar/aprender – ocultar/espiar**" é desenvolvida quando as informações são sonegadas e o desejo de conhecer não é valorizado. Nela, o desejo de conhecer é estimulado, mas o acesso ao saber é vedado. Em instituições em que as soluções dos problemas são monopólio de alguns "iluminados" que detêm o saber, essa modalidade se manifesta por meio das relações internas, podendo escapar ao controle por meio de canais como a internet.

3. A modalidade "**ensinar/aprender – exibir/ofuscar**" está ligada a um excesso de informações, é mais vinculada ao discurso do que à prática e é muito voltada a demonstrações de poder. Nela, a instituição "intoxica-se de conhecimento, sem poder colocá-lo a serviço da própria" (Portilho et al., 2018, p. 44). Nesse contexto, o aprender é, na prática, desestimulado, com os colaboradores perdendo a iniciativa, deixando de ousar e perdendo a iniciativa.

4. A modalidade "**ensinar/aprender – desmentir/não ver**" ocorre na medida em que aquele que guarda o conhecimento desmente as vantagens de aprender, desincentivando sua busca. Nela, desenvolve-se um obstáculo de caráter afetivo, quando o guardador do conhecimento desmente as iniciativas de aprendizagem.

Quando nos referimos às estratégias de aprendizagem, estamos tratando de um ou mais planos que requerem um método relativamente claro e certo nível de controle de sua execução, como acontece quando o sujeito aprende. Este deve compreender o que está fazendo e por quê (Portilho, 2011). Portanto, segundo Portilho et al. (2018), no tocante à identificação da modalidade de aprendizagem de uma instituição em particular, é preciso considerar a articulação entre as atividades que os sujeitos realizam e o porquê de eles as realizarem (quais são suas estratégias de aprendizagem).

Essas estratégias incluem: como e para que as instituições se planejam, se regulam e se autoavaliam; qual é o perfil das tarefas por elas realizadas; se estimulam a proatividade dos aprendentes; se as atividades são massificadas ou tendem à personalização; se as atividades são contextualizadas; se há incentivo a uma atitude experimental; se incentivam o desenvolvimento de competências amplas; e se há fomento à busca compartilhada do conhecimento.

De acordo com as autoras, não há uma classificação específica de modalidades de aprendizagem no campo institucional, porque

> uma modalidade se constitui na particularidade de cada instituição com predomínio de um tipo de vinculação afetiva; de liderança *laissez faire* ou autoritária, da técnica na relação de aprendizagem, de uma concepção individualizada; da concepção paternalista ou assistencialista; patologização em detrimento da pessoa, entre tantas possibilidades. (Portilho et al., 2018, p. 46)

É na especificidade da relação ensinar-aprender de cada instituição que nasce seu modo próprio de ensinar e de promover a aprendizagem; assim, cada instituição tem sua maneira, seu jeito próprio de aprender.

3.5.2
Aprender em grupo

Os estudos mais recentes da psicopedagogia apontam no sentido de que deve haver outro olhar sobre a relação entre o aprender e o ensinar e que esse olhar deve reconhecer que o foco dessa relação precisa sair da ensinagem e ir para a aprendizagem. O foco na aprendizagem está presente em uma série de correntes pedagógicas que propugnam pela adoção das metodologias ativas no dia a dia da escola, com vistas a estimular o ativismo discente. Essas metodologias são profundamente marcadas pela busca de uma sala de aula inovadora, com estratégias voltadas para o desenvolvimento de um aprendizado ativo e autônomo.

De acordo com Barbosa (2009), as opiniões de autoria individual, fruto do movimento interno de aprendizagem, na maioria das vezes são o resultado direto ou indireto da construção grupal e da construção do conhecimento pela humanidade; portanto, têm origem na coletividade, que interfere na individualidade. Segundo a autora,

> o grupo, assim, fica entre o indivíduo e a massa; nele, o sujeito possui sua identidade e, ao mesmo tempo, aprende a conviver, supera o individualismo e preocupa-se com a comunidade e

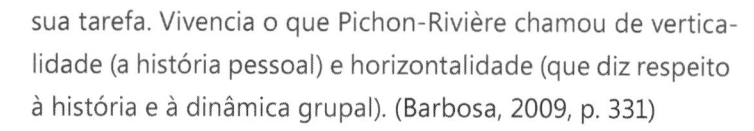

sua tarefa. Vivencia o que Pichon-Rivière chamou de verticalidade (a história pessoal) e horizontalidade (que diz respeito à história e à dinâmica grupal). (Barbosa, 2009, p. 331)

O grupo não se oporia, portanto, às intervenções de caráter individual – ao contrário, ele as incorporaria. Emerge aí o conceito de grupalidade: uma espécie de sentimento de grupo, ou seja, uma realidade em que os objetivos de trabalho se tornam comuns entre os indivíduos que compõem o grupo, gerando, assim, um ambiente de solidez em seu interior.

Outra forma de semear o sentimento de grupalidade, destaca Barbosa (2009), é a colocação de consignas para que o grupo possa desenvolver. Conforme a autora, "A vontade de resolver a tarefa mobiliza a formação do grupo, pois a cooperação, a discussão, a busca da síntese entre as diferentes percepções e ideias possibilitam uma vivência bem diferente daquela na qual o professor encontra-se na posição de autoridade" (Barbosa, 2009, p. 331).

Um dos maiores desafios que se apresentam na escola atualmente é o aprendizado da convivência. De acordo com Sayão (2009), em análise sobre o problema da indisciplina em sala de aula, a falta de limites na educação promovida pelas famílias tem sido um bordão utilizado por especialistas de diversas áreas para justificar o comportamento inquieto e, em muitas oportunidades, violento dos alunos em sala de aula. A autora, porém, defende a mudança do foco do debate, no sentido de que a socialização das crianças e dos jovens seja mais coletiva.

Sayão (2009) também argumenta que, muitas vezes, as crianças chegam à escola sem saber como interagir com seus pares nem com os adultos que estão em seu meio ou no grupo, e lá precisam aprender quase tudo. Nesse sentido, os professores não perderiam tempo quando tentam colocar ordem na sala de aula. Desse modo, estabelecer uma ambiência positiva para o ensino é considerado parte integrante da aula.

Barbosa (2009) considera fundamental que os sistemas educativos superem as práticas pedagógicas centradas no individualismo para incorporar novas estratégias de aprendizagem que privilegiem o conviver. Ela defende a superação das práticas pedagógicas baseadas no que chama de "'sovivência', como oposição à convivência, por perceber [...] uma tendência, de crianças e adolescentes, ao individualismo, ao egoísmo e à solidão; condição de não crescimento, de autocentramento, de não percepção do outro" (Barbosa, 2009, p. 332).

A autora identifica como um dos maiores problemas o fato de que

> pessoas chegam à escola com poucas referências sobre a convivência e com muito mais referências sobre a "sovivência", que ora é revelada pela passividade e apatia, ora [pelas atitudes] antissociais; porém, ambos são geradores de grande sofrimento para a criança, o adolescente ou o adulto que não sabe se relacionar, conversar, conviver, compartilhar ideias, sentimentos – todas essas ações são antecedidas do prefixo "con" ou "com" que supõe o outro, aquele que não se constituiu na aprendizagem da "sovivência". (Barbosa, 2009, p. 333)

Sob essa perspectiva, uma das principais tarefas para melhorar a aprendizagem na aula é o desenvolvimento de estratégias que privilegiem uma interação sadia, que permita um melhor fluxo das atividades escolares.

Síntese

Neste capítulo, apresentamos os principais instrumentos de avaliação no âmbito da instituição. Abordamos a importância do olhar e da escuta no diagnóstico psicopedagógico (com ênfase em conhecer as nuances do olhar e da escuta psicopedagógica na instituição), a relevância e o funcionamento da Eocmea, o papel do jogo (ao propiciar momentos de realização de observação lúdica) e das dinâmicas de grupo como ferramentas vivenciais e do desenvolvimento das relações interpessoais, com destaque para o grupo operativo. Ainda, analisamos os modelos de aprendizagem nas instituições, que se constituem em maneiras próprias de aquisição do conhecimento, e ressaltamos a importância do aprender em grupo.

Indicações culturais

GRASSI, T. M. **Psicopedagogia**: um olhar, uma escuta. Curitiba: InterSaberes, 2013.

Nessa obra, a autora destaca a importância da psicopedagogia para a evolução da educação e a melhoria das condições de ensino, traçando um panorama histórico da área e propondo soluções para minimizar a ocorrência do fracasso escolar.

MANDELLI, A. P. **O brinquedo e a brincadeira na educação infantil**. São Paulo: Novas Edições Acadêmicas, 2018.

Nesse livro, o autor aborda o papel do brincar e do brinquedo no processo de ensino-aprendizagem no âmbito da educação infantil, com ênfase para sua contribuição lúdica no desenvolvimento da criança.

TERRITÓRIO DO BRINCAR. Disponível em: <https://territoriodobrincar.com.br/>. Acesso em: 15 abr. 2022.
Essa página evidencia a importância do brincar para o desenvolvimento da criança, especialmente na educação infantil, apresentando brincadeiras e outras ferramentas sobre o tema.

TERRITÓRIO do brincar. Direção: Renata Meirelles e David Reeks. Brasil, 2015. 90 min. Documentário.
Esse longa-metragem tem como objetivo apresentar uma narrativa do brincar na infância. Retrata, com base em uma pesquisa minuciosa realizada durante quase dois anos, diversas crianças e seus trejeitos, em variadas realidades do Brasil.

Atividades de autoavaliação

1. Sobre o olhar e a escuta psicopedagógica, é correto afirmar:
    a) A observação requer técnicas específicas, adequadas aos objetivos estabelecidos pelo pesquisador. Além de objetivos claros, o pesquisador deve definir previamente quais questões nortearão a observação e o que precisa ser especificamente constatado.
    b) No processo de avaliação psicopedagógica, a observação é um instrumento opcional para a realização do diagnóstico.
    c) A ação do avaliador psicopedagógico precisa ter um lugar e uma atitude. Segundo Fernández (1990), o papel de testemunha não obriga o profissional a se

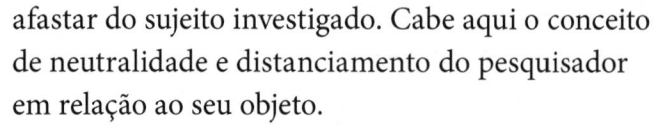

afastar do sujeito investigado. Cabe aqui o conceito de neutralidade e distanciamento do pesquisador em relação ao seu objeto.

d) Olhar e escutar são os primeiros passos na relação do profissional com o paciente. O olhar psicopedagógico deve ter um foco principal nos resultados objetivos do desenvolvimento do aprendiz. Deve-se evitar que esse olhar se volte para a subjetividade e se dirija à existência, em cada pessoa, do ser interior.

e) Nenhuma das respostas anteriores.

2. A respeito do papel do brincar no desenvolvimento da criança, analise as afirmativas a seguir.

I) O ato de brincar oferece a oportunidade para que a criança explore, aprenda a linguagem e solucione problemas.

II) A prática de jogar em sala de aula instaura, diante do mediador do conhecimento e do sujeito que aprende, um ambiente desafiador, propício ao desenvolvimento cognitivo.

III) Um dos problemas do uso dos jogos em sala de aula é que, com eles, as crianças não desenvolvem a capacidade de pensar sozinhas e encontrar respostas para os desafios com que se deparam.

IV) É jogando e brincando com atividades alegres e divertidas que a criança expressa sua individualidade e sua identidade por meio de diferentes linguagens, utilizando seu corpo e seus sentidos, movimentando-se e defrontando-se com problemas e desafios.

V) O desejo pelo brincar se desenvolve fora do espaço transicional, uma área intermediária da experiência da criança que não é contestada quanto a pertencer à realidade interna ou externa (compartilhada) por ela.

Está(ão) correta(s) a(s) afirmativa(s):

a) I.
b) II e III.
c) II, III e V.
d) I, II e IV.
e) Nenhuma das respostas anteriores.

3. As dinâmicas de grupo têm sido utilizadas pela área de recursos humanos de organizações em treinamentos e outros eventos formativos e, especialmente, na intervenção psicopedagógica no campo da instituição. Sobre as dinâmicas de grupo, é correto afirmar:

a) São mais eficientes no campo de recursos humanos de organizações do que em espaços educativos formais.

b) As ferramentas vivenciais foram criadas no intuito principal de favorecer a emersão das questões objetivas (particularmente as de desempenho quantitativo) em detrimento das relações interpessoais (desenvolvidas especialmente na subjetividade dos indivíduos) que interferem no desempenho de um grupo.

c) Um grupo se estabelece quando um coletivo de indivíduos motivados por necessidades e desejos semelhantes se une em torno de identidades e conceitos abstratos. Somente após isso é que o grupo pode dedicar-se a uma tarefa específica.

d) A técnica de trabalho do grupo operativo está centrada nos indivíduos isoladamente e, às vezes, no grupo em sua totalidade, e não na relação que os membros do grupo mantêm com a tarefa.

e) Nenhuma das respostas anteriores.

4. A respeito da Entrevista Operativa Centrada na Modalidade de Ensino-Aprendizagem (Eocmea), analise as afirmativas a seguir.

I) A Matriz do Processo de Avaliação Psicopedagógica Institucional, organizada com base na epistemologia emergente, de Jorge Visca, tem por objetivo identificar a modalidade de aprendizagem da instituição.

II) Inspirada na Entrevista Operativa Centrada na Aprendizagem (Eoca) e pensada para uso na clínica, a Eocmea foi a estruturação de um modelo diagnóstico institucional voltado para pesquisar grupos em atividade, com algumas adequações.

III) Na Eocmea, dá-se pouca importância à observação da dinâmica de funcionamento do grupo e à temática abordada, pois seu foco está no produto final.

IV) Entende-se por *modalidade de aprendizagem* um modo particular, peculiar de executar algo; no caso, uma tarefa grupal.

V) A consigna é um modo de fazer pedidos aos aprendizes com vistas a promover a realização pura e simples da tarefa.

Estão corretas as afirmativas:

a) I e II.
b) I, II e IV.
c) II e III.
d) II, IV e V.
e) Nenhuma das respostas.

5. A roda de conversa operativa consiste em uma modalidade de dinâmica de grupo que:
   a) constitui uma técnica muito específica, utilizada em sessões de tratamento de problemas psicológicos (psicoterapia) e em intervenções em grupos, sem relação com outras áreas do conhecimento.
   b) ocorre de maneira muito informal, sem uma metodologia clara, com pouca sistematização.
   c) se inspira, do ponto de vista filosófico, no conceito de dialogicidade desenvolvido por Paulo Freire, no exercício livre da palavra e na participação e na troca resultante da comunicação entre sujeitos que pronunciam o mundo.
   d) configura um exercício de representação dramática (encenação de uma história) que se desenvolve com base no improviso, sendo os papéis de cada jogador previamente estabelecidos.
   e) Nenhuma das respostas acima.

Atividades de aprendizagem

Questões para reflexão

1. Tendo como referência uma turma à qual você tenha acesso (em uma escola, faculdade ou outra organização aprendente), efetue um trabalho de observação em que o olhar e a escuta psicopedagógica estejam centrados, em especial, na atuação de um professor ou instrutor em sua relação com os aprendizes. Identifique quais aspectos você destacaria como exitosos e quais você modificaria na mediação do saber.

2. A observação lúdica é uma ferramenta fundamental na avaliação psicopedagógica. Em um contexto de convívio com pessoas de seu ambiente de trabalho ou estudo, introduza algumas brincadeiras e atividades que promovam a criatividade, como desenhar, colar ou pintar, com o intuito de perceber e interpretar o contexto em que as pessoas estão inseridas.

Atividade aplicada: prática

1. Com o objetivo de identificar a modalidade de aprendizagem de um grupo, elabore uma consigna – entendida como uma forma especial de solicitar tarefas a um grupo ou a uma pessoa – por meio da qual o professor seja retirado do centro das atenções durante uma aula e os discentes sejam conduzidos à ampliação de seu grau de autonomia em situações de aprendizagem.

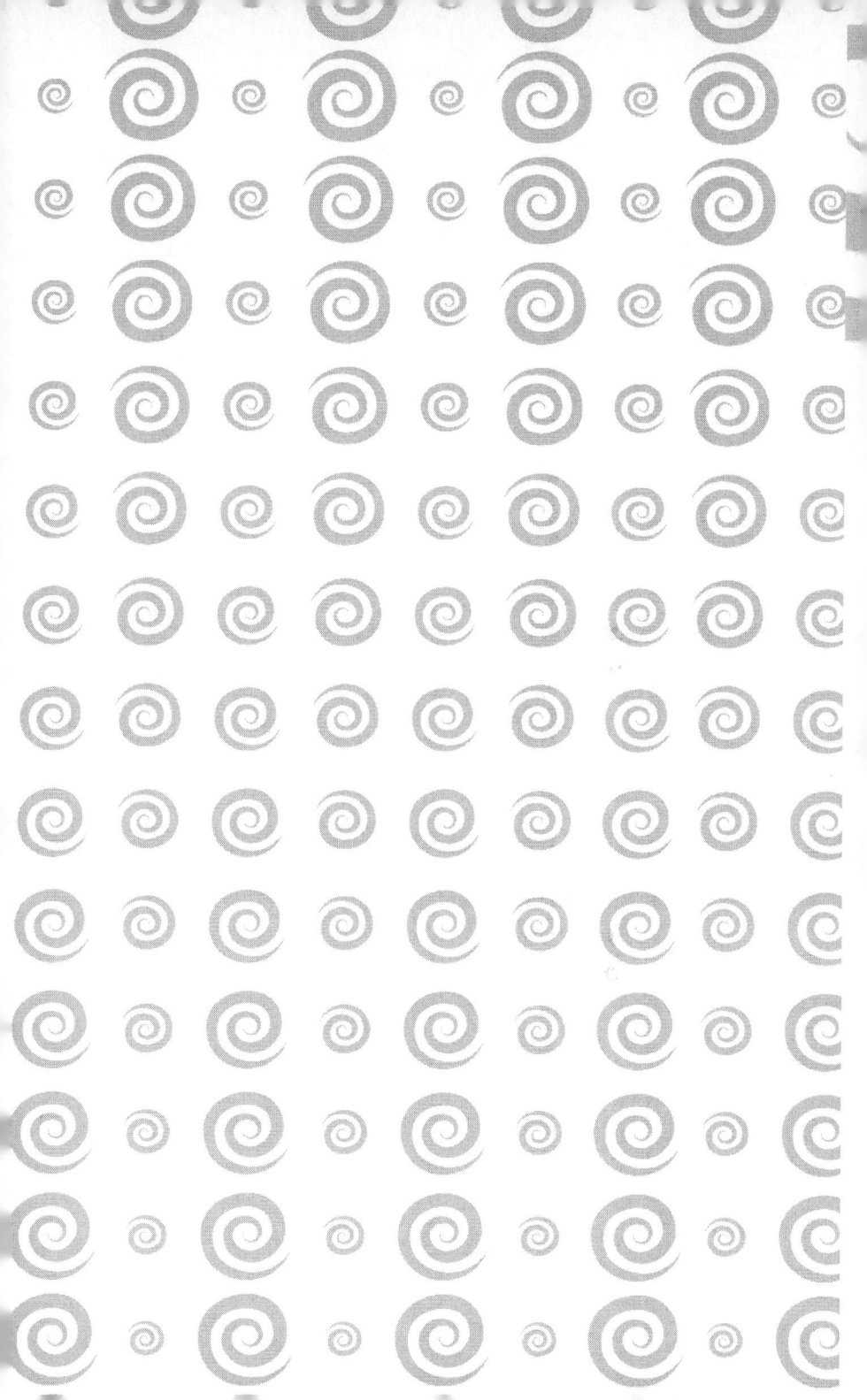

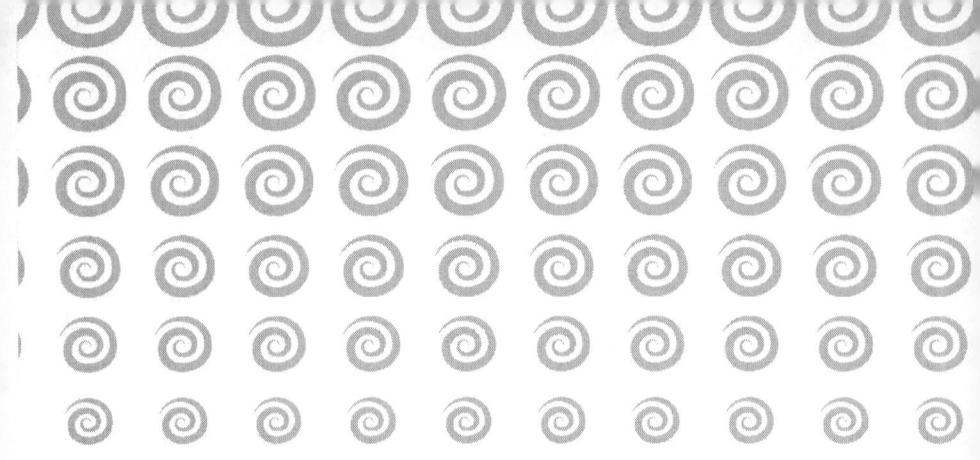

4
Avaliação psicopedagógica na instituição: fracasso escolar e saúde docente

Neste capítulo, abordaremos a avaliação psicopedagógica no âmbito das instituições educativas. Inicialmente, enfatizaremos os desafios da atuação do psicopedagogo diante do fenômeno do fracasso escolar, compreendido como um mau desempenho do aprendente na instituição. Trata-se de um tema de amplo interesse daqueles que fazem a educação, com destaque para pais, especialistas e gestores do ensino.

Em seguida, enfocaremos o planejamento da ação, com a descrição minuciosa da unidade escolar e a caracterização socioeconômica desta (no sentido de identificar o perfil do público-alvo da ação planejada) e de seus contextos comunitário e cultural, identificando as oportunidades educacionais existentes no entorno geográfico da escola. Posteriormente, trataremos da síndrome de *burnout*, também conhecida como *síndrome do esgotamento profissional* ou *sofrimento do professor*, doença que tem forte impacto sobre o desempenho dos alunos e que se manifesta por meio de problemas como estresse, esgotamento físico e mental e exaustão.

4.1
Papel do psicopedagogo escolar diante do fracasso escolar

Um dos maiores problemas a serem enfrentados no campo das políticas públicas educacionais no Brasil, especialmente no ensino básico, é o fracasso escolar, vivido por milhões de crianças e jovens. O mau desempenho dos alunos na vida escolar tem duas consequências básicas, as quais são destacadas pela maioria dos autores: os danos para a família e para a sociedade e o sofrimento causado à criança. Por isso, o fracasso escolar é um tema de amplo interesse para aqueles que fazem a educação, com destaque para pais, especialistas e gestores.

Como pesquisadores e como profissionais, há anos nos defrontamos com a realidade do insucesso de alunos, que tem como efeito, na maior parte das vezes, a evasão da escola. Em muitos casos, evidencia-se um baixo rendimento escolar, expresso em reprovações e na tão conhecida progressão automática, na qual o discente é promovido de série muitas vezes sem saber ler e escrever devidamente.

Esse tema é recorrente nos debates acadêmicos dos cursos de Psicopedagogia, embora ainda careçamos de ferramentas e iniciativas que nos permitam contribuir mais efetivamente para o combate ao problema.

O fracasso escolar representa uma falha da sociedade e da escola em assegurar o exercício de um direito fundamental da criança: o direito à educação. Essa prerrogativa, base da sociedade democrática, é prevista em tratados internacionais como a Declaração Universal dos Direitos da Criança e em textos legais básicos como a Constituição Federal e a Lei de Diretrizes e Bases da Educação Nacional (LDBEN). Em todos esses documentos, o direito à educação se manifesta por meio do acesso à escola (matrícula), da permanência nela (não evasão) e da progressão de ano (não repetência). No entanto, os fatores *matrícula*, *permanência* e *progressão de ano* só têm sentido, no exercício do direito à educação, se a criança efetivamente aprender.

Os estudos sobre o fracasso escolar tiveram origem com a emersão, no século XX, de um modelo clínico-assistencialista de atendimento aos deficientes, que passou a predominar com o aparecimento do paradigma médico. Na década de 1950, ganhou força o discurso da normalização, marcado pela tentativa de fazer com que as pessoas com déficit intelectivo se assemelhassem aos demais indivíduos – o que, de certo modo, avançou na superação das tendências excludentes de que eram vítimas anteriormente. Alimentavam o discurso normalizador as práticas padronizadoras hegemônicas na escola, oriundas de uma visão massificante do ensino.

O predomínio, nos sistemas educacionais, de um modelo escolar embasado em turmas grandes e em métodos de ensino massificados, voltados a formar alunos com perfil *standart* (perfil médio, tipo padrão), não abria espaço para a afirmação das diferenças entre os discentes, como as diferenças étnico-culturais, políticas e sociais, e, mais claramente, para a incorporação de crianças e jovens com deficiência.

No final da década de 1960, ainda predominava um paradigma organicista e linear, que, segundo Scoz (2013, p. 21), tinha "conotação patologizante, que encarava os indivíduos com dificuldades na escola como portadores de disfunções psiconeurológicas, mentais e/ou psicológicas". De acordo com a autora, essas ideias foram difundidas dos consultórios em direção às escolas, que, sem nenhum critério, "classificavam as crianças com dificuldades para ler e escrever como 'disléxicas' e as mais agitadas como 'hiperativas'" (Scoz, 2013, p. 21). Esses problemas eram atribuídos, por vezes, a disfunções no cérebro, então o destino dessas crianças eram os consultórios médicos. Estes, por conseguinte, reforçavam o diagnóstico equivocado dos professores e, por fim, recomendavam às famílias tratamento medicamentoso.

Como já destacamos, a partir das décadas de 1970 e 1980, a problemática do fracasso escolar começou a ser pensada sob outros pontos de vista. Inicialmente, identificou-se a dificuldade da maioria dos alunos em aprender como resultado de sua origem sociocultural, com os educadores tentando imputar o fracasso escolar a causas extraescolares. Maria Helena Patto (1996), uma das principais estudiosas dessa temática, indica que o fracasso escolar é um problema social e politicamente produzido, resultando de fatores sociopolíticos e de uma política educacional hegemônica, seletiva, elitista e excludente.

A tais fatores intrínsecos à política educacional acrescentam-se os fatores sociopolíticos que contribuem para a perpetuação da desigualdade social e para as más condições de sobrevivência de milhões de famílias. Não havendo uma melhora de nossos indicadores socioeducacionais em anos recentes, não podemos isolar a educação de tais problemas, que pressionam crianças e jovens ao abandono da escola e impedem sua progressão com efetivo aprendizado.

Marchesi e Pérez (2004, p. 18), ao discutirem o tema do fracasso escolar do ponto de vista conceitual, referem-se "àqueles alunos que, ao finalizar sua permanência na escola, não alcançaram os conhecimentos e as habilidades considerados necessárias para desempenhar-se de forma satisfatória na vida social e profissional ou prosseguir seus estudos". De acordo com os autores, a expressão mais simples desse fracasso "está sintetizada na porcentagem de alunos que não obtiveram o título que certifica ter finalizado satisfatoriamente a educação obrigatória" (Marchesi; Pérez, 2004, p. 18).

Analisando-se dados sobre o insucesso escolar de estudantes em diferentes países, é notório que

> atualmente existe um amplo acordo de que as interpretações unidimensionais do fracasso escolar não são exatas e de que não é possível explicar a complexidade desse fenômeno

educacional através de um só fator. A maioria dos estudos e pesquisas coincide ao incorporar vários níveis ou dimensões em sua tentativa de explicação. (Marchesi; Pérez, 2004, p. 18)

Marchesi e Pérez (2004) propõem um modelo para interpretar o problema do insucesso escolar mediante a incorporação de variáveis como sociedade, família, sistema educacional, escola, ensino em sala de aula e disposição dos alunos. Cada um dos níveis dependeria dos outros, mas haveria uma margem de influência direta no progresso dos discentes a partir de cada um.

Como apontamos anteriormente, Bossa (2002), ao analisar o problema do fracasso escolar, considera que este se caracteriza como um sintoma social e, por isso, procura observá-lo em diversos contextos de ordem individual, cultural e escolar. Para a autora, deve-se adotar

> uma perspectiva que considera o fracasso escolar um sintoma social e o analisa no contexto individual, no contexto cultural e no contexto escolar. Não deixamos, evidentemente, de reconhecer os obstáculos à aprendizagem escolar decorrentes de fatores ideológicos presentes na organização do sistema educacional brasileiro. (Bossa, 2002, p. 25)

Faz muito tempo, portanto, que o fracasso escolar deixou de ser visto como um problema individual do aluno. Há décadas os especialistas percebem que várias pessoas e fatores podem estar envolvidos no problema, o qual tem caráter multidimensional e incorpora questões de diversas matrizes que podem inter-relacionar-se, afetando o sujeito.

Assim, o olhar do psicopedagogo deve voltar-se ao processo de aprendizagem em si e incorporar tanto suas características internas quanto as advindas do mundo exterior, baseando-se aspectos cognitivos, afetivos e sociais nele envolvidos e que podem contribuir para o não aprender. O problema do fracasso escolar precisa ser percebido, então, em uma visão ampla, alimentada por questões que emanam do indivíduo (emocionais, por exemplo) e de sua relação com o conhecimento, com o meio cultural que o cerca e com a própria escola.

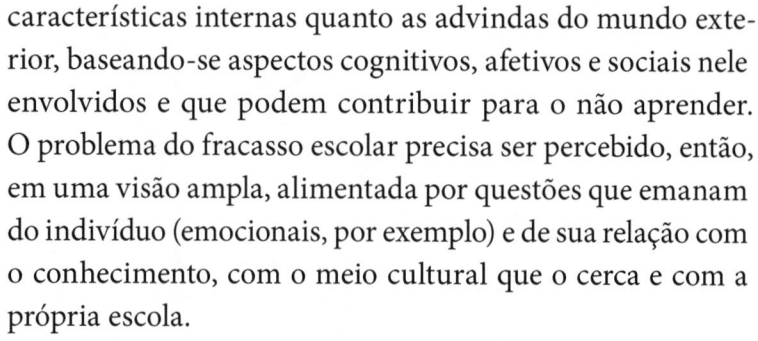

O psicopedagogo tem uma atuação diante do insucesso escolar tanto na perspectiva preventiva quanto na perspectiva terapêutica. Na escola, a intervenção é feita em colaboração com o professor e os demais componentes da equipe multidisciplinar. Deve-se ter um olhar centrado no coletivo, visto que, na maior parte das vezes, os problemas de aprendizagem residem na interação entre o docente e os discentes. Quando se manifestam causas que exigem intervenção terapêutica, o aprendente deve ser encaminhado para um atendimento com o psicopedagogo clínico.

Quando falamos em *interação no âmbito da escola*, estamos nos referindo ao conjunto de relações que se desenvolvem entre os sujeitos que a compõem: aluno-professor, aluno-aluno e aluno-servidor não docente. A maior parte da relação do aluno com o conhecimento se processa em sala de aula, na interação com o professor e os colegas. A aprendizagem ocorre essencialmente em um processo de interação entre um sujeito que ensina, outro que aprende e um saber que é compartilhado.

O conhecimento é socialmente construído. Um conceito-chave relacionado a essa afirmação é o de mediação. Conforme Martins, Castanho e Angelini (2013, p. 167), quando falamos em *mediação do conhecimento*, estamos nos referindo a uma categoria que exprime a ideia de que "a criança pode traduzir o ambiente em que está inserida, direcionada pelo outro e construir gradativamente uma noção de si e da realidade. É o outro que atribui significado ao gesto da criança e aos objetos ao seu redor".

A mediação é um elemento central do processo de apropriação do conhecimento, segundo a teoria socioconstrutivista. De acordo com Vygotsky (2003, p. 40),

> Desde os primeiros dias do desenvolvimento da criança, suas atividades adquirem um significado próprio num sistema de comportamento social e, sendo dirigidas a objetos definidos, são refratadas através do prisma do ambiente da criança. O caminho do objeto até a criança e desta até o objeto passa através de outra pessoa. Essa estrutura humana complexa é o produto de um processo de desenvolvimento profundamente enraizado nas ligações entre história individual e história social.

De acordo com Font e Gallart (2000, p. 15), as interações no âmbito da escola são produzidas entre os alunos e os demais agentes educativos (como pais e educadores) e os respectivos textos, "de cuja confrontação nasce um contexto no qual as ações dos participantes adquirem significado e sentido e as habilidades (ou inabilidades) mentais são construídas". Assim,

> a intervenção só pode ser válida se realizada nos contextos, nos quais habitualmente o aluno desenvolve suas atividades e por meio das pessoas que, cotidianamente, se relacionam com ele, já que a otimização de seus processos de aprendizagem

passa, infalivelmente, pela otimização das interações socioeducativas em que está inserido. (Font e Gallart, 2000, p. 15)

A solução da maior parte dos problemas de aprendizagem que propiciam o insucesso do aprendiz no contexto institucional escolar, portanto, encontra-se na otimização dos processos de interação entre os aprendentes e os agentes educativos com eles envolvidos. Diante disso, cumpre papel essencial a colaboração do maior número possível de agentes educativos. É exatamente sobre esses contextos que o profissional da psicopedagogia institucional deve atuar. Seu olhar deve voltar-se para a instituição em uma perspectiva global, de forma holística.

Na escola, o profissional da psicopedagogia não pode intervir sozinho. Ele atua de modo colaborativo com outros profissionais, a família e os aprendentes, a fim de combater o problema do fracasso escolar. Deve relacionar-se com os professores e demais profissionais por meio do trabalho em equipe, especialmente na prevenção, como em ações remediativas, promovendo um compartilhamento de ideias, informações e atividades, enfim, socializando experiências.

O contato com as famílias também é importante, pois possibilita analisar os fatores que podem favorecer (ou até mesmo prejudicar) uma aprendizagem adequada em uma instituição. O psicopedagogo, em sua relação com as famílias e em colaboração com a escola, deve operar na perspectiva de melhorar as relações entre ambas e de otimizar as intervenções educativas nos dois espaços.

Em um processo de avaliação, o psicopedagogo deve começar seu trabalho pelo mapeamento institucional. Deve procurar identificar, em uma visão holística, os vínculos institucionais e as lacunas existentes, o que é fundamental na avaliação psicopedagógica da instituição. Ainda, precisa promover uma correta identificação da unidade escolar, bem como uma adequada caracterização socioeconômica desta.

4.2
Planejando a ação

Vivenciar o dia a dia de uma instituição escolar é uma experiência muito rica. Aprendemos muito meio do convívio com os alunos e os demais profissionais. Esse convívio revela muito das características da comunidade escolar. O exercício de um olhar não sistemático, isto é, de uma observação acidental, fortuita, permite-nos identificar atributos pontuais, específicos de um grupo social. Todavia, o que buscamos na avaliação psicopedagógica é um olhar qualificado da problemática do fracasso escolar – e, para isso, precisamos de um método.

Para realizar um trabalho de assessoramento psicopedagógico no campo institucional ou mesmo uma avaliação, o profissional deve guiar-se pela utilização do método científico. De acordo com Severino (2007), entende-se por *método científico* a adoção de um arsenal de técnicas que não são usadas aleatoriamente. Segundo o autor, "ele segue um cuidadoso plano de utilização, ou seja, ele cumpre um roteiro preciso. Ele se dá em função de um método. A aplicação de um instrumental tecnológico se dá em decorrência de um processo metodológico, da prática do método de pesquisa que está sendo usado" (Severino, 2007, p. 100).

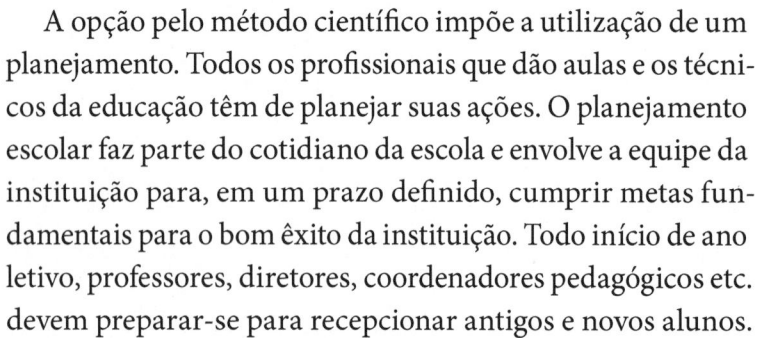

A opção pelo método científico impõe a utilização de um planejamento. Todos os profissionais que dão aulas e os técnicos da educação têm de planejar suas ações. O planejamento escolar faz parte do cotidiano da escola e envolve a equipe da instituição para, em um prazo definido, cumprir metas fundamentais para o bom êxito da instituição. Todo início de ano letivo, professores, diretores, coordenadores pedagógicos etc. devem preparar-se para recepcionar antigos e novos alunos.

E o que é planejar? A maior parte dos especialistas trata o planejamento como um processo por meio do qual alguém ou um coletivo procura realizar a preparação, o desenvolvimento e a estruturação de determinado objetivo, geralmente expresso em metas, muitas vezes quantificáveis. O planejamento resulta da necessidade de se trabalhar com o intuito de atingir resultados concretos, o que impõe o conhecimento possível do futuro para, assim, minimizar riscos que se apresentem.

O planejamento é um processo dinâmico, que resulta de diferentes fatores capazes de alterar o percurso a ser percorrido ou até os objetivos a serem alcançados. Ele deve ser sistêmico, abarcando os diferentes aspectos que envolvem a situação em que intervém. Deve ser coletivo e participativo, a fim de que envolva todos os agentes interessados na questão, e contínuo, na medida em que não pode prender-se a uma etapa, um momento ou uma situação que se vivencia.

Uma das características fundamentais da atuação do psicopedagogo institucional em contato com a realidade é o desenvolvimento do trabalho de campo. Seu objetivo é observar fatos e fenômenos da maneira como ocorrem, ou seja, *in loco* (no local onde o fenômeno ocorre). Conforme Severino (2007, p. 122), "na pesquisa de campo, o objeto/fonte é abordado em seu ambiente próprio. A coleta de dados é feita nas condições naturais em que os fenômenos ocorrem, sendo assim diretamente observados, sem intervenção ou manuseio por parte do pesquisador".

É imprescindível que o psicopedagogo vivencie pessoalmente o cotidiano dos alunos na sala de aula e nos demais espaços de interação e aprendizagem da escola. Todavia, é preciso atentar para o fator tempo, para que este não seja utilizado insuficientemente ou em demasia, prejudicando, assim, a coleta de dados.

A observação também é um instrumento do qual o profissional da psicopedagogia não pode abrir mão. Como abordado no Capítulo 3, a observação se manifesta pelo olhar e pela escuta psicopedagógica, isto é, pela ação de ver e compreender uma situação sistemática e estrategicamente, extraindo-se o máximo de dados possíveis, com vistas à construção de conclusões sólidas.

Em muitas situações, é essencial que o psicopedagogo vá além da simples observação e exercite a chamada *observação participante*. Trata-se de uma técnica em que, ao mesmo tempo que observa, o pesquisador vivencia a realidade estudada. Nela, o pesquisador assume uma posição totalmente ativa, envolvendo-se com o fenômeno analisado. Na observação tradicional, o pesquisador evita interferir na realidade estudada, ao passo que, na observação participante, ele interage com os sujeitos envolvidos e seu contexto.

Na mesma linha da observação participante está a pesquisa-ação, já discutida no Capítulo 2. Esta consiste em um tipo de investigação engajada, surgida da necessidade de alguns pesquisadores de superar a lacuna entre teoria e prática.

Grande contribuição à pesquisa pode dar o exercício de um olhar do tipo etnográfico sobre os fenômenos escolares, como visto no Capítulo 1.

As pesquisas baseadas em métodos participativos são dotadas de técnicas próprias, especialmente na etapa da coleta de dados, como entrevistas e questionários. A técnica mais utilizada é a entrevista, seja individual, seja coletiva. Ela pode ser aplicada em duas modalidades: estruturada ou semiestruturada. A entrevista estruturada se caracteriza por conter um conjunto de perguntas previamente definidas. A entrevista semiestruturada permite introduzir novos temas e flexibilizar questões já definidas. O questionário, por sua vez, é usado especialmente quando o universo da pesquisa é formado por um número grande de pessoas.

Para Gil (2010), outras técnicas que podem ser aplicadas são a história de vida, a observação participante (sobre a qual já comentamos) e o sociodrama. Este último é adequado para investigar situações de desigualdade e conflito, como as relações patrão-empregado e homem-mulher.

Como explica Gil (2010), as pesquisas participantes fogem ao padrão clássico de pesquisa porque tendem a adotar, de preferência, procedimentos flexíveis. Isso acontece "Primeiramente porque ao longo do processo de pesquisa os objetos são constantemente redefinidos [...]. Em segundo lugar, porque técnicas padronizadas, como o questionário fechado, proporcionam informações de baixo nível argumentativo, dificultando, consequentemente, o trabalho argumentativo" (Gil, 2010, p. 154).

Para saber mais

O livro indicado a seguir promove importantes reflexões sobre as práticas da psicoterapia psicodramática grupal, do sociodrama e dos jogos dramáticos. São apresentados diversos tipos de métodos para intervir em conflitos em grupos e fomentar o diálogo entre os sujeitos envolvidos.

DEDOMENICO, A. M. et al. **Intervenções grupais**: o psicodrama e seus métodos. São Paulo: Ágora, 2012.

Com muitas reflexões em torno da pesquisa participante – como método cujo objetivo é compreender e transformar a realidade vivida pelos sujeitos envolvidos –, o livro a seguir traz uma coletânea de textos de autores que vivenciaram a pesquisa participante e trazem importantes olhares sobre o assunto.

BRANDÃO, C. R.; STRECK, D. (Org.). **Pesquisa participante**: a partilha do saber. São Paulo: Ideias e Letras, 2015.

Um dos procedimentos iniciais no processo de avaliação psicopedagógica no âmbito da instituição é o mapeamento institucional, do qual tratamos no Capítulo 2. Fazendo o mapeamento, o psicopedagogo pode obter um panorama geral da instituição, com informações quantitativas e qualitativas, potenciais educativos e recursos disponíveis existentes na escola e no território em torno dela. Ao mesmo tempo, é possível perceber as dificuldades no processo de ensino-aprendizagem no espaço estudado.

Com o mapeamento institucional, é possível coletar informações de caráter estratégico, com o intuito de promover a investigação, o exame e a reflexão acerca do ambiente em que se desenvolve o aprender, reunindo-se dados para a avaliação e a intervenção psicopedagógica. Esse arsenal de informações estratégicas é composto de dados obtidos diretamente, pelos caminhos oficiais (geralmente com a direção e a secretaria da unidade escolar), e indiretamente, via pesquisa na comunidade escolar, utilizando-se os métodos expressos anteriormente.

A comunidade escolar pode contribuir substancialmente na realização do mapeamento institucional. Por vivenciar o dia a dia da instituição, ela tem condições de fornecer informações mais qualitativas para os pesquisadores. Por meio de dinâmicas participativas, como rodas de diálogo, desenhos e dinâmicas de grupo, é possível obter informações e representações bastante ricas da realidade escolar. Também se pode fazer, com a participação coletiva, um mapeamento de oportunidades educativas no entorno da escola.

4.2.1
Uma radiografia da unidade escolar

É preciso conhecer bem o estabelecimento de ensino ou o outro tipo de instituição em que se atuará. Nesse sentido, a identificação da unidade escolar é necessária para fundamentar o mapa das práticas pedagógicas e psicopedagógicas desenvolvidas no âmbito da instituição. Não se trata apenas de um registro burocrático, para fins legais, mas da apresentação do conjunto de características específicas e próprias da instituição, com as quais é possível diferenciá-la das demais, seja pelo conjunto das diversidades existentes, seja pelas semelhanças que apresenta.

Em 2017, o Censo Escolar apontou que o Brasil contava com mais de 184 mil escolas de educação básica, localizadas em zonas urbanas e rurais e distribuídas em redes públicas e privadas, que legalmente têm caráter laico ou confessional (Inep, 2019). São escolas grandes e pequenas, que cobrem toda a educação básica ou apenas as séries iniciais e que, no caso das públicas, pertencem à rede municipal, estadual ou federal. Isso sem falar nos perfis das equipes e do alunado que as compõem. Quanto mais detalhado e rigoroso for o mapeamento, mais fidedigno será.

A identificação do estabelecimento começa com o nome da escola e a rede a que ela pertence. Outras informações que têm de constar, logicamente, são o endereço, o nome completo da instituição, o endereço eletrônico e as redes sociais da escola, como Facebook, Instagram, YouTube e Twitter, além da página na internet ou *blog*, caso ela tenha.

É bastante interessante fazer um levantamento quantitativo e qualitativo do funcionamento das plataformas de relacionamento utilizadas pela escola. Por meio dele, pode-se coletar dados de aspectos relevantes do cotidiano de discentes, docentes, servidores e comunidade que tenham uma interface com a aprendizagem.

Também é preciso mapear a base legal que levou à criação da escola, reunindo-se leis, decretos e portarias que fundamentaram sua criação, bem como as mudanças que ela sofreu no decorrer do tempo, especialmente no tocante à sua estrutura curricular. De preferência, essas informações devem estar posicionadas em uma linha do tempo, na forma de um registro de eventos e em função de sua ocorrência durante a história da comunidade e da educação.

É essencial, ainda, a especificação dos cursos ofertados pela unidade escolar. Deve-se explicitar quais níveis e modalidades são oferecidos, como esses cursos funcionam e quais séries são disponibilizadas, além de turmas especiais (como educação de jovens e adultos e educação a distância), serviços comunitários e atividades formativas de teor extracurricular.

4.2.2
Estrutura da instituição

Outro conjunto de dados importante para o planejamento da atuação do psicopedagogo se refere à estrutura administrativa, política e de recursos humanos da instituição. Cabe informar os recursos humanos existentes na escola, destacando qual o contingente voltado para as atividades-fim da instituição (educativas) e quais recursos podem ser classificados como pessoal de apoio. É importante saber, também, se a formação dessas pessoas é adequada às atividades que desenvolvem.

Do ponto de vista da estrutura administrativa, deve-se considerar o organograma da escola (com a respectiva distribuição de atribuições), o calendário escolar (composto por aulas, provas, datas comemorativas, atividades extraclasse etc.), os dados referentes a matrículas, a estruturação das turmas, os horários de aula, a carga horária docente, os recursos didáticos disponíveis (incluindo salas, bibliotecas e equipamentos tecnológicos, bem como sua acessibilidade), os currículos, os programas e planos de curso/aula e os projetos desenvolvidos com fins didáticos (observando se há tempo suficiente para planejá-los, executá-los e avaliá-los).

Um elemento que merece destaque é a avaliação. É preciso examinar como funciona o sistema de avaliação da escola (tanto na teoria quanto na prática), qual é o modelo de avaliação adotado, quais são seus objetivos e que resultados são alcançados em termos de desempenho, reprovação, evasão e repetência.

Do ponto de vista da estrutura política, é necessário mapear os espaços de discussões político-pedagógicas existentes na instituição, sua dinâmica de funcionamento e a natureza dos debates ocorridos. Também se deve identificar a existência de órgãos como conselhos escolares, associações de pais e mestres, sindicatos de professores e grêmios estudantis, determinando como e com que frequência se reúnem e do que tratam. Convém verificar, ainda, se a escola é aberta para reuniões de outros segmentos da comunidade e se esses debates têm relação com a vida escolar.

4.2.3
Contexto escolar e oportunidades educacionais

É essencial localizar a escola e seus alunos no contexto comunitário e social que os rodeia. Tentar analisar o desempenho escolar fora do contexto em que o aprender se desenvolve é equivocado, pois se deixa de incorporar elementos que, direta ou indiretamente, interferem nele. Deve-se começar por um levantamento de dados estatísticos sobre a comunidade (população e indicadores sociais, econômicos e educacionais) e um histórico dela.

Uma primeira informação a ser trabalhada é a identificação das principais atividades sociais, culturais e econômicas desenvolvidas na comunidade, bem como da relação delas com as famílias dos alunos. A vida no trabalho, nas instituições religiosas e em associações culturais e esportivas dos pais, dos irmãos e dos próprios alunos pode enriquecer a vida escolar. É importante, também, conhecer as tradições culturais e as atividades artísticas, gastronômicas e de lazer que permeiam a vida comunitária.

O psicopedagogo deve procurar mapear o perfil das famílias que compõem a comunidade escolar, identificar as expectativas em relação à escola e constatar as dificuldades que elas e os alunos sentem quanto ao funcionamento da escola, à sua equipe e à aprendizagem. Além disso, deve-se verificar quais são as atividades mais exitosas e motivadoras para os alunos e as famílias e descobrir como estimular mais os pais e os responsáveis a acompanhar a vida escolar.

Um elemento que também interessa ao assessor psicopedagógico é o monitoramento da saúde do aluno. É preciso ter um registro contínuo da altura, do peso, da visão, das condições sanitárias do aluno e de sua família etc., pois esses fatores interferem diretamente na aprendizagem.

Outro dado relevante é o mapeamento de potenciais educativos no entorno da escola, na mesma comunidade. Trata-se de observar se existem espaços que ofereçam oportunidades de desenvolvimento e aprendizagem e possam viabilizar momentos de formação complementares à jornada escolar, colaborando, assim, com a formação integral de crianças, jovens e adultos.

Esses potenciais educativos podem ser centros culturais, clubes esportivos ou sociais, parques ecológicos, monumentos, igrejas, praças ou até mesmo artistas, *chefs* de cozinha, contadores de histórias, moradores antigos etc., que podem revelar um conhecimento adicional ao da escola, unindo o saber acadêmico ao saber do cotidiano, adquirido durante a vida. Por meio de visitas guiadas por educadores dentro e fora da jornada escolar, os potenciais educativos podem apoiar a prática pedagógica, levando o ato de aprender para além do dia a dia da sala de aula.

4.2.4
Levantamentos qualitativos sobre a escola

Um primeiro estudo qualitativo a ser feito é a análise do Projeto Político-Pedagógico (PPP) da escola ou similar. Esse é o documento básico que reúne os princípios e a proposta política e pedagógica da instituição, permitindo que a comunidade desenvolva seu trabalho de forma planejada e articulada.

Em outras palavras, é um documento que serve como um norte e estabelece compromissos e responsabilidades que envolvem todos, no intuito da execução dos objetivos elencados durante o período letivo.

No PPP constam a história da escola, sua missão (os princípios orientadores de sua atuação), informações detalhadas sobre a comunidade escolar, dados referentes ao processo de ensino-aprendizagem e informações acerca dos recursos de que a escola dispõe para atender os alunos. Ele apresenta uma abordagem mais sólida e abrangente do que os planos dos professores, pois incorpora percepções de ordem sociológica, antropológica, filosófica, pedagógica, política e de valores.

Outra fonte de dados importante sobre a unidade escolar, sua comunidade e suas práticas acadêmicas são os estudos científicos. No processo de mapeamento institucional, deve-se verificar a existência de livros, artigos científicos, trabalhos de conclusão de curso, dissertações de mestrado e teses de doutorado que discorram sobre a escola. Esses trabalhos muitas vezes podem revelar informações significativas, oferecendo dados e análises bastante enriquecedores.

Também podem ser consultados relatórios oficiais produzidos pela Secretaria de Educação ou órgãos estatísticos, que poderão fundamentar o diagnóstico psicopedagógico. Os resultados obtidos pela escola em exames nacionais como a Provinha Brasil, a Prova Brasil, o Exame Nacional do Ensino Médio (Enem) e a Avaliação Nacional da Alfabetização (ANA) também apresentam informações que contribuem na identificação dos problemas de aprendizagem enfrentados pelos alunos da escola.

4.2.5
Diagnóstico, planejamento e intervenção

O mapeamento institucional tem como consequência direta o diagnóstico da situação da escola. Com o diagnóstico, busca-se fazer uma análise da situação vivenciada por ela, seus problemas e suas potencialidades. Essa análise precisa contemplar as diversas questões presentes no dia a dia do estabelecimento de ensino, sejam políticas, sejam administrativas, sejam pedagógicas. Procura-se conhecer a situação vivenciada em seus aspectos essenciais, a fim de criar condições para chegar à realidade almejada.

Esse diagnóstico deve basear-se em uma visão sistêmica, que consiste em compreender o funcionamento da escola como um sistema, como um todo cujas partes não atuam de forma separada ou desarticulada, e sim interagem de maneira dinâmica. A visão sistêmica permite entender o papel que cada elemento desempenha dentro da organização como um todo.

Como já mencionamos, o diagnóstico deve contemplar os diversos aspectos que fazem parte da realidade da instituição. Deve embasar-se em um levantamento detalhado de dados, em que se procura identificar as variáveis que afetam e dificultam a aprendizagem de muitos alunos. Também deve estar em sintonia com os objetivos e as metas da instituição. Segundo Porto (2011, p. 126), o diagnóstico é, antes de tudo, "o resultado do confronto entre a situação que a escola vive e o que ela deseja viver. Ele implica, assim, um juízo de valor que deve tomar como parâmetros os critérios definidos na fundamentação teórica e política".

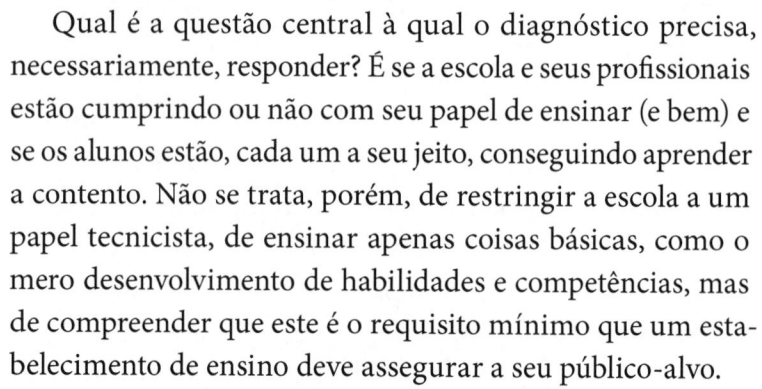

Qual é a questão central à qual o diagnóstico precisa, necessariamente, responder? É se a escola e seus profissionais estão cumprindo ou não com seu papel de ensinar (e bem) e se os alunos estão, cada um a seu jeito, conseguindo aprender a contento. Não se trata, porém, de restringir a escola a um papel tecnicista, de ensinar apenas coisas básicas, como o mero desenvolvimento de habilidades e competências, mas de compreender que este é o requisito mínimo que um estabelecimento de ensino deve assegurar a seu público-alvo.

Com base nesse diagnóstico, a unidade escolar deve elaborar uma proposta de intervenção para dar respostas às questões apontadas. A proposta de intervenção deve ser colocada em prática em articulação com o planejamento, o qual é parte das funções da administração e, mais especificamente, da formulação de ações de empresas privadas ou públicas. Para alguns autores, planejar está relacionado à necessidade de conhecimento possível do futuro, em que se trabalha com a ideia de minimizar os riscos. Agir de modo planejado, portanto, é indispensável se existe um objetivo a alcançar: melhorar o processo de ensino-aprendizagem nos marcos de uma organização aprendente.

O planejamento oferece a oportunidade de realizar um momento de reflexão, permitindo que os sujeitos envolvidos pensem o processo de ensino-aprendizagem em seu começo, meio e fim. Para quem planeja, é muito importante identificar o ponto de partida e ter claro o objetivo a ser alcançado quando o tema em questão é preparar uma ação cujo foco é intervir na aprendizagem de alguém.

De acordo com Padilha (2005), a atividade de planejar é intrínseca à educação, por suas características básicas de evitar o improviso, prever o futuro e estabelecer caminhos que norteiem a execução da ação educativa. Na educação, todavia, o planejamento não pode ocorrer "de cima para baixo", de maneira autoritária, centralizada. Ele deve ser feito de modo coletivo e participativo ou, como o autor indica, de maneira dialógica, incorporando os demais atores envolvidos. Trata-se de realizar um planejamento socializado, tirando-o das mãos dos especialistas e abrangendo os "de baixo".

Essa proposta precisa materializar-se em um plano de ações que tenha por objetivo despertar o interesse dos estudantes, com atividades com significado para a sua vida, em uma perspectiva de aprendizagem significativa. Quando falamos em *aprendizagem significativa*, estamos nos referindo à aquisição de novos conhecimentos que estão relacionados aos conhecimentos prévios de quem aprende. O aprender, quando significa algo concreto para a vida do aluno, torna-se mais estimulante, desperta um maior desejo de envolvimento com os conteúdos trabalhados.

O plano de ação deve prever atividades que contemplem todos os alunos, mesmo que tenham de ser adaptadas. Essas atividades devem ser planejadas de modo que sempre se incluam todos os alunos, desde aqueles que têm alto desempenho até aqueles que têm dificuldades de aprendizagem. As atividades devem ser o mais contextualizadas e diversificadas possível e incorporar diferentes linguagens, como a escrita e a oralidade.

A intervenção, como apontamos anteriormente, precisa transformar-se em ação, com medidas reais, concretas, efetivas. Essas ações, de caráter pedagógico e psicopedagógico, têm de ser organizadas com início, meio e fim, envolver toda a equipe multiprofissional da escola e ser programadas por meio de um cronograma que estabeleça tempo para planejar, fazer e avaliar. O cronograma consiste em um detalhamento minucioso das atividades a serem executadas durante um período determinado.

Na perspectiva do planejamento estratégico e dialógico, um elemento importante para alcançar resultados é o acompanhamento do plano. Ele é composto pelas ações de organização, direção e controle. O acompanhamento necessita de constante monitoramento de metas e resultados.

Há pouca serventia elaborar todo um planejamento, definir metas e estruturar planos de ação se o psicopedagogo ignora completamente a fase de monitoramento dos resultados. Sem o monitoramento de metas e resultados, dificilmente se consegue, de fato, atingir os objetivos da instituição. A atividade de monitorar é considerada uma das tarefas primordiais da moderna gestão de instituições.

E como monitorar? Uma primeira dica é entender que quem executa não deve monitorar. O ideal é que pessoas diferentes fiquem encarregadas de cada uma dessas tarefas, a fim de que elas tenham ao menos o mínimo de independência no cumprimento da missão.

Uma segunda dica é divulgar as metas e os resultados alcançados. Assim, fica mais fácil conseguir o envolvimento de todos no monitoramento. As metas e os resultados podem ser divulgados em cartazes (localizados em pontos visíveis), em um *site* da internet ou em uma rede social.

Uma terceira dica é adotar algum tipo de indicador de desempenho para acompanhar a evolução do cumprimento das metas. O indicador de desempenho funciona como um instrumento de medição das ações desenvolvidas pela instituição e ajuda todos a avaliar os resultados alcançados.

4.3
A saúde do professor e o reflexo no aprender

Deslocando-se o olhar do aprendente para o ensinante, um fator que deve ser observado no processo de ensino-aprendizagem são as condições de trabalho e, especialmente, de saúde do professor, seja na educação básica, seja na educação superior. Essas condições interferem diretamente em seu desempenho em sala de aula, visto que, no dia a dia, ele é o principal responsável por promover a mediação do conhecimento, aspecto importantíssimo para que o aluno aprenda.

Nos últimos anos, têm-se multiplicado os estudos acerca das condições de trabalho docente e de seu impacto nos mais diversos níveis, modalidades e redes. São inúmeros artigos científicos publicados em revistas especializadas, *papers* apresentados em congressos acadêmicos e sindicais, matérias publicadas na imprensa e livros que tratam da temática. Esse fator tem preocupado cada vez mais profissionais, especialistas, pais e gestores em razão dos prejuízos que pode trazer para a aprendizagem.

Vamos a um exemplo: de acordo com matéria divulgada na página eletrônica da revista *Veja*, os professores da rede estadual de ensino em São Paulo faltaram em apenas um ano uma média de 27 dias, o que representa mais de 10% dos dias letivos previstos por lei (SP..., 2013). Os dados são da Secretaria de Educação do Estado de São Paulo e do Ministério Público de São Paulo. De acordo com as informações apresentadas pelas instituições, cada um dos 230 mil professores da rede pública de São Paulo faltou, em média, 21 dias ao trabalho em 2012 utilizando-se de uma licença relacionada à saúde (SP..., 2013). Esta não é uma realidade isolada.

O adoecimento docente pode ser constatado também na rede privada, pelo que se pode aferir dos dados revelados em uma pesquisa sobre condições de saúde e trabalho de professores do ensino fundamental no Brasil, apresentada em Marques, Nunes e Santos (2012). Segundo a pesquisa,

> Os efeitos negativos que o trabalho exerce sobre a saúde do professor podem ser ilustrados reconhecendo as elevadas taxas de absenteísmo (ausência no trabalho decorrente de um problema de saúde/doença) e de aposentadoria antecipada por problemas de saúde observados na categoria. Estudos na Europa mostram uma importante proporção de professores que se aposentam antecipadamente por estarem inaptos para o trabalho. As principais causas identificadas são as doenças mentais, sintomas ou distúrbios osteomusculares, as doenças cardiovasculares e circulatórias, e o câncer. (Brown; Gilmour; MacDonald, 2006; Maguire; O'Connell, 2007; Weber; Lederer, 2006, citados por Marques; Nunes; Santos, 2012)

Nas conclusões, o estudo aponta que o adoecimento frequente está relacionado às exigências ergonômicas, às doenças mentais e a uma categoria de enfermidades em geral, na qual se destacam as doenças crônicas associadas ao estilo de vida dos indivíduos. Assim, "Vários dados apontam para uma possível relação entre características do trabalho docente e a presença de aspectos desfavoráveis na saúde e no estilo de vida nesses indivíduos. As complicações mais frequentes são aquelas relacionadas à saúde mental, como estresse e a síndrome de Burnout" (Marques; Nunes; Santos, 2012).

Já o Departamento Intersindical de Estudos e Pesquisas de Saúde e dos Ambientes de Trabalho (Diesat) realizou, em 2010, uma pesquisa com os professores e técnicos administrativos do ensino privado do Estado do Rio Grande do Sul. De modo geral, a pesquisa, denominada "Condições de trabalho e saúde dos professores e técnicos administrativos no ensino privado do RS" (Campos; Marilto, 2010), apontou para a existência de problemas graves na relação entre trabalho e saúde dos professores. De acordo com os resultados,

> é comum ouvir dos educadores queixas sobre o aumento da carga de trabalho do professor com relação ao número de relatórios e documentos a serem preenchidos pelos docentes, além de muitas atividades extras como participação em eventos e projetos da escola que não são contabilizadas nas horas de trabalho. (Campos; Marilto, 2010, p. 6)

O estudo revela também que, para muitos professores, o tempo de planejamento de aulas não está computado como parte da jornada de trabalho, sendo essas atividades realizadas durante seu tempo livre, ou no intervalo entre uma atividade e outra, ou entre uma escola e outra (Campos; Marilto, 2010). Muitos lecionam em mais de uma instituição. A dupla ou tripla jornada docente eleva a carga de trabalho e compromete o desempenho do professor, afetando a qualidade do ensino.

Essas mesmas reclamações têm sido feitas reiteradas vezes pelos sindicatos que representam docentes de universidades públicas e privadas. Reclama-se da carga horária excessiva, da falta de infraestrutura adequada, da pressão para o cumprimento de prazos, de ambientes insalubres, de assédio moral e de remuneração inadequada, entre outros fatores que atingem em cheio a saúde dos docentes. São facetas de uma questão que prejudica o cotidiano dos profissionais que ministram aulas na educação superior: o produtivismo acadêmico.

O produtivismo acadêmico é resultante das políticas dos órgãos responsáveis por financiamentos de pesquisas, a exemplo do Conselho Nacional de Desenvolvimento Científico e Tecnológico (CNPq) e da Coordenação de Aperfeiçoamento de Pessoal de Nível Superior (Capes). Marcando cada vez mais o trabalho docente na educação superior, o produtivismo acadêmico impõe maior quantidade de aulas na graduação e na pós-graduação, produção rotineira e criteriosa de artigos, orientação de pesquisas e outros projetos a serem regularmente informados aos órgãos financiadores para, posteriormente, serem inseridos no currículo Lattes.

O produtivismo também atinge em cheio os professores da educação básica. As escolas públicas e privadas estão cada vez mais submetidas a um ambiente de competitividade. Como aludimos no Capítulo 2, o Brasil, seguindo um modelo internacional, adotou uma política de avaliações em larga escala, com o intuito de medir o desempenho escolar e seus fatores associados. Entre as avaliações mais conhecidas, podemos citar o Sistema de Avaliação da Educação Básica (Saeb) – constituído por Saeb de Educação Infantil (antiga Provinha Brasil), Saeb dos Anos Iniciais do Ensino Fundamental (antiga ANA) e Saeb dos Anos Finais do Ensino Fundamental (antiga Prova Brasil) – e o Enem.

Além dessas provas, os professores da rede pública precisam ajudar suas escolas a obter um bom desempenho no Índice de Desenvolvimento da Educação Básica (Ideb), indicador criado pelo governo federal para medir a qualidade do ensino nas escolas da rede pública e estabelecer metas para a melhoria do ensino. As escolas recebem uma nota, o que resulta, na prática, em um ranqueamento entre elas, em um clima de competitividade.

O produtivismo pode ser observado até mesmo no que tange à remuneração dos docentes. Os salários pagos aos professores estão cada vez mais dependentes de gratificações por desempenho. O pagamento de bônus de desempenho tem sido uma estratégia utilizada pelos governantes no sentido de introduzir o fator produtividade na política salarial da educação. Isso tem acontecido tanto na educação básica quanto no ensino superior.

A precarização e a intensificação do trabalho docente não são fatos isolados; eles vêm ocorrendo em um ambiente de transformações no capitalismo. Desde a década de 1960, com a crise do paradigma taylorista/fordista de produção e a ascensão da acumulação flexível, vem se desenvolvendo uma renovação do sistema capitalista que está mudando a esfera de produção de mercadorias e serviços. Tal mudança consiste na substituição do modelo de produção em massa, com grandes unidades fabris e divisão do trabalho em manual e intelectual, por um modelo de flexibilização da produção, com jornadas de trabalho flexíveis e empregos temporários e terceirizados.

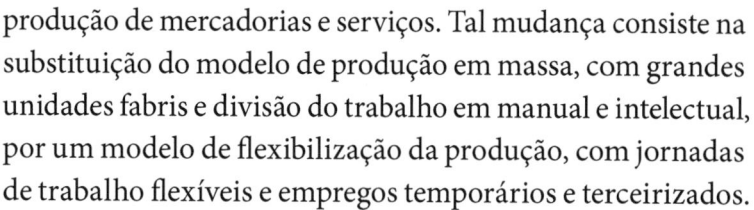

Segundo Harvey (2005), o regime de acumulação flexível caracteriza-se pela emersão de novos setores de produção, por mudanças nas maneiras de fornecer serviços financeiros, pelo surgimento de novos mercados, pela inovação nas esferas comercial, tecnológica e estrutural de empresas e por uma nova divisão do trabalho, com a instalação de conjuntos industriais em regiões menos desenvolvidas. Outros autores destacam que, no campo das relações de trabalho, há aumento da exploração, intensificação dos padrões de produtividade e novas estratégias de tecnologia, gestão e controle do trabalhador (e, consequentemente, de seu fazer no processo produtivo), com maior precarização e desmonte das relações clássicas de trabalho.

A face mais recente dessa transformação do mundo do trabalho é a uberização da produção. Diante do desemprego e das novas formas de contratação por parte das empresas, cada vez mais pessoas precisam se submeter a contratos precários de trabalho, sem garantias trabalhistas e com jornadas extensas. Assim, o modelo que prevalece é o da Uber, prestadora de serviços de transporte com sede nos Estados Unidos e funcionamento em diversas regiões do mundo. Essa empresa envolve milhões de trabalhadores, e seu formato é simples, flexível e pode estender-se a outros segmentos da economia.

Conforme Pochmann (2016), a uberização representa a emersão de um novo padrão de contratos de trabalho, com o trabalhador "negociando individualmente com o empregador a sua remuneração, seu tempo de trabalho, arcando com os custos do seu trabalho". Trata-se de uma modalidade que permite baixíssima remuneração, longas jornadas de trabalho e nenhuma proteção social. O nível de exploração é tão intenso que os trabalhadores de aplicativos de serviços de transporte têm protestado diante das brutais condições de exploração, a exemplo da greve ocorrida em junho de 2020 (Entregadores..., 2020).

Relações de trabalho similares à uberização chegaram à categoria docente, revelando uma precarização do trabalho na educação. Hoje existe a figura do professor eventual, que, de acordo com Silva (2019, p. 238), é "aquele cujo vínculo empregatício está aquém da precarização situacional do professor temporário que é admitido por contrato, no qual a investidura no cargo se dá minimamente nos marcos constitucionais, garantindo aos professores ao menos o salário inicial da categoria". Eles são convocados apenas quando há trabalho e não têm valor certo de remuneração mensal.

O caso do professor eventual não é o único. Muitos entes, a exemplo da Prefeitura de Ribeirão Preto, em São Paulo, anunciaram a intenção de adotar um aplicativo, estilo Uber, para a contratação de professores eventuais, com relações de trabalho precárias (Professor..., 2017).

Para saber mais

Para aprofundamento sobre as mudanças recentes no mundo do trabalho, como no caso da uberização, também conhecida como *capitalismo de plataforma* ou *economia do compartilhamento*, sugerimos as leituras a seguir.

SLEE, T. **Uberização**: a nova onda do trabalho precarizado. Tradução de João Peres. São Paulo: Elefante, 2017.

SUNDARARAJAN, A. **Economia compartilhada**: o fim do emprego e a ascensão do capitalismo de multidão. São Paulo: Senac, 2019.

Todas essas mudanças no mundo do trabalho têm consequências diretas para a saúde do trabalhador. Segundo Abramides e Cabral (2003), a piora das condições de trabalho trazidas com a acumulação flexível são draconianas para o bem-estar físico e psíquico de quem trabalha. Para as autoras,

> A intensidade e o ritmo acelerado no trabalho e o número excessivo de horas na jornada são decisivos na precarização da saúde do trabalhador, podendo eliminá-lo, precocemente, do mercado. Nas condições de trabalho estão incluídas as atividades corporais e mentais dos trabalhadores, bem como os elementos materiais, físico-químicos, ambientais, temporais e também as relações de trabalho. (Abramides; Cabral, 2003, p. 7)

Para o profissional da psicopedagogia, combater as dificuldades de aprendizagem no campo institucional desconsiderando as condições de trabalho e de saúde do professor é o mesmo que "enxugar gelo". A relação saúde-doença interfere diretamente no rendimento docente e é fortemente afetada nesse processo de precarização e intensificação do trabalho. A busca de relações laborais mais justas entre os trabalhadores da educação e seus empregadores tem de ocorrer na mesma proporção da busca por melhores condições de saúde.

4.3.1
Síndrome de *burnout*

Grande parte dos professores e de outros profissionais que desenvolvem trabalho intelectual ou atuam com atendimento ao público costuma reclamar de sintomas de depressão ou de esgotamento físico e mental decorrentes de altos níveis de estresse, pressão ou excesso de atividades. São pessoas que se sentem exaustas e apresentam fortes crises de confiança, cansaço excessivo, irritabilidade e desmotivação no trabalho. Todos esses sintomas são característicos da síndrome de *burnout*, conhecida também como *síndrome do esgotamento profissional*.

O que é efetivamente essa síndrome? De acordo com Ferreira (2019), ela está associada ao desempenho profissional de pessoas que atuam em ambientes marcados por muita tensão e estresse intenso. É uma psicopatologia que se caracteriza por ser "um transtorno adaptativo crônico com íntima conexão com as pressões do exercício profissional" (Ferreira, 2019, p. 69). Ela se manifesta, geralmente, pelo aparecimento de múltiplos sintomas e consiste em um transtorno registrado no Grupo 24 da Classificação Estatística Internacional de Doenças e Problemas Relacionados com a Saúde (CID).

Segundo o autor, trata-se de

> uma questão social de extrema relevância na agitação do mundo pós-moderno. Pesquisadores a definem como um desfecho trágico na carreira de profissionais que iniciaram suas carreiras sob forte entusiasmo e com alta expectativa de desempenhar um papel importante na vida das pessoas para as quais seus serviços foram direcionados. Seu desenvolvimento é silencioso e imperceptível pelo profissional. (Ferreira, 2019, p. 69)

Os primeiros estudos profissionais sobre a doença surgiram na década de 1960. A síndrome de *burnout* é um distúrbio psíquico que, em 1974, foi descrito pelo médico e psicólogo norte-americano Herbert Freudenberger em diversos artigos científicos. Ele descreveu a doença como um "incêndio interno". Por isso, usou o nome *burnout*, que, na língua inglesa, significa "queima", "consumo", "combustão".

Dados revelados pela pesquisa "Condições de trabalho e saúde dos professores e técnicos administrativos no ensino privado do RS" (Campos; Marilto, 2010) apontam que os principais fatores prejudiciais à saúde docente estão diretamente associados à organização do trabalho e às relações no local de trabalho. Aspectos como jornada de trabalho extensa, excesso de tarefas, pressão por parte da chefia, assédio moral, problemas de relação com colegas e atritos envolvendo pais e alunos estão entre os mais relevantes que incidem sobre a saúde docente.

De acordo com o estudo citado, 47% dos 4.480 professores entrevistados afirmam se sentir constantemente esgotados e sob pressão mais do que o habitual. Eles reclamam também de problemas de saúde, como dores (71%), problemas de sono (59%), rouquidão e perda de voz (49%), problemas alérgicos (47%), tendinites e problemas de articulação (44%), enxaquecas (33%), gastrites (27%), obesidade (23%), hipertensão (19%) e cânceres (2%) (Campos; Marilto, 2010, p. 7-8).

Entre os problemas relacionados ao sofrimento mental e emocional, foram bastante citadas na pesquisa questões como estresse (35%), ansiedade (32%), depressão (11%), síndrome do pânico (3%) e outros (2%). Somente 17% dos professores alegam não sofrer nenhum tipo de adoecimento de ordem mental e emocional (Campos; Marilto, 2010, p. 8).

Conforme Dalcin e Carlotto (2017), entre as diversas categorias profissionais, a de docentes tem-se destacado pela forte presença de condições de trabalho estressantes e pelos graves efeitos decorrentes disso, como distúrbios que prejudicam a saúde e a qualidade de vida, com desdobramentos no processo de ensino-aprendizagem. Esse problema tem forte consequência sobre os gastos públicos por provocar absenteísmo em uma categoria profissional numerosa.

Analisando a produção científica sobre o tema no país, as autoras afirmam:

> Diversos são os estressores ocupacionais relacionados ao trabalho docente, entre estes, podem-se citar as salas de aulas cada vez mais superlotadas, a pouca valorização profissional, a indisciplina dos alunos, as más condições de trabalho, a violência nas escolas, o acúmulo de funções sociais, o aumento da carga horária, as expectativas familiares e a falta de participação nas decisões institucionais. (Dalcin; Carlotto, 2017, p. 747)

Professores nervosos, estressados, desatentos, impacientes e ríspidos, ainda que bem preparados, são um obstáculo para a aprendizagem do aluno. O docente adoentado – em seus aspectos físico, emocional ou comportamental – dificulta o desenvolvimento de um ambiente propício à realização de boas interações na sala de aula ou fora dela. Isso pode ser fatal para o desejo de aprender do aluno.

Sintomas da síndrome de *burnout*

A sensação mais nítida da síndrome de *burnout* é o sentimento de esgotamento físico e emocional que se reflete em um mal-estar que produz atitudes negativas no dia a dia, com reflexo em sala de aula, no contato com os alunos. Ela se desenvolve gradualmente, apresentando sintomas sutis que, se não forem tratados logo no início, tendem a evoluir e se tornar mais graves. Os sintomas da síndrome de *burnout* são de três tipos: físicos, emocionais e comportamentais.

Oliveira (2016) destaca a existência de dez sinais que caracterizam que o indivíduo pode estar com a síndrome de *burnout*, conforme indica o Quadro 4.1, a seguir.

Quadro 4.1 – Dez sinais da síndrome de *burnout*

Sinal	O que pode significar
Fadiga crônica	Cansaço a maior parte do tempo, nos estágios iniciais da síndrome. Nos estágios mas avançados, a pessoa se sente completamente drenada emocional e fisicamente.
Insônia	Dificuldade para dormir, que pode evoluir para perda total de sono.
Sintomas físicos	Dores de cabeça e musculares, tonturas, dores no peito, palpitações, hipertensão, problemas gastrointestinais e falta de ar.

(continua)

(Quadro 4.1 – conclusão)

Sinal	O que pode significar
Esquecimento	Inicialmente, sinais de esquecimento. Com a evolução da síndrome, a perda de memória pode chegar ao ponto de impedir a execução de certos trabalhos.
Ansiedade e depressão	Sentimentos de tristeza que podem evoluir para depressão severa.
Raiva	Irritabilidade crescente, com tendência a atitudes explosivas.
Perda de prazer	Atividades deixam de ser prazerosas, gerando um desejo de abandoná-las.
Isolamento	Com o avanço do desgaste, tende-se a um afastamento do convívio social.
Distanciamento	Isolamento e sensação de desconexão das coisas.
Baixo desempenho	Dificuldade em cumprir com responsabilidades.

Fonte: Elaborado com base em Oliveira, 2016.

Os problemas de saúde apresentados no quadro se desenvolvem e se agravam ao longo do ano letivo. É no contato com situações estressantes que os problemas emocionais, de saúde e comportamentais começam a se manifestar. A sensação de cansaço é permanente, o sono é prejudicado, a pressão sobe, a memória começa falhar, aparecem sintomas de depressão, irritação constante, perda de prazer, vontade de se isolar e distanciamento da realidade e das pessoas. São sintomas que jogam para baixo a saúde do docente e a qualidade de seu trabalho.

O sentimento de esgotamento profissional é agravado por outras adversidades que afetam o trabalho docente, como problemas de voz, violência na sala de aula e casos de *bullying* entre os alunos – realidades presentes na maioria das escolas. Trata-se, portanto, de um somatório de fatores, sendo o diagnóstico da síndrome de *burnout* basicamente clínico.

Leva-se em consideração o histórico do paciente com ênfase em seu envolvimento e realização pessoal no trabalho, sendo necessário um minucioso e detalhado trabalho de escuta por parte do psiquiatra ou psicólogo.

Síndrome de *burnout*: cuidados

Os cuidados com quem sofre com a síndrome de *burnout* começam no atendimento clínico, quando o psiquiatra ou psicólogo receita uma terapia cognitivo-comportamental ou algum outro modelo de atendimento psicológico. Se necessário, especialmente nos casos mais graves, receitam-se medicamentos, como antidepressivos ou ansiolíticos (tranquilizantes ou calmantes).

No âmbito do Sistema Único de Saúde (SUS), a Rede de Atenção Psicossocial (Raps) oferece, de forma integral e gratuita, todo o tratamento, que vai desde a parte diagnóstica até o tratamento medicamentoso. Os Centros de Atenção Psicossocial (Caps), um dos serviços que fazem parte da Raps, são os locais mais indicados para realizar o tratamento, pois são unidades especializadas em saúde mental e sua equipe é composta por médicos, psicólogos e outros especialistas.

Mudanças no estilo de vida podem ser a melhor forma de prevenir a síndrome de *burnout* e até de viabilizar seu tratamento. Essa doença está diretamente associada ao estilo de vida: grande parte dos acometidos dedica a maior parte de seu tempo ao trabalho, o que diminui sua qualidade de vida. É claro que, muitas vezes, isso não acontece por opção do trabalhador, mas por imposição do mercado de trabalho. Uma sociedade com forte tendência ao produtivismo e ao trabalho excessivo tem como consequência o adoecimento em massa.

Por outro lado, há questões ligadas estritamente ao estilo de vida pessoal, isto é, que fazem parte do universo de escolhas do indivíduo. Não devemos usar a falta de disponibilidade de tempo como subterfúgio para não realizar exercícios físicos ou não desfrutar de momentos prazerosos, como dançar, ler um bom livro ou vivenciar atividades de lazer. Como devemos aproveitar nosso tempo livre? A resposta é: buscando qualidade de vida.

No campo das medidas de cuidado e prevenção da síndrome de *burnout*, as instituições multilaterais, a exemplo da Organização Mundial da Saúde (OMS) e das agências internacionais e nacionais de saúde, apresentam diversas recomendações com o objetivo de combater doenças emocionais. Ferreira (2019) apresenta dez recomendações para o tratamento dessas psicopatologias (Quadro 4.2), com base nas orientações dos órgãos de saúde.

Quadro 4.2 – Dez recomendações para o tratamento de doenças emocionais

Medida	O que significa
Praticar atividades físicas regulares	O paciente deve realizar atividades físicas regulares, começando de forma lenta, a fim de, aos poucos, ter motivação para ir mais além.
Praticar ioga	A prática da ioga traz grandes benefícios para a mente humana. Meditar ajuda a diminuir o estresse, a depressão, a ansiedade, a dor e a insônia, além de aumentar a qualidade de vida.
Evitar o uso de substâncias que geram ansiedade	Substâncias que geram ansiedade (como o café, o açúcar refinado, o tabaco e refrigerantes com cafeína) devem ser evitadas, pois aumentam o estado de tensão interna.

(continua)

(Quadro 4.2 – conclusão)

Medida	O que significa
Dormir bem	Os efeitos da falta de sono sobre a mente e o corpo são devastadores. Deve-se tomar medidas para garantir um bom sono, como horários regulares e quantidade suficiente de horas para um bom descanso.
Ter um *hobby*	Os *hobbies* oferecem entretenimento e ajudam a passar o tempo. Devem garantir prazer para quem pratica.
Evitar o uso excessivo de tecnologias	Deve-se evitar o uso compulsivo de tecnologias, estabelecendo uma nova relação com *smartphones*, *tablets*, computadores e outros recursos.
Não usar cigarro e outras drogas	O tabagismo, como um transtorno mental e comportamental, é a maior causa isolada de doenças e morte precoce. O cigarro e outras drogas prejudicam a saúde emocional, aumentando a depressão, a ansiedade e a bipolaridade.
Exercitar a espiritualidade	O novo conceito multidimensional de saúde adotado pela OMS incorpora a dimensão espiritual. O sentido da fé e da religiosidade contribui bastante para a saúde emocional.
Buscar novos aprendizados	Aprender algo novo e incorporar novo saberes contribui para a educação do sujeito, para a sua vida, indo além da mera instrução.
Ter um projeto de vida	Complementa os demais tópicos. O projeto de vida deve ser estimulado como consequência das ações em prol da prevenção a distúrbios mentais e emocionais, propiciando um planejamento para a própria vida.

Fonte: Elaborado com base em Ferreira, 2019.

O conjunto das recomendações expressas no Quadro 4.2 deixa claro que a saída para o indivíduo enfrentar uma situação de esgotamento físico e emocional é a busca pela qualidade de vida, além da sempre necessária ajuda de um profissional especializado. É preciso enfatizar que a ingestão de bebidas alcoólicas e de outras drogas para se livrar de situações de ansiedade e até da depressão não é uma saída; pelo contrário, pode até agravar a situação.

Também se deve avaliar permanentemente o quanto as condições de trabalho da pessoa estão colaborando ou prejudicando sua qualidade de vida e, notadamente, seu estado físico e mental. É importante, ainda, prestar atenção no que pensam e dizem aqueles que convivem com a pessoa cotidianamente acerca de suas condições de saúde e comportamento. Quem está por perto às vezes percebe coisas sobre nós que não notamos.

Por último, como uma doença que nasce nas relações laborais, há soluções que passam por melhorias nas condições de trabalho e, portanto, por canais judiciais ou por negociações coletivas entre patrões e empregados. Para isso, existem os sindicatos de trabalhadores, órgãos como as Delegacias do Trabalho e, ainda, a Justiça do Trabalho, a quem cabe julgar ações decorrentes de relações trabalhistas.

Um profissional que, muitas vezes, pode ser útil em situações que envolvam a saúde e a qualidade de vida dos trabalhadores é o médico do trabalho. Seus campos de atuação são amplos: na Perícia Médica da Previdência Social, emite parecer sobre o direito de o trabalhador receber licença médica ou auxílio-doença; no Sistema Judiciário, atua como perito judicial em processos trabalhistas; no SUS, desenvolve ações em prol da saúde do trabalhador e atua em clínicas especializadas.

As empresas devem realizar exames referentes à saúde do empregado quando o contratam. O exame admissional, previsto na Consolidação das Leis do Trabalho (CLT), consiste em avaliações físicas e psíquicas com o intuito de verificar se o futuro funcionário está apto para o exercício de sua função. A CLT recomenda, também, a realização de exames periódicos da saúde do trabalhador durante o contrato de trabalho, bem como o exame demissional, que deve ser feito obrigatoriamente até a data de confirmação de sua demissão.

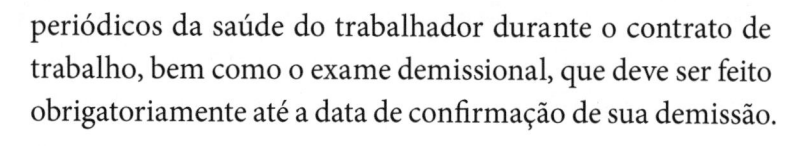

Síntese

Neste capítulo, o ponto central foi a instituição escolar. Procuramos analisar o papel do psicopedagogo diante do fenômeno do fracasso escolar (entendido como um problema de caráter multidimensional, pois incorpora questões de diversas matrizes), descrever o mapeamento institucional (com o levantamento de dados quantitativos e qualitativos) e sua relevância para o diagnóstico e a intervenção, bem como examinar a caracterização sociocultural e econômica da comunidade que envolve a escola. Outro tema estudado foi o fenômeno do adoecimento do professor, especialmente com a síndrome de *burnout*, no contexto das relações de trabalho, com forte impacto nas práticas de ensino-aprendizagem.

Indicações culturais

BERNARD Charlot: Existe o fracasso escolar?
Disponível em: <https://www.youtube.com/watch?v=1HUJQlduYzk>. Acesso em: 15 abr. 2022.
Entrevista com Bernard Charlot, doutor em Ciências da Educação pela Universidade de Paris, sobre o tema fracasso escolar.

BENEDETTI, K. S.; MARCO, I. de. **Eu, professora e burnout**: como o sistema público de ensino adoece professores dedicados e prejudica alunos interessados. Curitiba: Juruá, 2016.
Essa obra apresenta a história pessoal de uma professora que enfrenta os problemas do ensino público, que solapam o trabalho do professor e desorganizam o ambiente da escola.

GUALTIERI, R. C.; LUGLI, R. G. **A escola e o fracasso escolar**. São Paulo: Cortez, 2012.
Ao fazer uma retrospectiva do conceito de fracasso escolar desde o século XX até os dias atuais, esse livro promove reflexões sobre o aprender na instituição escolar. Apresenta, também, sugestões de filmes e livros que oferecem uma visão complementar sobre a questão.

O SUBSTITUTO. Direção: Tony Kaye. Estados Unidos, 2011. 97 min.
Nesse filme, o ator Adrien Brody interpreta Henry Barthes, um professor secundário que, apesar de se comunicar muito bem com jovens, só dá aulas como substituto para não criar laços com quem quer que seja. Porém, quando é chamado para ministrar aulas em uma escola pública, encontra-se em meio a docentes e discentes tensos e abatidos.

Atividades de autoavaliação

1. O fracasso escolar representa uma manifestação da falha da sociedade e da escola em assegurar o exercício de um direito fundamental da criança: o direito à educação. Considerando os estudos sobre o tema, analise as afirmações a seguir.
    I) O fracasso escolar resulta da emersão, no século XX, de um modelo clínico-assistencialista de atendimento às pessoas com deficiência, o qual passou a predominar em oposição ao paradigma médico.
    II) A dificuldade da maioria de nossos alunos em aprender está pouco relacionada com sua origem sociocultural, sendo decorrente de falhas metodológicas dos professores.
    III) O fracasso escolar é um problema social e politicamente produzido; resulta de fatores sociopolíticos e da política educacional hegemônica, seletiva, elitista e excludente.
    IV) Marchesi e Pérez (2004, p. 18), ao tratarem do tema do fracasso escolar, referem-se "àqueles alunos que, ao finalizar sua permanência na escola, não alcançaram os conhecimento e as habilidades considerados necessárias para desempenhar-se de forma satisfatória na vida social e profissional ou prosseguir seus estudos".
    V) Bossa (2002) considera que o fracasso escolar se caracteriza como um sintoma social e procura observá-lo em diversos contextos – de ordem individual, cultural e escolar.

Estão corretas as afirmações:

a) I e V.
b) II e III.
c) II, III e V.
d) III, IV e V.
e) Nenhuma das respostas anteriores.

2. Sobre a importância do mapeamento institucional para a avaliação psicopedagógica institucional, analise as afirmações a seguir.

I) Com o mapeamento institucional, é possível coletar informações de caráter estratégico, com o intuito de promover a investigação, o exame e a reflexão acerca do ambiente em que se desenvolve o aprender.

II) As informações estratégicas são compostas de dados obtidos diretamente, somente pelos caminhos oficiais, ou seja, com a direção e a secretaria da unidade escolar.

III) Por meio da realização de dinâmicas participativas, como rodas de diálogo, desenhos e dinâmicas de grupo, é possível obter informações e representações bastante ricas da realidade da escola.

IV) É possível fazer, com a participação coletiva, um mapeamento de oportunidades educativas no entorno da escola, em meio à comunidade.

V) A identificação da unidade escolar é necessária para fundamentar o mapa das práticas pedagógicas e psicopedagógicas desenvolvidas no âmbito da instituição, apesar de se concentrar em dados formais e burocráticos.

Estão corretas as afirmações:

a) I, III e IV.
b) II e III.
c) II, III e V.
d) III, IV e V.
e) Nenhuma das respostas anteriores.

3. Sobre o papel do planejamento na avaliação psicopedagógica institucional, analise as afirmações a seguir.

   I) O planejamento faz parte do cotidiano da escola e envolve toda a equipe da instituição para, em um prazo definido, cumprir metas fundamentais, definidas pela direção da escola, de forma vertical.

   II) A ausência de especificidades por parte da escola permite a importação de modelos de planejar, oriundos de outros tipos de instituições.

   III) O planejamento deve ser focal, concentrando-se na situação em que se intervém.

   IV) O planejamento deve ser detalhista, rígido, com metas minuciosas a serem alcançadas para atingir os objetivos previstos.

   V) O planejamento deve ser sistêmico, coletivo e participativo, a fim de envolver todos os agentes interessados na questão, além de contínuo, na medida em que não se pode prendê-lo a uma etapa, a um momento ou a uma situação que se vivencia.

Está(ão) correta(s) apena(s) a(s) afirmação(ões):

a) I, III e IV.
b) II e IV.
c) II, IV e V.
d) V.
e) Nenhuma das respostas anteriores.

4. A respeito da saúde do professor e seu reflexo na aprendizagem, no contexto das relações de trabalho em que está inserido, bem como da emersão de doenças, como a síndrome de *burnout*, é correto afirmar:

a) Os estudos acerca das condições de trabalho docente e seu impacto nos mais diversos níveis, modalidades e redes têm preocupado pouco profissionais, especialistas, pais e gestores, por não trazerem prejuízos para a aprendizagem.
b) O adoecimento docente é uma realidade pouco presente na rede privada, concentrando-se na rede pública.
c) Para muitos professores, o tempo de preparação e planejamento de aulas não está computado como parte da jornada de trabalho, pois se trata de atividades que são realizadas durante seu tempo livre ou durante o deslocamento de uma atividade para outra (ou de uma escola para outra), resultando em sobrecarga de trabalho.

d) O trabalho docente na educação superior está, a cada dia, mais marcado pelo produtivismo, o que resulta em uma maior quantidade de aulas na graduação e na pós-graduação, produção rotineira e criteriosa de artigos, orientação de pesquisas e outros projetos a serem regularmente informados aos órgãos financiadores e a serem inseridos no currículo Lattes. O produtivismo, todavia, não chegou à educação básica.

e) Nenhuma das respostas anteriores.

5. Um primeiro estudo qualitativo a ser feito é a análise do Projeto Político-Pedagógico (PPP) da escola. Sobre ele, é correto afirmar:

a) É um documento básico que contém tão somente a proposta pedagógica da instituição.

b) É o documento básico que reúne um conjunto de princípios e define a proposta política e pedagógica da instituição. Expressa, de alguma forma, a identidade da escola.

c) É uma peça legal e burocrática que não tem informações qualitativas sobre a unidade escolar.

d) É elaborado pelos órgãos superiores da educação e imposto às escolas.

e) Nenhuma das respostas anteriores.

Atividades de aprendizagem

Questões para reflexão

1. Elabore uma espécie de memorial de sua vida escolar, resgatando questões que ajudaram ou atrapalharam seu desenvolvimento como estudante. Faça uma comparação com colegas seus que tiveram sucesso ou mau desempenho na escola.

2. Converse com professores que você conhece e procure saber o que eles pensam sobre seu ofício profissional, como é seu cotidiano laboral e quais são os principais problemas enfrentados no cotidiano desse trabalho.

Atividade aplicada: prática

1. Elabore um questionário para aplicar com os professores de uma instituição de ensino a fim de identificar como são suas condições de trabalho e de saúde e quais são as estratégias por eles adotadas para o enfrentamento do fracasso escolar.

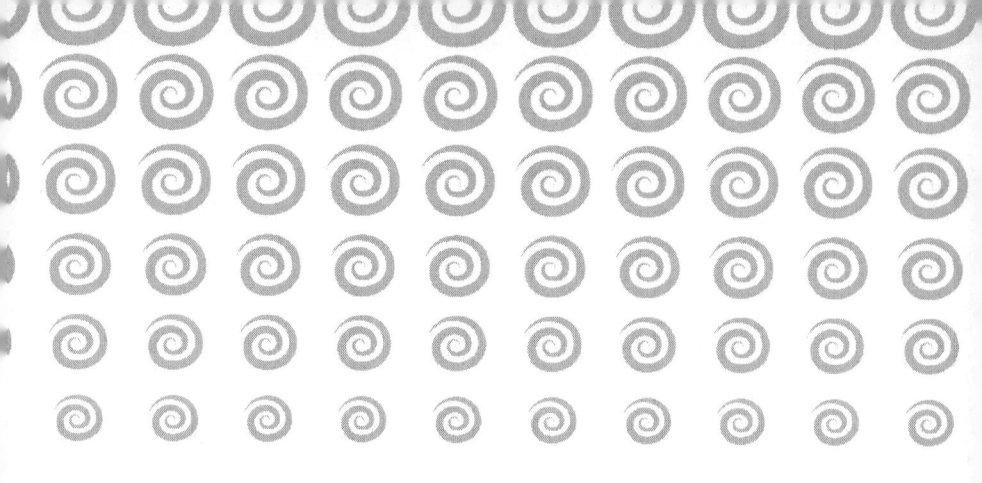

5
Grupos e modelos de aprendizagem na instituição

Neste capítulo, trataremos dos diferentes modelos de aprendizagem, compreendidos como as diferentes maneiras de conceber o aprendizado humano, com destaque para o processo grupal, no contexto da relação entre aprendentes, ensinantes e instituição.

Inicialmente, analisaremos os diferentes modelos de aprendizagem. Logo a seguir, examinaremos as contribuições de Pichon-Rivière para a psicopedagogia institucional. Esse pesquisador é considerado uma referência no estudo de grupo, mais precisamente no que chamamos de *grupo em tarefa* ou *grupo operativo*. Em um terceiro momento, abordaremos o processo grupal e a necessidade de compreendê-lo nos marcos da psicopedagogia institucional. Na sequência, refletiremos sobre a relação professor-aluno no âmbito da instituição, como um fator decisivo que funciona como o alicerce para a transmissão do conhecimento. Por último, versaremos sobre a atuação psicopedagógica integrada e a importância da relação entre aluno, família e escola, considerada fundamental para dar um sentido de comunidade aos integrantes da escola.

5.1
Sobre a aprendizagem

Quando se usa o tema *aprender*, logo de imediato pensamos na aquisição de conteúdos, matérias, fórmulas, códigos – enfim, conhecimentos racionais, passíveis de interpretação e reconhecidos como válidos pela sociedade. Uma visão mais restrita do termo *aprender* o associa ao espaço da escola. Aprendem-se, todavia, muitas outras coisas em outros espaços. A criança aprende a andar, a comer, a respeitar os mais velhos. O adulto aprende a trabalhar, a namorar. Aprende-se, hoje em dia, até a viver aposentado.

Quando falamos em *aprender*, portanto, estamos considerando algo além do conhecimento formal, oficial, típico de sala de aula. Trata-se de adquirir uma gama de saberes e conhecimentos, de interpretar fatos e símbolos, de traduzir acontecimentos, de elucidar a realidade e transformá-la.

Aprender é uma capacidade própria do ser humano, juntamente à habilidade de simbolizar, ou seja, de representar a vida e o mundo. A maioria dos animais age por instinto. Aprender e criar coisas novas é, pois, uma característica típica do *Homo sapiens*. A aprendizagem não é apenas racional, intelectual. Se fosse assim, não teríamos toda a diversidade de culturas e comportamentos que caracteriza a humanidade. A aprendizagem envolve uma série de fatores cognitivos, orgânicos, psicossociais etc. Abrange nossos hábitos, nossa vida afetiva, nossas características físicas e a assimilação dos valores culturais presentes na sociedade que são transmitidos no contato entre as pessoas.

Então, o que, de fato, é aprendizagem? É um processo de mudança de comportamento que ocorre mediante uma experiência construída por fatores emocionais, neurológicos, relacionais e ambientais. É um processo por meio do qual a criança, por exemplo, se apropria ativamente do conteúdo da experiência humana, dos conhecimentos que seu grupo social experimenta e vivencia. O conhecimento resultante desse processo é construído e reconstruído continuamente.

Aprender é o resultado da interação entre as estruturas mentais e o meio, possibilitando ao sujeito atribuir significados à realidade. O conhecimento é produzido pela ação de um sujeito ativo, que almeja o saber, por intermédio de processos como o estudo, a pesquisa, a experiência, o raciocínio e a observação.

O conhecimento pode ser difundido mediante a transmissão ou a construção de um conhecimento novo advindo da prática da pesquisa. O ensino dissociado da pesquisa leva à reprodução de saberes já existentes. Por isso, a maioria dos países desenvolvidos investe na construção de novos conhecimentos. As multinacionais que contam com grandes laboratórios também investem em estudos desenvolvidos por universidades e outros centros de pesquisa, visando criar novos produtos e serviços.

Quanto à prática da transmissão ou da construção de conhecimento novo, segundo Fernández (2001a), a psicopedagogia tem como objetivo propiciar ao sujeito que aprende o desenvolvimento da autoria de pensamento, ou seja, afirmar uma atitude crítica diante dos fenômenos. A autoria de pensamento, no olhar de Fernández (2001a, p. 90), constitui "o processo e o ato de produção de sentidos e de reconhecimento de si mesmo como ser protagonista ou participante de tal produção". Trata-se de ir muito além da condição de reprodutor de uma situação ou realidade e passar a desenvolver o senso crítico e o potencial criativo.

Para tanto, é fundamental romper com a passividade diante de verdades preconcebidas. Isso quer dizer que a realidade precisa ser percebida como mutável, contraditória e passível de transformações, isto é, como produto de um contexto não linear sobre o qual a intervenção humana pode produzir efeitos, seja para o bem, seja para o mal.

5.1.1
Modelos de aprendizagem

A cada dia estamos mais distantes do olhar padronizador na educação que tanto influenciou gerações inteiras, pelo menos no âmbito das estratégias de aprendizagem que têm como ideal a educação democrática, com perspectiva transformadora. No decorrer do século XIX, os avanços alcançados nos estudos sobre a aprendizagem e as mudanças sociais que impactaram a educação comprovaram que a padronização do ensino é ineficaz, uma vez que existem diferentes modelos e tipos de aprendizagem.

Esses diferentes modelos e tipos são reflexos de uma grande variedade de correntes teóricas e se refletem no desenvolvimento de práticas pedagógicas dentro e fora da escola, na educação formal e na informal. As crianças do campo e da cidade aprendem de maneiras diferentes, assim como os jovens e os adultos. Não há, portanto, uma única estratégica didático-pedagógica que consiga atender plenamente a todos os contextos educativos e perfis de aprendentes.

Muitos pesquisadores têm-se preocupado em estudar a aprendizagem analisando os impactos de metodologias de ensino-aprendizagem eficientes na construção de saberes, com o objetivo de apontar e sistematizar aquelas que são adequadas. Essa sistematização passa pela construção de modelos de aprendizagem, que podem ser definidos como maneiras ou processos específicos por meio dos quais os sujeitos aprendem ou constroem seus conhecimentos.

Os modelos de aprendizagem revelam como se concebe o ato de aprender. As maneiras de conceber o aprendizado humano partem do olhar do educador e, como afirma Portilho (2011, p. 5), "evidenciam os valores e as crenças que norteiam a nossa maneira de ser, pensar, sentir, agir e interagir, muitas vezes de forma desordenada e confusa". As concepções de aprendizagem, portanto, resultam de como o profissional se posiciona diante daquilo em que ele acredita e dos valores incorporados à sua personalidade.

A concepção de aprendizagem que defendemos, por conseguinte, não é isolada daquilo que somos e em que acreditamos. Ela está articulada à nossa visão de escola, infância, adolescência, família e sociedade, bem como à nossa visão de docência e da relação professor-aluno. Ela se relaciona, ainda, com nossa capacidade de interagir com o outro.

Portilho (2011) aponta a coexistência de concepções de aprendizagem, em um mesmo espaço familiar, cultural ou educativo, que tendem a valorizar o aluno. Essas concepções, segundo a autora, interferem de diferentes maneiras no ato de aprender:

> a chamada visão apriorística, ou o professor, a chamada visão empirista, ou ainda a visão que propõe a interação entre aluno e professor, a chamada visão interacionista. Tais concepções fazem avançar, retardar ou até impedir que a aprendizagem se produza, quando os implicados no processo educativo se inclinam mais a uma perspectiva em detrimento de outra. (Portilho, 2011, p. 16)

Tomando como base a maioria dos teóricos e seus conceitos de aprendizagem e as práticas educativas predominantes nas escolas, nas famílias e na sociedade, Portilho (2011) destaca duas principais teorias da aprendizagem: a comportamental e a construtivista. A primeira foi desenvolvida por autores como Ivan Pavlov (1849-1936), John B. Watson (1878-1958) e Burrhus F. Skinner (1904-1990). A segunda teve como alguns de seus principais representantes Robert Gagné (1916-2002), Jean Piaget (1896-1980) e Lev Vygotsky (1896-1934).

Quadro 5.1 – Teorias da aprendizagem e suas características

Teoria da aprendizagem	Características
Visão comportamental	Também conhecida como *teoria behaviorista* (do inglês *behavior*, "comportamento"), a teoria comportamental tem como objeto de estudo o comportamento, que deve ser entendido como resultado da interação entre o ser humano e o ambiente que o cerca. Empregam-se métodos científicos compatíveis com os das ciências naturais e adota-se uma visão mecanicista (relação causa e efeito). Pode-se definir a psicopedagogia comportamental como a utilização da análise do comportamento aplicada à educação. O papel do psicopedagogo é analisar as contingências que geram dificuldades de aprendizagem.
Visão cognitivista	A teoria cognitivista atribui a conduta a determinadas estruturas mentais complexas e a certos mecanismos de caráter interno. Tem seu foco no sistema cognitivo, entendendo-se que o ser humano realiza processos de elaboração que interferem no comportamento. Confere destaque ao conceito de inteligência, que se desenvolve mediante processos de assimilação e adaptação. Propõe o conceito de sujeito cognoscente, isto é, o sujeito do conhecimento. O psicopedagogo cognitivista deve debruçar-se sobre a produção escolar do aprendente à luz dos parâmetros do desenvolvimento e sobre a articulação entre essa produção e o nível de pensamento do sujeito.

Fonte: Elaborado com base em Barone; Martins; Castanho, 2013; Portilho, 2011.

Para saber mais

O livro a seguir indicado traz uma seleção de importantes teóricos internacionais sobre as teorias da aprendizagem. A variedade de perspectivas da aprendizagem apresentada oferece ao leitor uma visão rica e ampla sobre o assunto.

ILLERIS, K. (Org.). **Teorias contemporâneas da aprendizagem**. Tradução de Ronaldo Cataldo Costa. Porto Alegre: Penso, 2012.

Todas as teorias da aprendizagem surgidas no século XX, do behaviorismo ao construtivismo, bem como as contribuições de autores como Skinner, Piaget, Ausubel, Dewey, Bandura e Sweller, são discutidas de maneira clara e descomplicada na obra a seguir.

MOREIRA, M. A. **Teorias de aprendizagem**. Rio de Janeiro: LTC, 2021.

A **visão comportamental** parte da ideia de que os comportamentos dos indivíduos são, ao mesmo tempo, observáveis, mensuráveis e controláveis, como ocorre nas ciências naturais, cujos métodos seriam coerentes essa perspectiva. Essa abordagem pressupõe uma relação mecanicista de causa e efeito entre os eventos, que seria proporcionada por mecanismos cerebrais, de tal modo que, para cada grupo de estímulos, o indivíduo produz comportamentos diferentes.

Assim, na análise do comportamento dos indivíduos, deve-se observar centralmente aquilo que é aprendido via interação com o ambiente. Nesse sentido, existem dois tipos de comportamento: o comportamento respondente e o comportamento operante. O primeiro é conhecido como *comportamento reflexo*, pois é involuntário (a contração pupilar diante da luz é um exemplo). O segundo é voluntário e definido por suas contingências; ele gera uma consequência que reforça ou enfraquece o comportamento que o originou.

No comportamento operante, o sujeito modifica as contingências, que são decorrentes do ambiente, agindo, portanto, em razão das consequências de seus próprios atos. De acordo com Piccinato, Savoia e Duarte (2013, p. 86), a relação estabelecida nesse paradigma "não é mecânica como a que ocorre no comportamento respondente, mas selecionista, ou seja, o indivíduo se comporta e produz consequências; a partir destas, o comportamento poderá ou não ocorrer novamente".

As consequências produzidas por esse comportamento podem ser definidas como reforçadoras ou punitivas. As consequências reforçadoras dizem respeito à situação em que o comportamento volta a ocorrer com regularidade no futuro. As consequências punitivas, por sua vez, relacionam-se com a perda de reforçadores positivos ou com o ganho de reforçadores negativos. Qualquer consequência que reduza a força de um comportamento que a antecede é considerada punitiva.

No campo da psicopedagogia, surge a psicopedagogia comportamental. Seu papel seria o de aplicar a análise do comportamento ao ato de aprender. Nesse contexto, o papel do psicopedagogo seria o de analisar as contingências que geram dificuldades de aprendizagem. Conforme Piccinato, Savoia e Duarte (2013, p. 94), por meio da análise das contingências que justificam as dificuldades de aprendizagem,

> o psicopedagogo comportamental deve alterar as condições antecedentes e programar consequências reforçadoras para que ocorra aquisição e enriquecimento de repertório acadêmico, desenvolvimento do funcionamento global, diminuição dos comportamentos que interferem na aprendizagem,

apoio e orientação de familiares, organização do ambiente para favorecer o desenvolvimento da autonomia, atenção e hábitos de estudos.

Segundo Portilho (2011, p. 18), a marca desse paradigma está no "valor do ambiente estimulador e nos resultados provenientes dessas condições (quantidade de associações realizadas entre estímulos e respostas, ignorando, portanto, os processos intermediários entre eles)". Na perspectiva dos comportamentalistas, os processos de aprendizagem consistiriam, em sua essência, no somatório das contingências de elementos e fatos que interferem no ambiente em que se aprende.

A **visão cognitivista** tem seu foco no sistema cognitivo, pois parte da ideia de que o ser humano realiza processos de elaboração que interferem no comportamento. Aqui, consideramos que o paradigma cognitivista se refere a um conjunto de propostas que, conforme Portilho (2011), concebem a conduta e o conhecimento humano com base nas representações provenientes da mente e estudam os processos que transformam ou manipulam essas representações.

E o que é cognição? Trata-se de uma função psicológica que envolve diversos fatores (como o pensamento, a linguagem e o raciocínio) e que faz parte do desenvolvimento intelectual do indivíduo, interferindo até mesmo no desenvolvimento da afetividade, da moralidade, da inteligência e da aprendizagem. Para Portilho e Barbosa (2009, p. 13), a concepção de aprendizagem cognitivista discute a diferença entre aquisição da informação e aquisição do conhecimento, considerando "os protagonistas do processo de aprender e ensinar como sujeitos inteiros, mas compostos pelas dimensões do pensamento, do sentimento, da ação e da interação".

A visão cognitivista confere destaque ao conceito de inteligência, função que se desenvolve por meio dos processos de assimilação e adaptação. A assimilação consiste na incorporação de um novo objeto (realidade exterior) ou de uma nova ideia às estruturas já construídas ou consolidadas pelo sujeito. A adaptação, por sua vez, é a capacidade do organismo de se ajustar a um novo objeto (realidade exterior), alterando os esquemas de ação adquiridos com o intuito de se adequar ao objeto recém-integrado, o que modifica a organização do sujeito.

O conceito de sujeito cognoscente (isto é, o sujeito do conhecimento, aquele que realiza o ato de conhecer por meio do pensamento) é o que dá base à visão cognitivista. Para Gouveia (2013, p. 124), a concepção de sujeito cognoscente, presente na teoria de Piaget, sinaliza alguém que "está no final do processo de desenvolvimento e o seu processo de constituição equivale ao processo de constituição da inteligência. [...] o primeiro passo na constituição do sujeito do conhecimento é a diferenciação entre o eu e a realidade externa, a constituição de um eu corporal, o eu da ação".

É preciso que o psicopedagogo se debruce sobre a produção escolar do aprendente à luz dos parâmetros do desenvolvimento e na articulação entre essa produção e o nível de pensamento. Nesse sentido, cumpre papel relevante, por exemplo, a aplicação das chamadas *provas operatórias*, também conhecidas como *provas piagetianas*, que indicam a articulação entre a produção escolar e o nível de pensamento.

Elas são um importante instrumento de diagnóstico, junto a outros instrumentos, como a psicanálise.

Gouveia (2013) afirma que, muitas vezes, a psicopedagogia tem-se utilizado da psicanálise para avançar na compreensão dos problemas de aprendizagem e das defasagens cognitivas. Segundo a autora, "Nem por isso [a psicopedagogia] abandona a teoria piagetiana e os parâmetros do desenvolvimento que ela fornece, pois os problemas de aprendizagem se apresentam como defasagens no que é esperado da criança e do adolescente, em relação ao que é esperado para sua idade e escolaridade" (Gouveia, 2013, p. 153).

Outra vertente da abordagem cognitivista da aprendizagem se expressa na teoria histórico-cultural de Lev Vygotsky, que estabelece a interação social como motor da transformação do indivíduo. Nessa concepção, as teorias que privilegiam o desenvolvimento individual da criança são substituídas por uma visão que percebe o desenvolvimento na interação com a sociedade, entendendo-se que se produz cultura em um processo de troca com os outros indivíduos.

Nessa perspectiva, pensar no desenvolvimento humano passa, necessariamente, por abordar a dimensão social. É em meio ao coletivo de pessoas que o homem nasce e se desenvolve. Nele, o ser humano constitui-se em sua relação com o outro social, situação que lhe impõe desenvolver-se em meio a um grupo que produz cultura. O ser biológico também se modifica mediante o contato social. A ideia de funções mentais fixas e imutáveis é substituída por uma ideia de plasticidade, considerando-se que o desenvolvimento individual e a história da espécie acabam por promover alterações no funcionamento do cérebro.

Assim, a interação e, sobretudo, a mediação são elementos centrais no processo de aprendizagem. Na visão vygotskiana, não é o nível de desenvolvimento do indivíduo que determina o que ele aprende, e sim o ensino e a aprendizagem, ou seja, a mediação. É ela que permite o desenvolvimento, que parte de um nível de desenvolvimento real para um nível potencial. A diferença ou o intervalo entre esses dois polos constitui a zona de desenvolvimento proximal (ZDP), isto é, a distância entre o que a criança consegue fazer de maneira independente e o que ela consegue fazer com a ajuda de alguém, em um nível de desenvolvimento mais avançado.

5.2
Pichon-Rivière e a psicopedagogia institucional

Já ressaltamos que, no campo da psicopedagogia clínica, predomina uma abordagem individualizada das questões do aprender (especialmente quando se realiza a avaliação psicopedagógica), ao passo que, na esfera da psicopedagogia institucional, prevalece um viés coletivo, compreendendo-se que o grupo (e não o indivíduo) é o sujeito do processo de aprender.

O foco da psicopedagogia institucional escolar, por conseguinte, é o coletivo, e não o sujeito individual. Na escola, a aprendizagem se desenvolve tendo como centro a interação social entre os discentes e os outros atores do processo educativo, como os pais e os docentes. Essa interação produz um contexto no qual, segundo Font e Gallart (2000, p. 14), "as ações dos participantes adquirem significado e sentido e as habilidades (ou inabilidades) mentais são construídas". A análise do coletivo, do grupo, ganha centralidade em trabalhos como o da psicopedagogia institucional.

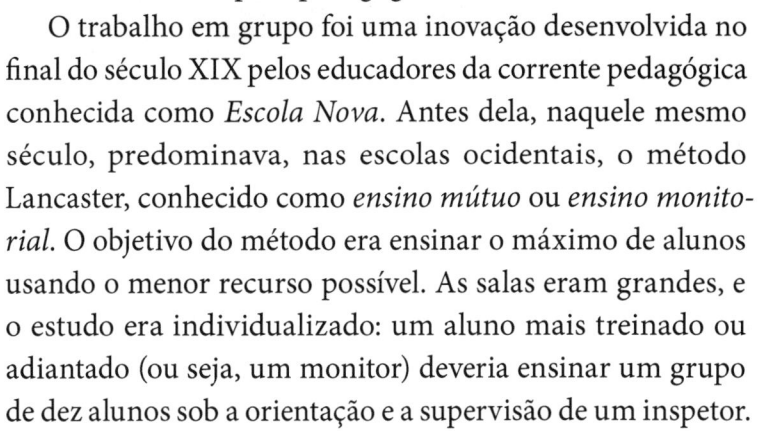

O trabalho em grupo foi uma inovação desenvolvida no final do século XIX pelos educadores da corrente pedagógica conhecida como *Escola Nova*. Antes dela, naquele mesmo século, predominava, nas escolas ocidentais, o método Lancaster, conhecido como *ensino mútuo* ou *ensino monitorial*. O objetivo do método era ensinar o máximo de alunos usando o menor recurso possível. As salas eram grandes, e o estudo era individualizado: um aluno mais treinado ou adiantado (ou seja, um monitor) deveria ensinar um grupo de dez alunos sob a orientação e a supervisão de um inspetor.

Para saber mais

O livro a seguir aborda a história da educação brasileira, desde suas origens indígenas até os dias atuais, concentrando-se no estudo das ideias pedagógicas que predominaram em cada período e que se colocaram no centro da disputa dos projetos educacionais do país. Pode ser considerado um verdadeiro roteiro das ideias que disputaram corações e mentes de educadores brasileiros. Também trata do ensino mútuo ou monitorial.

SAVIANI, D. **História das ideias pedagógicas no Brasil**. Campinas: Autores Associados, 2014.

> Com uma reconstrução interpretativa geral da história da pedagogia no Ocidente, o livro a seguir aborda um longo período histórico que parte da Antiguidade Clássica, passa pelo período medieval e pela modernidade e chega aos tempos atuais. Para cada período histórico, o autor descreve o pensamento educativo hegemônico, revela as ideias contra-hegemônicas, cita os autores mais importantes e apresenta suas instituições pedagógicas.
>
> CAMBI, F. **História da pedagogia**. Tradução de Álvaro Lorencini. São Paulo: Ed. da Unesp, 2002.

O estudo individualizado e as estratégias de aula centradas no professor refletiam, no âmbito da escola, a influência do paradigma produtivo industrial, fundamentado na divisão social do trabalho e na submissão do operário à gerência capitalista centralizada, que controlava o trabalho da maioria. A sala de aula lancasteriana era uma adaptação da linha de produção industrial, considerada um paradigma de progresso no contexto da Segunda Revolução Industrial e incrementada em direção à administração científica da produção no final do século XIX.

Como contraponto à escola tradicional e doutrinária, cujo modelo mais representativo era a escola de Lancaster (o ensino mútuo), emergiu no final do século XIX o escolanovismo, que propunha uma escola inovadora e questionadora. Tendo como um de seus representantes o psicólogo norte-americano John Dewey (1859-1952), o movimento defendia a máxima do "aprender fazendo", dando destaque para as atividades teórico-práticas em sala de aula e para as práticas laboratoriais. Com a cada vez maior incorporação da psicologia à educação, os escolanovistas ressaltavam a importância da socialização das crianças como parte do aprendizado, com o desenvolvimento de atividades como o trabalho em grupo.

Os renovadores da escola acreditavam em uma instituição democrática, na qual o conhecimento seria constituído por meio de consensos nascidos como produto de discussões coletivas feitas entre os alunos e coordenadas pelo professor. O intercâmbio de pensamento seria fundamental para que os alunos partilhassem experiências. Nesse sentido, a escola seria o espaço propício para estimular práticas conjuntas e promover situações de cooperação, evitando-se tratar os alunos como indivíduos isolados. Dessa forma, a troca de conhecimentos e experiências em um ambiente de cooperação cumpriria um papel fundamental na educação da criança, incentivando a vivência grupal.

A ideia de cooperação associada à de experiência fundamenta grande parte do pensamento da Escola Nova e de seu ideário renovador, antecipando uma tendência que se estenderia ao ambiente produtivo, sobretudo nas fábricas, com os novos arranjos surgidos em especial no último quartel do século XX, com o propósito de, ao menos superficialmente, dar mais iniciativa ao operário e estimular o trabalho em grupo.

Para saber mais

Para conhecer os conceitos de experiência e de educação, considerados fundamentais para a compreensão da pedagogia e de todo o pensamento escolanovista, recomendamos a obra a seguir. A teoria da experiência em sua relação com o fazer educativo é peça-chave da teoria pedagógica e da filosofia da educação da Escola Nova.

DEWEY, J. **Experiência e educação**. São Paulo: Vozes, 2011.

O século XX foi marcado por profundas mudanças na organização do processo de trabalho. Os modelos taylorista, fordista e toyotista se constituíram em verdadeiros paradigmas de organização social, influenciando empresas e outras instituições. Para aprofundar mais o estudo sobre o assunto, sugerimos a leitura da obra a seguir, na qual o autor descreve os principais aspectos que caracterizam esses modelos, bem como a forma como eles impactam as relações de trabalho e o conjunto da vida social.

PINTO, G. A. **A organização do trabalho no século XX**: taylorismo, fordismo e toyotismo. São Paulo: Expressão Popular, 2007.

Como afirmamos anteriormente, Enrique Pichon-Rivière é uma das maiores referências no estudo do grupo no campo da psicopedagogia, mais precisamente no que se refere ao grupo operativo. Segundo o pesquisador, é possível falar em *grupo* quando pessoas movidas por necessidades afins se reúnem em torno de algo comum. O grupo não se constitui, pois, em um ajuntamento de vários indivíduos. A *trama grupal*, utilizando as palavras de Freire, Camargo e Martins (1997, p. 22), é "onde se joga com papéis precisos, às vezes com estereótipos, outras inabaláveis, não é, portanto, um amontoado de indivíduos".

Os agrupamentos humanos agem com base em padrões de comportamento que desenvolvem. Esses padrões são denominados *suposições básicas*, isto é, "emoções que são muito intensas e sua origem é identificada como primitiva, assim justificando o nome 'básica'" (Palermo, 2016, p. 70). Nos grupos, há dois níveis de funcionamento psíquico: o consciente e o inconsciente.

Funciona mais ou menos assim: torna-se muito difícil compreender como se comporta um agrupamento humano sem observar a presença das emoções intensas, que atuam no nível do inconsciente e são vivenciadas por todos os membros do grupo. Para Palermo (2016, p. 70), é factível afirmar que "por trás das relações de grupo há elementos inconscientes que se repetem e se alternam (suposições básicas)". Esses elementos subjetivos, portanto, têm forte poder sobre como pensa e como age o coletivo de pessoas que forma o grupo.

Há três níveis para explicar o funcionamento dos grupos: o grupo de trabalho, as suposições básicas e a mentalidade de grupo. O **grupo de trabalho** se refere ao fazer propriamente dito, vinculado aos objetivos precípuos do coletivo, e à implementação das tarefas definidas. As **suposições básicas**, por sua vez, baseiam-se nas emoções fortes que influenciam o grupo. Têm a ver com a maneira como os membros se articulam espontaneamente e se associam de modo voluntário. Por fim, a **mentalidade de grupo** resulta da mediação entre o produto final do fazer (baseado na racionalidade) e o elemento inconsciente, que é compartilhado por todos os membros e conduz o coletivo a determinado resultado.

Sabemos que, segundo Enriquez (2001), uma das características de todo grupo é que este só se constitui em torno de uma ação a realizar, de um projeto a executar ou de uma tarefa a cumprir. De acordo com o autor, "Um projeto comum significa, de início, que o grupo possui um sistema de valores suficientemente interiorizado pelo conjunto de seus membros, o que permite dar ao projeto suas características dinâmicas (fazê-lo passar do estágio de simples plano ao estágio da realização)" (Enriquez, 2001, p. 61).

Um grupo, portanto, não nasce do abstrato. Ele resulta de interesses concretos, objetivos, de um coletivo e que são a razão de sua existência.

Kurt Lewin

O psicólogo polonês naturalizado estadunidense Kurt Lewin (1890-1947) também promoveu importantes reflexões no tocante às dinâmicas de grupo. Um dos objetivos de Lewin era estudar a interdependência entre o sujeito e o grupo social (ou grupos sociais) ao qual está vinculado. Ele foi o criador da teoria de campo, conceito que procura abarcar um conjunto de realidades físicas e psicológicas em mútua interdependência, e era adepto da pesquisa-ação, método de investigação participativo que dá relevância aos estudos das interações humanas, especialmente às trocas simbólicas em grupos específicos.

De acordo com Lewin (1973), no estudo dos grupos minoritários e de outros que ocupam posição pouco favorável (como os judeus em alguns países), todo julgamento, compreensão ou percepção é impossível sem um ambiente correlato que lhe permita o desenvolvimento. Para ele, o estudo das ações humanas no contexto desses grupos depende, em grande parte, do terreno em que elas se situam. Assim, "a firmeza de suas ações e a clareza de suas decisões dependem, em grande parte, da estabilidade deste 'terreno', embora ela própria possa nem ter consciência de sua natureza [...]. O que quer que uma pessoa faça ou deseje fazer, deve ter um 'terreno' em que situar-se" (Lewin, 1973, p. 159).

Um dos elementos mais relevantes no terreno em que o indivíduo atua, segundo Lewin (1973), é o grupo social ao qual ele está vinculado. Com base nessas preocupações, o autor desenvolveu a teoria da dinâmica dos grupos, na qual procurou descrever como se constituem a estrutura, as relações de poder e a comunicação do grupo, internamente e para fora.

Adepto da psicoterapia grupal, Pichon-Rivière partiu do entendimento da influência do grupo familiar em seus pacientes. Nos marcos desse modelo de terapia, ele incorporava uma didática peculiar, de viés interdisciplinar: uma visão de mundo originária da psicologia social, em que o homem é percebido como um ser social, inserido em um contexto histórico. O homem vive em comunidade; é um sujeito que se agrupa e faz parte de coletivos, como a escola e a família.

A psicologia social é entendida como um campo do conhecimento que estuda os vínculos e outras formas de relacionamento interpessoal. Sua particularidade reside no fato de ser uma ciência operativa e instrumental. Pichon-Rivière a percebe como a ciência das interações, voltada para uma mudança social planificada. A consequência de suas reflexões é a ação voltada à transformação social, da qual decorrem dois campos investigativos: a psicologia social acadêmica (direcionada a uma reflexão teórica que tenta fazer uma síntese de teoria e prática) e a linha da práxis (relacionada à ação social que resulta da confrontação entre teoria e prática e vice-versa).

Pichon-Rivière (1998a, p. 125) inspirou-se na preexistência, em cada um de nós, de um esquema referencial que nada mais é que um "conjunto de experiências, conhecimentos e afetos com os quais o indivíduo pensa e age". A didática interdisciplinar adquire unidade por meio do trabalho em grupo e "promove, [...] nesse grupo ou comunidade, um esquema referencial operativo sustentado pelo denominador comum dos esquemas prévios" (Pichon-Rivière, 1998a, p. 125).

Procurando desenvolver essa ideia de didática interdisciplinar, o autor criou um instrumento único denominado *Esquema Conceitual Referencial e Operativo* (Ecro), orientado para a aprendizagem por meio de tarefas e operações efetivas. Trata-se de um conjunto organizado de conceitos amplos, de cunho teórico, que se remetem a um aspecto do real, a um universo de discurso, o que propicia uma aproximação instrumental ao objeto particular e concreto. O Ecro, conforme Pichon-Rivière (1998a), constitui-se de três grandes campos disciplinares que o fundamentam: as ciências sociais, a psicologia social e a psicanálise.

Para abordar um objeto com tais características, Pichon-Rivière criou uma didática "interdisciplinar e grupal, acumulativa, de núcleo básico, instrumental e operacional"

(Pichon-Rivière, 1998a, p. 167), embasada no conceito de interciência, rompendo com uma percepção fragmentada do saber e dialogando com diversas áreas do conhecimento. Na medida em que se trata da abordagem interdisciplinar de uma situação social, afirma o autor, entende-se que essa metodologia compreende o estudo em detalhe, em profundidade e no âmbito total de todas as partes de um problema (Pichon-Rivière, 1998a).

Cumpre-se, assim, uma das regras essenciais da técnica de grupos operativos: "quanto maior a heterogeneidade dos membros, e maior a homogeneidade da tarefa, maior a produtividade" (Pichon-Rivière, 1998a, p. 168). Essa regra fundamenta-se na necessidade de se trabalhar com grupos formados por componentes de diversas especialidades relacionadas com o problema sob investigação.

5.3
Processo grupal

De acordo com a didática proposta por Pichon-Rivière, a aprendizagem estrutura-se como um processo contínuo, com oscilações, no qual se articulam os momentos do ensinar e do aprender que acontecem com o aluno e com o docente, como um todo estrutural, dinâmico e multidirecional.

Segundo o autor, o grupo operativo assemelha-se ao funcionamento do grupo familiar e pode ser definido como um "conjunto de pessoas reunidas por constantes de tempo e espaço, articuladas por sua mútua representação interna"

(Pichon-Rivière, 1998a, p. 159), na qual se propõe, implícita ou explicitamente, uma tarefa que constitui sua finalidade. Mais resumidamente, podemos definir o **grupo operativo** como um coletivo de pessoas centradas em uma tarefa a ser executada.

Essa tarefa deve estar clara, nítida e pode constituir-se em uma situação de aprendizagem, na cura (no caso de abranger grupos terapêuticos, em se tratando de um problema de saúde) ou no diagnóstico de um problema que vem sendo enfrentado por uma organização (escola, empresa ou instituição da sociedade civil). Outra tarefa a ser executada, subjacente à primeira, é a identificação de um obstáculo que dificulte a aprendizagem ou a comunicação, atrapalhando toda a situação.

Uma figura que cumpre uma função essencial no grupo é o coordenador. Ele exerce um papel de prescritor, ou seja, de orientador: ajudar os diferentes membros do coletivo a pensar e refletir sobre o problema em particular e a situação como um todo. Atua também nas dificuldades da atividade e na rede de comunicações que se desenvolve no grupo.

O coordenador compõe o coletivo junto a um observador, que, em geral, não participa da dinâmica e tem como função recolher o material expresso de forma verbal e pré-verbal no coletivo, reabastecendo o coordenador com informações importantes para nortear os participantes.

Outro elemento importante, de acordo com Pichon-Rivière, é a construção de uma escala de avaliação que permita uma classificação básica de modelos de conduta global. Segundo o autor, "A constatação sistemática e reiterada de certos fenômenos grupais, que se apresentam em cada sessão, nos tem permitido construir uma escala de avaliação básica através da classificação básica de modelos de conduta global" (Pichon-Rivière, 1998a, p. 170). Essa escala deve ser a base referencial para a construção de análises e a realização de interpretações. A categorização decorrente dessa escala é composta pelos seguintes vetores: afiliação, pertença, cooperação, pertinência, comunicação, aprendizagem e telê.

Quadro 5.2 – Escala de avaliação básica do grupo operativo: categorias

Vetor	Característica
Afiliação	Refere-se ao grau de identificação do indivíduo com os fenômenos grupais.
Pertença	Está relacionado com o nível de integração ao grupo.
Cooperação	É o nível de distribuição da tarefa no grupo.
Pertinência	É o grau de concentração do grupo na tarefa prescrita, depois de se esclarecer em que ela consiste e quais são seus objetivos.
Comunicação	Diz respeito ao diálogo (verbal ou não) entre os membros.
Aprendizagem	É obtida pela somatória de informações dos integrantes do grupo.
Telê	Consiste na disposição para se trabalhar com um membro do grupo.

Fonte: Elaborado com base em Pichon-Rivière, 1998a.

Pichon-Rivière destaca como situação central do grupo operativo a atitude de seus membros diante do fator mudança, atitude que se manifesta em termos de incremento ou resolução da ansiedade depressiva ou paranoide, de perda ou ataque, que coexistem ou cooperam no que se refere a tempo e espaço. Conforme o autor, sua insistência "acerca do caráter central da situação de estereótipo ou à resistência à mudança está ligada, dentro do Esquema conceitual, referencial e operativo, de acordo com o qual pensamos e atuamos [...] acerca da existência de um núcleo depressivo patogenético que se dá em intensidades diferentes no indivíduo normal, neurótico e psicótico" (Pichon-Rivière, 1998a, p. 172).

Esse núcleo depressivo "é responsável pela pauta estereotipada de conduta como resultante de uma situação de estancamento no processo de aprendizagem da realidade e de deterioração da comunicação, viciando a abordagem do objeto de conhecimento e da situação de tarefa" (Pichon-Rivière, 1998a, p. 174).

Outro fenômeno que ocorre reiteradas vezes na vivência grupal é o segredo familiar, ligado ao que chamamos de *mistério familiar*. Trata-se de um elemento que prejudica a comunicação entre os membros do coletivo, visto que, independentemente de significado imediato e aparente, traz consigo sentimentos e fantasias de culpabilidade.

O Ecro, segundo o autor, é o núcleo central da aprendizagem geral; permite integrar, por meio do grupo, as experiências que possibilitam a instrumentação, já que toda investigação coincide com uma operação. Nesse sentido, a teoria e a prática são integradas por meio de uma "força operativa, que está na base do método" (Pichon-Rivière, 1998a, p. 174).

O princípio de complementaridade deve comandar a relação de correspondência ou reciprocidade de papéis dentro de cada grupo. Esse é o fator que faz com que tais papéis sejam mais funcionais e substancialmente operativos.

Por outro lado, deve-se evitar o aparecimento do fenômeno da suplementaridade, ou seja, de papéis que se repetem total ou parcialmente. Nesse caso, o grupo é tomado por uma situação de competição entre seus membros, o que anula a realização da tarefa.

No grupo operativo, podemos distinguir claramente a existência de três momentos temporais durante a atividade: a abertura, o desenvolvimento e o fechamento. Recomendamos que as questões que marcam a abertura da sessão sejam minuciosamente registradas.

No que se refere ao trabalho grupal, são distinguíveis três instâncias específicas:

1. **Pré-tarefa** – Não constitui nenhuma preparação para a tarefa; é uma etapa lógica e não cronológica que descreve um momento de resistência à abordagem do objeto de conhecimento e à elucidação das consequências subjetivas e objetivas dos sujeitos com respeito à questão trabalhada.
2. **Tarefa** – É a instância em que o grupo caminha em direção ao seu objetivo. Consiste em um momento fundamental do processo de ensino-aprendizagem, uma atividade de caráter individual ou coletivo que parte de certas necessidades em direção a determinados objetivos específicos. A tarefa deve configurar-se em um processo inusual, peculiar, único. Nela, o objeto de conhecimento torna-se penetrável por meio de uma elaboração que rompe com a pauta estereotipada.
3. **Projeto** – Segundo Pichon-Rivière (1998a), está relacionado à conquista de uma pertença pelos membros do grupo. Como consequência, concretiza-se uma planificação, projeta-se o futuro e buscam-se objetivos que vão além do momento presente.

5.4
Relação professor-aluno na instituição

Como apontamos anteriormente, para que se constitua uma situação de aprendizagem, necessita-se de um sujeito que ensina (ensinante) e de outro que aprende (aprendente) que estabeleçam entre si uma relação em função de outra relação de ambos com um terceiro elemento: o conhecimento.

A relação do ensinante com o conhecimento consiste em propiciar a mediação, ou seja, a apropriação deste pelo aprendente. Nesse sentido, quando falamos da relação professor-aluno, estamos falando de uma relação decisiva que fornece o alicerce para a transmissão do conhecimento. A mediação é uma categoria central no estudo do desenvolvimento humano. De acordo com Martins, Castanho e Angelini (2013, p. 167), é por meio da mediação que a criança "pode traduzir o ambiente em que está inserida, direcionada pelo outro e construir gradativamente uma noção de si e da realidade. É o outro que atribui significado ao gesto da criança e aos objetos ao seu redor".

Para Vygotsky (2003), o outro cumpre papel fundamental na construção do saber. É graças ao outro que o sujeito aprendente é apresentado a situações que não pode vivenciar, que lhe chegam graças à transmissão cultural. É o outro que atribui significado aos objetos que rodeiam a criança, mas que ela não conhece. Conforme Vygotsky (2003, p. 40),

Desde os primeiros dias do desenvolvimento da criança, suas atividades adquirem um significado próprio num sistema de comportamento social e, sendo dirigida a objetos definidos, são refratadas através do prisma do ambiente da criança. O caminho do objeto até a criança e desta até o objeto passa através de outra pessoa. Essa estrutura complexa é o produto de um processo de desenvolvimento profundamente enraizado nas ligações entre história individual e história social.

Como explicam Martins, Castanho e Angelini (2013, p. 167), é por meio da atividade mediada pelo outro que "a criança é capaz de reconstruir individualmente o que foi recebido do meio cultural, organizando seus próprios processos mentais". Como decorrência, as representações mentais que substituem objetos do mundo real da criança se desenvolvem sobretudo pelos processos de interação, que levam ao aprendizado. É daí que surge o conceito de aprendizagem mediada.

No século XIX e durante grande parte do século XX, o professor era visto como o sujeito detentor do conhecimento, o verdadeiro dono do saber, aquele que tinha o monopólio da verdade científica. Ao longo das últimas décadas, porém, a escola e as pedagogias foram se transformando. Nesse sentido, o professor "dono" da verdade foi substituído pelo "professor-mediador" do saber.

As revoltas estudantis ocorridas no final da década de 1960 em diferentes países, como França, Estados Unidos, Inglaterra, México e Brasil, mobilizaram milhares de jovens e os ajudaram a estabelecer uma atitude crítica e uma postura mais ativa diante dos modelos escolares vigentes. Embora a pauta dos protestos variasse de país para país, na maioria deles estava presente o questionamento dos modelos autoritários dominantes. Nas décadas seguintes, os desdobramentos das revoltas se estenderam por diversos países, com impactos na relação professor-aluno.

O conceito de mediação pedagógica surgiu no contexto da pedagogia progressista, caracterizada por uma nova relação professor-aluno e pela formação de cidadãos participativos e preocupados com a transformação e o aperfeiçoamento da sociedade. Antes dela, até a década de 1970, o sistema educacional brasileiro seguia a abordagem de ensino da pedagogia tecnicista, na qual cabia ao aluno assimilar passivamente os conteúdos transmitidos pelo professor.

> **Para saber mais**
>
> O livro a seguir trata essencialmente da pedagogia progressista, formulação de inspiração marxista que influenciou diversos pedagogos nos anos 1970. A obra defende um modelo de educação cujo objetivo é levar o aluno a um conhecimento pretensamente verdadeiro e científico, que traz a possibilidade de formação e posse de um conhecimento que o conduzirá a um horizonte democrático e libertador. Nele, a educação é pensada como uma ferramenta de transformação social, pois deve partir de uma análise crítica da realidade.
>
> SNYDERS, G. **Pedagogia progressista**. Coimbra: Almedina, 1974.

O professor que trabalha com a mediação do conhecimento deve colocar-se como um facilitador do processo de aprendizagem e colaborar para que o aprendiz, em seu dia a dia, alcance os objetivos almejados por meio de estratégias que o motivem a ocupar um papel ativo na construção do conhecimento, a ter uma postura crítica com relação aos conteúdos estudados e a conseguir relacionar dados específicos a informações gerais.

5.4.1
Papel da afetividade

A cada dia se dá mais importância à afetividade na relação professor-aluno no ambiente educativo, visto que ela tem grande relevância no desenvolvimento do indivíduo, especialmente no que concerne à cognição. A afetividade pode ser definida como a capacidade do indivíduo de ser afetado por fatores internos e externos, abrangendo sentimentos (de caráter psicológico) e emoções (de caráter físico).

A afetividade, de acordo com Moraes e Oncalla (2013, p. 208), tem seu domínio funcional

> marcado por um processo de evolução que acompanha o desenvolvimento do sujeito, ao logo da vida. Suas manifestações são, inicialmente, inconscientes, involuntárias e esporádicas, tornam-se conscientes e voluntárias. Gradativamente, a emoção dá espaço à atividade cognitiva, e ambas evoluem simultaneamente.

Além de ser um fator decisivo na formação do indivíduo, a afetividade é um instrumento de sobrevivência. No início da vida humana, a afetividade está vinculada às reações orgânicas e às interações sociais que envolvem o recém-nascido. Em seu primeiro ano de vida, a criança se utiliza de gestos e expressões carregadas de significados afetivos, anteriores à inteligência.

A afetividade tem uma grande relação com a cognição: o conhecimento é construído em um processo de interação entre a emoção e a razão, visto que há uma evidente relação entre o saber e a afetividade. Assim, podemos afirmar que a relação professor-aluno tem na afetividade um aspecto de extrema importância no processo de ensino-aprendizagem. O afeto é demonstrado por meio da existência de um vínculo, tendo profunda interferência nos atos do dia a dia.

Uma das mais relevantes investigações sobre o tema é a teoria do vínculo, de Pichon-Rivière (1998b). Segundo o pesquisador, o vínculo deve ser percebido como uma estrutura dinâmica em contínuo movimento, que incorpora um sujeito e um objeto. O vínculo se expressa em dois campos: o interno e o externo.

Cada indivíduo tem uma maneira peculiar de se relacionar com o outro, e o tipo de vínculo acaba determinando suas condutas. Na relação com o grupo, o sujeito desenvolve um tipo de vínculo, que pode ser normal ou patológico. Quanto maior a estreiteza entre o sujeito e o objeto, mais saudável o vínculo se tornará. Por outro lado, quanto menor a diferenciação ou maior o grau de dependência, maior será a patologia do vínculo.

Para Pichon-Rivière (1998b), portanto, o vínculo faz parte de nossa vida social, desde quando habitamos o útero da mãe até quando começamos nossa relação com o mundo exterior. Nesse sentido, iniciamos o estabelecimento de vínculos, por exemplo, ao ouvir a voz de nossos pais e familiares mais próximos. Com o passar do tempo, os vínculos acabam por se estabelecer como um elo de articulação interna dos componentes do grupo familiar, criando relações que acabam dando coesão ao grupo.

Em muitas situações, a falta de vínculo com o aluno interfere muito negativamente na aprendizagem, provocando um esfriamento no convívio entre professor e aluno, estimulando o aparecimento de um tipo de bloqueio na relação entre ambos e promovendo o desinteresse do aluno em relação, por exemplo, aos conteúdos estudados e às atividades desenvolvidas. A ausência da afetividade na relação entre educador e educando está, pois, na causa de muitos problemas vividos cotidianamente em sala de aula.

Por outro lado, se o docente tem um vínculo afetivo com o discente, os resultados podem ser extremamente favoráveis, uma vez que este terá desobstruído o caminho para o aprender. O afeto e a prática da docência estão profundamente ligados, e esse fator tem enorme importância no contexto escolar. Dessa maneira, todos os docentes necessitam desenvolver estratégias no sentido de criar um ambiente harmônico e afetivamente favorável no cotidiano da sala de aula. A existência de um elo entre o educador e o educando cria condições altamente benéficas para que haja uma boa interação entre os dois sujeitos do processo de construção do conhecimento.

Paulo Freire

O conceito de afetividade se coaduna com o de dialogicidade, desenvolvido pelo educador e filósofo brasileiro Paulo Freire (1921-1997). Segundo ele, a base da comunicação é o diálogo e é nele que a prática educativa ganha força. No exercício da fala emerge a palavra autêntica, que produz as dimensões da ação e da reflexão. Para que haja um efetivo diálogo, educador

> e educando têm de estar dispostos a falar e a escutar. A comunicação é uma via de mão dupla. Não se trata de somente o professor falar e os alunos escutarem, como acontecia na sala de aula tradicional (Freire, 2014).
>
> Freire (2014) enfatiza a necessidade de um diálogo verdadeiro, efetivo, desenvolvido entre iguais, que pode constituir-se como uma mola propulsora da transformação social. O ponto de partida do diálogo é a condição de o sujeito sair de si mesmo e abrir-se em relação ao outro. No diálogo, conforme Freire (2014, p. 97), não pode haver ignorantes absolutos, muito menos sábios totais, absolutos. No diálogo, há homens que, em comunhão, buscam saber mais. Para ele, a educação autêntica não se faz de A para B ou de A sobre B, mas de A com B.

Freire (2014) também denuncia o que ele chama de *educação bancária*, predominante na pedagogia de muitas escolas, que se caracteriza pela postura passiva do aluno. O papel do professor, nesse caso, seria "encher" os alunos de conteúdos, como se fossem um banco de dados vazio a ser preenchido. Os alunos, na educação bancária, são percebidos pelos professores como meros repetidores das informações recebidas e imitadores de um modelo predeterminado. Essa experiência vivenciada na educação seria reproduzida também nos outros ambientes sociais, e o resultado seria a formação de cidadãos sem espírito crítico, que se comportam como meros repetidores de ideias preconcebidas.

5.4.2
Aprendizagem e ativismo discente

Como destacamos anteriormente, no século XIX, nosso sistema de ensino foi marcado pela existência de um centralismo na figura do professor. O estudante era percebido como um sujeito passivo, e o professor era reconhecido como o detentor do conhecimento. Como consequência, a aula era considerada um momento de transmissão do saber por parte de um sujeito ensinante em direção a um sujeito que aprende. O professor se comportava como emissor de informações e o aluno como receptor.

Na escola tradicional, portanto, a relação ensino-aprendizagem era caraterizada pela predominância dos métodos de ensino que priorizavam a transmissão do conhecimento por parte do professor. No decorrer do século XX, entretanto, eles passaram a ceder espaço para metodologias de caráter mais participativo, com maior estreitamento da relação entre teoria e prática, aulas de perfil mais laboratorial e maior possibilidade de diálogo entre aprendentes e ensinantes.

Como também já apontamos, uma das mudanças metodológicas mais significativas foi a adoção do trabalho em grupo, que rompeu com a lógica individualista da aula e do relacionamento entre os alunos, substituindo-a por uma nova forma de interação, de caráter coletivo e cooperativo. Um dos maiores estudiosos da dinâmica de grupo foi Pichon-Rivière, que investigou o grupo em tarefa. Cooperação e experiência são ideias que fundamentaram grande parte do pensamento renovador da escola durante o século passado. Apesar de tudo isso, a aula expositiva ainda resiste.

No final do século XX e início do século XXI – contexto da passagem da sociedade industrial para a era digital, com transformações decorrentes da difusão das tecnologias de informação e comunicação, da popularização da internet e do uso de *notebooks, tablets* e *smartphones* conectados à rede –, passaram a ser difundidas internacionalmente as metodologias ativas de ensino, centradas no protagonismo do aprendente. Elas partem de uma crítica à sala de aula tradicional, fundada essencialmente na aula expositiva, considerada por muitos especialistas como um obstáculo a ser enfrentado no intuito de que a aprendizagem melhore.

Camargo e Daros (2018, p. XIX), ao tentarem demonstrar o que há de errado com a aula expositiva, afirmam que

> Ela é uma ótima maneira de ensinar, mas uma péssima maneira de aprender. Em uma exposição, o estudante sai com a falsa impressão de que aprendeu muito, mas, na verdade, aprendeu quase nada. Ele apenas teve contato com muitas informações, pode até tê-las compreendido, mas isso não significa que tenha aprendido, pois o aprendizado efetivo exige aplicabilidade do conhecimento compreendido para que ele possa ser cognitiva e mnemonicamente fixado de forma indelével.

Desse modo, os autores defendem a substituição da aula expositiva por estratégias que tenham o objetivo de fomentar o aprendizado ativo por parte dos alunos. E em que se baseiam, de fato, essas metodologias? De acordo com Camargo e Daros (2018, p. XIII), "As metodologias ativas baseiam-se em formas de desenvolver o processo de aprender, utilizando experiências reais ou simuladas, visando resolver os desafios da prática social ou profissional em diferentes contextos". Elas colocam o aluno como um sujeito efetivo do processo de aprendizagem, por isso propiciam atividades interativas com outros alunos, em que todos aprendem e se desenvolvem de maneira cooperativa. O professor deixa de ser o centro das atenções na aula para atuar como facilitador, tutor ou mediador do conhecimento.

São diversas as metodologias ativas de aprendizagem. Podemos elencar algumas delas:

1. **Aprendizagem baseada em projetos** – Consiste em um método por meio do qual os alunos constroem seus saberes de forma colaborativa, mediante a solução de desafios.
2. **Gameficação** – Baseia-se na utilização de elementos como jogos e desafios em situações de sala de aula.
3. **Sala de aula invertida** – Consiste em uma estratégia em que primeiro o aluno faz a internalização dos conceitos essenciais por meio da leitura de textos e/ou da apreciação de vídeos antes de aula para depois, na classe, debater o assunto, tirar dúvidas e fazer atividades/exercícios de verificação.
4. **Ensino híbrido** – Combina o método presencial e o ensino *on-line* com atividades em sala de aula e outros espaços.

Para saber mais

O principal de interesse da obra a seguir é a utilização das metodologias ativas de aprendizagem como ferramentas de renovação didático-pedagógica no âmbito das diversas etapas e modalidades de ensino. O livro aponta para a transformação das aulas em experiências de aprendizagem mais vivas e significativas, com a incorporação das tecnologias digitais.

MORAN, J.; BACICH, L. **Metodologias ativas para uma educação inovadora**: uma abordagem teórico-prática. Porto Alegre: Penso, 2017.

Uma proposta de reflexão sobre a inovação das metodologias de ensino, que podem ser divididas em ativas, ágeis, imersivas ou analíticas, é apresentada na obra a seguir. Segundo os autores, a pluralidade metodológica pode contribuir para a renovação da escola e para a modificação das estruturas convencionais do ensino.

FILATRO, A.; CAVALCANTI, C. C. **Metodologias inov-ativas**: na educação presencial, a distância e corporativa. São Paulo: Saraiva Uni, 2018.

Outro conceito que tem ganhado mais importância na educação contemporânea é o de aprendizagem colaborativa, que nada mais é que uma metodologia de ensino pautada na interação, colaboração e participação ativa dos alunos, em que se busca a conquista de conhecimentos novos por meio da aprendizagem compartilhada em grupos. Trata-se de um método centrado no todo (visão holística), buscando-se o compartilhamento de aprendizados, experiências e conhecimentos, com o intuito de promover transformações na vida das pessoas, seja de modo individual, seja de modo coletivo.

A aprendizagem colaborativa fundamenta-se na inteligência colaborativa e parte da ideia de aprender mediante a interação e a colaboração. Para Garbin (2011, p. 25), "compreende a elevação da consciência de cada pessoa para a importância da colaboração em seu cotidiano, de modo que influencie cuidadosa e responsavelmente em seu ambiente de convivência, objetivando uma vida mais sustentável e equânime da comunidade em que cada um vive". O conhecimento compartilhado situa-se em uma perspectiva de promoção de um aprendizado ativo, em que se objetiva proporcionar aos educandos a oportunidade de aprender a pensar e a perspectiva de construir o conhecimento de maneira conjunta, ampliando a aprendizagem para além de uma dimensão de caráter individual.

Muito utilizada na educação a distância, a aprendizagem colaborativa tem seu campo maior de existência em comunidades virtuais na internet. Busca-se o desenvolvimento desses espaços como efetivos meios de suporte para uma educação embasada na troca de saberes e na aprendizagem autônoma, ainda que alicerçada no compartilhamento. Colaborar e compartilhar conhecimentos desde sua elaboração até sua utilização faz parte de uma concepção de mundo. Possibilita o reconhecimento da construção do bem comum como algo essencial para todos e para cada um.

No conjunto dessas estratégias de aprendizagem, podemos perceber, em uma perspectiva histórica, uma tendência de mudança na relação professor-aluno. Outrora visto como detentor do conhecimento, "dono" de verdades inquestionáveis, a quem cabia transmitir conteúdos aos alunos, que tinham na disciplina e na obediência características entendidas como virtudes fundamentalmente necessárias para a obtenção do sucesso, o professor chega ao século XXI com seu papel inteiramente modificado.

Atualmente, o professor, atuando nas mais diversas áreas (como uma sala de aula de uma escola da educação básica ou de uma faculdade, como um palestrante ou como um treinador de equipes em grandes empresas), passa a ser visto não como uma autoridade, e sim como um sujeito cujo papel, em um contexto de aprendizado compartilhado e ativismo do aprendente, é ser um facilitador ou orientador que troca conhecimentos e experiências, em uma aprendizagem marcada pela dialogicidade, pelo estabelecimento de vínculos e pelo espírito crítico.

5.5
Atuação psicopedagógica integrada: o aluno e seus contextos

A escola não é formada por sujeitos isolados, que não se comunicam entre si e que pouco interagem. Pelo contrário, professores, psicopedagogos, demais profissionais que atuam na escola (especialistas em educação e profissionais de apoio), aprendentes regularmente matriculados, pais e demais familiares e responsáveis pelos alunos fazem parte de uma comunidade ampla, uma comunidade que compõe a instituição: a comunidade escolar.

A relação entre alunos, família e escola é essencial para dar um sentido de comunidade aos integrantes da instituição de ensino. A participação da família no cenário escolar é de fundamental importância, na medida em que a família é o primeiro contexto que tem o papel de promover um acolhimento da criança após seu nascimento. Segundo Comelles (2004), a família é o primeiro agente educativo e socializador, pois nela a criança encontra um sistema relativamente organizado que lhe dá o apoio psicológico e afetivo do qual precisa, desempenhando uma função básica indispensável para seu desenvolvimento e crescimento.

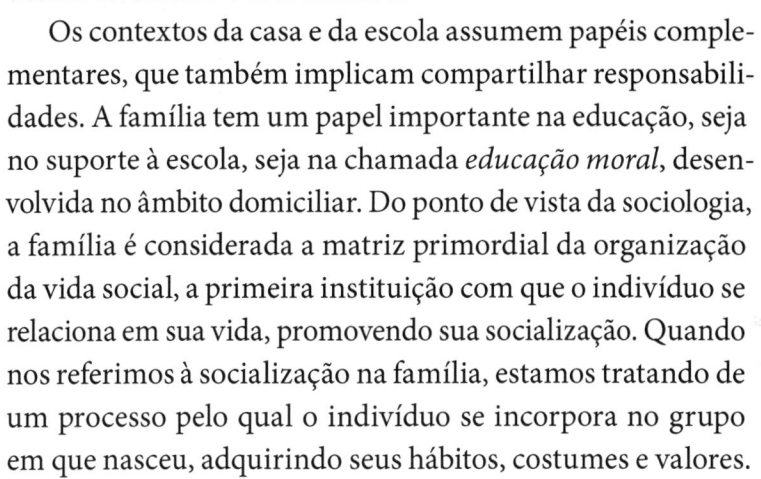

Os contextos da casa e da escola assumem papéis complementares, que também implicam compartilhar responsabilidades. A família tem um papel importante na educação, seja no suporte à escola, seja na chamada *educação moral*, desenvolvida no âmbito domiciliar. Do ponto de vista da sociologia, a família é considerada a matriz primordial da organização da vida social, a primeira instituição com que o indivíduo se relaciona em sua vida, promovendo sua socialização. Quando nos referimos à socialização na família, estamos tratando de um processo pelo qual o indivíduo se incorpora no grupo em que nasceu, adquirindo seus hábitos, costumes e valores.

Atualmente, contudo, não podemos continuar vendo a família à luz de um único modelo de estruturação. É mais correto falarmos em *famílias*, já que a sociedade comporta várias modalidades de agregados familiares, e necessita-se de um conceito que dê conta de toda a complexidade dos fatores que unem os indivíduos, seja por laços consanguíneos, seja por laços afetivos.

Para Comelles (2004), as mudanças sociais e comportamentais que têm ocorrido afetam o processo de socialização das crianças. Afirma a autora que, na sociedade contemporânea, em que as crianças têm pouco convívio cotidiano com adultos (irmãos, tios e avós, por exemplo), parte da "função educativa e socializadora, que era realizada pela família, é compartilhada com a escola, à qual são delegados, principalmente, os aspectos mais técnicos e sistemáticos na formação de seus futuros cidadãos" (Comelles, 2004, p. 96).

Ainda conforme Comelles (2004), muitos fatores influenciam o futuro das famílias. São mudanças que vão de alterações nos papéis sexuais à dissolução frequente do matrimônio, passando pela incorporação da mulher no mercado de trabalho. Essas questões ajudam a conferir um caráter plural ao perfil das famílias, que, longe de desaparecerem, passam por um processo de transformação permanente. Como consequência, as mudanças no perfil das famílias contribuem para alterações na relação com a escola.

De acordo com a autora, durante o século XX, o sistema educativo transformou-se em um sistema básico e, ao mesmo tempo, determinante para o desenvolvimento das sociedades modernas, que apoia e complementa a função educativa da família. Segundo Comelles (2004, p. 96), "Para que isso realmente aconteça, a família e a escola devem estar em colaboração, no entanto, os limites entre as funções educativas dos dois sistemas nunca estiveram claros, nem têm sido nitidamente definidos". Nesse sentido, a escola e a família são sistemas abertos, que se relacionam com outros sistemas e que também sofrem mudanças decorrentes de pressões internas (como mudanças no corpo docente) e externas (como reformas educativas).

Cada escola tem um clima organizacional (um tipo de indicador de satisfação de seus membros) próprio, que pode gerar um ambiente afetivo e relacional que contagia alunos, docentes e famílias. De acordo com Comelles (2004, p. 97),

"Esse clima afetivo cria-se a partir de sua história, da forma como tenta solucionar seus conflitos e os papéis profissionais que os diferentes membros vão assumindo neste processo". Assim, cada escola (do mesmo jeito que cada família) se torna diferente, do mesmo modo que, em cada uma delas, as relações entre pais e professores se desenvolvem com base em interações harmônicas e conflituosas entre os atores que a compõem.

Para Comelles (2004, p. 97), a escola e os profissionais que a integram deveriam considerar-se responsáveis pela existência de uma boa relação com os pais e familiares dos alunos, "criando um *feedback* positivo de início, esclarecendo qualquer dúvida ou dificuldade, aceitando discutir disfunções, ou problemas e tentando avaliar, escutar e, depois, decidir sobre as medidas apropriadas diante de qualquer decisão ou conflito". Nesse aspecto, o psicopedagogo pode cumprir um papel importante no intuito de melhorar o clima relacional da instituição com as famílias dos aprendentes.

5.5.1
O psicopedagogo na relação entre aluno, família e escola

Como já discutimos, a escola e a família têm uma relação de corresponsabilidade quando se trata da educação das crianças. Ambas as instituições compartilham espaços e desenvolvem níveis de relação que podem gerar uma boa comunicação ou um relacionamento marcado por tensões e conflitos. Geralmente, é quando os problemas se manifestam que surge uma demanda psicopedagógica, a qual pode ser advinda do professor, da equipe gestora ou de familiares de algum aprendente, manifestando-se a necessidade de alguma intervenção em nível de assessoramento.

E o que significa assessorar a escola e a família? Conforme Planas (2011), *assessorar* significa "sentar-se ao lado". Segundo a autora,

> realiza-se o assessoramento a partir de uma posição de proximidade, acompanhando os professores, os alunos e os pais naqueles momentos em que necessitam da ajuda de um profissional [...] que tem uma presença significativa na vida da escola [...] o assessoramento se fundamenta em um corpus de conhecimentos específicos que lhe dá sentido. Mas, aqui nos interessa destacar a importância dos aspectos relacionados em tal intervenção; poderia ocorrer o caso de um trabalho tecnicamente perfeito, mas que seja um fracasso ao não contemplar a criação da relação.
>
> Antes de iniciar uma relação com a família, o psicopedagogo ou assessor [...] deve perguntar sobre o que se espera de sua intervenção. As expectativas dos professores ou dos pais podem não se ajustar às atuações realizáveis; também podemos encontrar uma situação em que a escola ou a família queira que o psicopedagogo ajude a cumprir aquilo que a outra parte espera deles. Por exemplo, quando a escola quer que os pais colaborem mais em criar hábitos em seus filhos, ou quando a família pede à escola que ajude mais seu filho em autocontrole. Em ambos os casos, tanto os professores como os pais podem pedir a ajuda do assessor para que sua demanda "tenha mais força". (Planas, 2011, p. 155)

A autora conclui que um dos objetivos da intervenção psicopedagógica seria, então, o de facilitar e fomentar o conhecimento mútuo entre as duas instituições, procurando propor e introduzir novos mecanismos de comunicação entre ambas. Uma ferramenta importante nesse caso são as entrevistas conjuntas entre pais, professores e psicopedagogos. Além das entrevistas, é fundamental o compartilhamento frequente de espaços de participação dos três sujeitos, voltados à colaboração e à coordenação, em uma perspectiva sistêmica. Trata-se de "um espaço comum entre os três sistemas envolvidos (escola, família e assessor) em que se aborda a problemática apresentada, se compartilha-se a visão que cada parte proporciona e se buscam soluções consensuais, a partir de uma corresponsabilização" (Planas, 2011, p. 155).

Anteriormente, ressaltamos que a escola compartilha a educação da criança com a família. Nesse sentido, a criança tende a reproduzir no ambiente escolar os modelos de relacionamento que trouxe de casa. O contexto escolar, porém, introduz novos padrões, produzindo a aprendizagem de um novo repertório de competências. A escola promove, dessa maneira, uma socialização secundária, gerando uma nova relação com outras crianças e professores. Assim, a escola acaba representando um contexto ampliado, mais complexo, ao qual o indivíduo tem de se adaptar.

5.5.2
Pensamento sistêmico e estratégias de intervenção

Para dar conta de uma realidade complexa, o psicopedagogo precisa desenvolver um olhar sistêmico acerca de como tratar da relação entre família e escola. A concepção sistêmica permite perceber o mundo como uma teia de relações e conexões. Todos os fenômenos interligam-se, relacionam-se entre si e influenciam-se mutuamente. Assim, o pensamento sistêmico possibilita a compreensão das características dos subsistemas que compõem o todo e da natureza das interações desenvolvidas entre eles.

De acordo com Planas (2011), um enquadramento sistêmico estabelece um olhar sobre a conectividade relacional, compreendendo-se que tudo o que um sujeito faz se reflete nos demais, atuando sobre o sistema e recaindo sobre quem atua. Segundo a autora, "essa visão sistêmica também é válida para explicar a influência recíproca e circular que se dá entre nossas ideias, ações, percepções, sensações, que se influenciam entre si e influenciam o ambiente e vice-versa" (Planas, 2011, p. 161). Desse modo, toda mudança em uma das partes altera a outra, o que faz com que pequenas mudanças localizadas sejam bem-vindas, pois acabam tendo repercussão em outros aspectos do sistema.

Parte-se do pensamento sistêmico para um olhar estratégico sobre a relação entre família e escola, o qual deve envolver uma ampla noção de espaço e tempo e uma percepção do todo – em outras palavras, deve-se desenvolver uma abordagem sistêmica ou holística da situação. Usando uma metáfora, podemos afirmar que o profissional que planeja uma atuação deve procurar ver a floresta toda e não cada uma de suas árvores isoladamente.

Em termos de tempo, o estrategista precisa enxergar longe e estender seu horizonte temporal. Quanto à ação que se pretende realizar, esta deve centrar-se em objetivos a alcançar e em resultados a oferecer.

O enfoque estratégico e sistêmico, portanto, deve fundamentar-se em uma perspectiva globalizante, que considere todos os sistemas em interação. O conhecimento das estratégias baseadas em uma abordagem sistêmica, conforme Planas (2011, p. 162), "proporciona-nos uma visão ampliada do nosso campo de atuação e oferece-nos alternativas na comunicação com as famílias, abrindo-nos uma porta para uma relação construtiva".

5.5.3
Melhorando a relação entre família e escola

Quanto ao estabelecimento de condições positivas na relação entre família e escola, no sentido de que as crianças possam aprender melhor e consigam desenvolver melhor suas potencialidades, Comelles (2004, p. 98) afirma ser preciso que os dois contextos (o familiar e o escolar) "aceitem e respeitem suas respectivas metas e maneiras de fazer; trata-se de que tenham confiança mútua e de que sua relação seja positiva para que cada sistema dê a melhor resposta possível às necessidades de crescer e aprender das crianças". Cada sistema tem de sentir-se respeitado, compreendendo bem os limites do outro.

Comelles (2000) destaca as condições propostas pelo psicólogo russo-americano Urie Bronfenbrenner (1917-2005), conhecido por sua teoria dos sistemas ecológicos e estudioso da psicologia do desenvolvimento. Segundo ele, para que os dois contextos incrementem seu potencial educativo, necessita-se de confiança mútua, orientação positiva, metas em comum e um crescente equilíbrio entre poderes.

Quadro 5.3 – Condições para que família e escola incrementem seu potencial educativo

Condição	O que significa
Confiança mútua	Somente pelo respeito mútuo se pode assegurar uma relação positiva e de confiança entre a família e a escola. Muitas vezes, quando o clima de confiança mútua se enfraquece, cabe ao psicopedagogo agir no sentido de restabelecer a comunicação e a confiança.
Orientação positiva	É necessário adotar uma orientação positiva, ou seja, que destaca os aspectos positivos acima dos negativos, procurando neles os pontos de apoio que a família e o professor têm e aprendendo a reforçá-los e praticá-los.
Existência de metas comuns	É preciso conhecer bem cada sistema e ter clareza de suas finalidades. É necessário, também, aproximar-se e compartilhar as finalidades educativas com a criança, procurando estimular uma boa comunicação entre a família e a escola, além de um consenso entre essas duas partes. O psicopedagogo pode contribuir no sentido de desbloquear a relação.
Crescente equilíbrio entre poderes	Família e escola devem se sentir mutuamente apoiadas e valorizadas. Não é tarefa da escola impor determinados estilos à família nem limitar sua ação educativa. É mais importante estimular o sentimento de colaboração dos pais na ajuda oferecida aos filhos.

Fonte: Elaborado com base em Bronfenbrenner, 1987, citado por Comelles, 2000.

Pelo que observamos no Quadro 5.3, o psicopedagogo pode cumprir um papel significativo no sentido de incrementar o potencial educativo dos contextos familiar e escolar, restabelecer a comunicação e a confiança mútua entre eles, potencializar os aspectos positivos e minimizar os pontos negativos.

O psicopedagogo ainda pode contribuir no sentido de desbloquear a relação entre os dois sistemas, colaborando para a existência de metas comuns de aprendizagem e outros aspectos pertinentes da vida escolar. Outra linha de atuação é a busca de um crescente equilíbrio entre poderes, envolvendo família e escola. Ambas devem se sentir mutuamente apoiadas e valorizadas, com uma boa e permanente comunicação entre elas.

5.5.4
Família, escola e psicopedagogia: mediação e colaboração

Intervindo na escola, o psicopedagogo pode cumprir um relevante papel no sentido de favorecer a evolução da relação entre familiares e instituição de ensino. Essa evolução deve propiciar melhores condições para que se desenvolvam uma postura de efetiva colaboração entre as duas partes e uma *performance* das estratégias de ensino-aprendizagem mais satisfatória.

As intervenções do psicopedagogo também podem colaborar para reforçar os laços com as famílias das mais diversas maneiras, como nas atividades cotidianas voltadas ao enfrentamento das dificuldades de aprendizagem, no planejamento, na realização e na análise de entrevistas com os pais, nas reuniões com as famílias e com as equipes multiprofissionais da escola e até mesmo na mediação de conflitos, procurando-se conciliar as partes envolvidas.

O método de mediação de conflitos consiste em uma dinâmica na qual um ou mais mediadores facilitam a comunicação entre os sujeitos que buscam a solução de um problema. Os conflitos envolvendo pais e funcionários da escola (exceto professores) são relativamente comuns e podem acontecer tanto durante o horário do expediente, em reuniões na instituição, quanto virtualmente, nas redes sociais.

De acordo com Comelles (2004, p. 102), o psicopedagogo que intervém deve evitar um comportamento parcial nos conflitos entre as partes envolvidas, buscando manter

> um respeito real ao mesmo tempo explícito e manifesto sobre seus valores, crenças e maneiras de fazer. Com base nessa neutralidade, nem sempre fácil, pode ajudar os diferentes membros dos dois sistemas a ocupar o lugar do outro, a compreender outra perspectiva para poder colaborar e entender sua situação.

Ao manter uma atitude de neutralidade, o profissional da psicopedagogia assume um papel de mediador do conflito. Um aspecto também importante é que a solução seja construída com a participação ativa das partes envolvidas.

Outro caminho para a intervenção do psicopedagogo nesse sentido é a criação de canais de comunicação eficientes entre família e escola. Conforme Comelles (2004, p. 103), é preciso "estabelecer canais de comunicação que respeitem as concepções mencionadas anteriormente, que sejam satisfatórios para a escola e para a família e que tragam resultados benéficos para o processo de adaptação e aprendizagem dos alunos". Não se trata de um estudo teórico, mas da tomada de decisões sobre os procedimentos a serem adotados, a fim de beneficiar a adaptação e a aprendizagem dos alunos.

O psicopedagogo deve colaborar com os docentes na organização de diferentes canais e atividades a serem observados para a tomada de decisão coletiva acerca da promoção da melhora da relação entre família e escola. Deve-se buscar a realização de:

1. reuniões para que os pais conheçam a proposta pedagógica da escola, como o Projeto Político Pedagógico (PPP);
2. boletins informativos e folhetos explicativos sobre as normas da escola;
3. entrevistas diversas com as famílias no decorrer do ano;
4. atividades extraclasse com as turmas, como festas, excursões e oficinas;
5. grupos virtuais envolvendo pais, professores, psicopedagogos e gestores em plataformas de relacionamento; e
6. canais de divulgação da escola em plataformas de compartilhamento de vídeos e outras redes sociais, com caráter interativo.

A intervenção do psicopedagogo em prol da melhora da relação entre os familiares e a instituição deve fazer com que a escola tenha clareza sobre seu papel, sobre o papel das famílias e sobre a responsabilidade de cada um na escola com relação à educação dos alunos. Esse é um tema que precisa ser estudado e debatido coletivamente. A construção de uma relação positiva com as famílias não é resultado apenas de ações individuais dos membros da escola, e sim de um trabalho planejado, meticuloso, que gere intervenções regulares, que tenha continuidade e que seja produto da inteligência compartilhada dos membros da equipe multiprofissional que compõe a escola.

Síntese

Neste capítulo, tratamos dos modelos e das teorias da aprendizagem e de sua relevância para o sucesso escolar. Buscamos analisar as contribuições de Pichon-Rivière para a psicopedagogia institucional, com sua abordagem centrada no processo grupal. Investigamos a relação entre ensinante e aprendente na instituição e a importância da mediação do conhecimento. Por fim, abordamos a integração entre psicopedagogo, professor, aluno e família, com vistas a favorecer a construção de um ambiente propício à aprendizagem.

Indicações culturais

ORTEGA, G. 5 razões pelas quais a relação entre família e escola é tão importante. **Escolas Disruptivas**, 15 jan. 2020. Disponível em: <https://escolasdisruptivas.com.br/metodologias-inovadoras/relacao-entre-familia-e-escola/>. Acesso em: 15 abr. 2022.
O artigo analisa a importância da relação entre a família e a escola para o processo de aprendizagem, destacando-a como relevante alicerce para o desenvolvimento cognitivo e social. O texto destaca que, para que o papel de cada uma seja exercido plenamente e um complemente o outro, é preciso que ambos trabalhem juntos na tarefa.

NERY, M. P.; CONCEIÇÃO, M. P. **Intervenções grupais:** o psicodrama e seus métodos. São Paulo: Ágora, 2012. Abordando a dinâmica de diferentes tipos de grupo, esse livro apresenta opções de métodos socioterapêuticos de ação cujo objetivo é amenizar o sofrimento coletivo. Destaca a importância do diálogo na família, nas instituições, na escola e nas empresas, evidenciando sua contribuição para a justiça e a empatia. Traz, ainda, análises de diferentes práticas voltadas à psicoterapia.

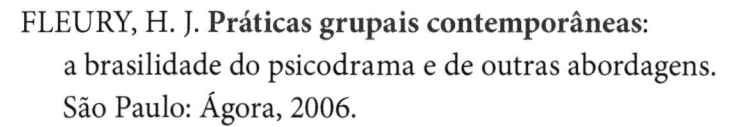

FLEURY, H. J. **Práticas grupais contemporâneas:** a brasilidade do psicodrama e de outras abordagens. São Paulo: Ágora, 2006. A principal proposição desse livro é demonstrar que o uso de práticas reflexivas permite transformar os problemas humanos. Estimulando conversações férteis, vivas e proativas, as práticas grupais contemporâneas exercem um papel descolonizador, político e espiritual, permitindo, assim, a superação de situações de dor e opressão.

ENTRE os muros da escola. Direção: Laurent Cantet. França: Sony Pictures Classics; Imovision, 2008. 128 min. O filme retrata a história de François e seus amigos professores, que se articulam para vivenciar um novo ano letivo. O bairro da escola, porém, é repleto de conflitos, antagonismos sociais e diferenças culturais.

Atividades de autoavaliação

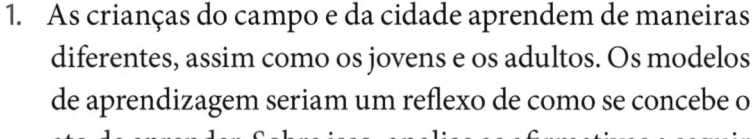

1. As crianças do campo e da cidade aprendem de maneiras diferentes, assim como os jovens e os adultos. Os modelos de aprendizagem seriam um reflexo de como se concebe o ato de aprender. Sobre isso, analise as afirmativas a seguir.

   I) Os modelos de aprendizagem podem ser definidos como maneiras específicas ou processos por meio dos quais os sujeitos aprendem ou constroem seus conhecimentos.

   II) As concepções de aprendizagem resultam de como o profissional se posiciona diante daquilo em que ele acredita e dos valores que estão incorporados à sua personalidade.

   III) A concepção de aprendizagem é um fenômeno isolado daquilo que os educadores são e em que acreditam. Ela está articulada a uma visão de escola, de infância, de adolescência, de família e de sociedade, dissociada da relação professor-aluno. Ela não se relacionaria com a capacidade de interagir com o outro.

   IV) Para Portilho (2011), coexistem duas concepções de aprendizagem em um mesmo espaço familiar, cultural ou educativo que tendem a valorizar o aluno: "a chamada visão apriorística, ou o professor, a chamada visão empirista, ou ainda a visão que propõe a interação entre aluno e professor, a chamada visão interacionista".

V) As concepções de aprendizagem podem fazer avançar, retardar ou até impedir que a aprendizagem se produza, quando os implicados no processo educativo se inclinam mais a uma perspectiva em detrimento de outra.

Estão corretas as afirmativas:

a) I, III e IV.
b) I, II e IV.
c) II, III e V.
d) III, IV e V.
e) Nenhuma das respostas anteriores.

2. De acordo com Pichon-Rivière (1998a, p. 159), o grupo operativo assemelha-se ao funcionamento do grupo familiar e pode ser definido como um "conjunto de pessoas reunidas por constantes de tempo e espaço, articuladas por sua mútua representação interna, que se propõe, implícita ou explicitamente, uma tarefa que constitui sua finalidade". Sobre o tema, é correto afirmar:

a) O trabalho em grupo foi uma inovação desenvolvida pelos educadores, e seu objetivo era ensinar massivamente, atendendo o máximo de alunos e usando o menor número de recursos possível.
b) A escola tradicional e doutrinária, cujo modelo mais representativo era o ensino mútuo (a escola de Lancaster), tinha no trabalho em grupo uma de suas práticas mais comuns.
c) A Escola Nova propunha estratégias pedagógicas fortemente centradas em tarefas individuais e no uso de tecnologias.

d) Uma das características de todo grupo é que este só se constitui em torno de uma ação a realizar, de um projeto a executar ou de uma tarefa a cumprir.

e) Nenhuma das respostas anteriores.

3. Sobre a relação professor-aluno na instituição, analise as afirmativas a seguir.

I) A relação do ensinante com o conhecimento consiste em propiciar a mediação, ou seja, a apropriação deste pelo aprendente.

II) Em sala de aula, as modernas teorias da aprendizagem propugnam pelo papel transmissor do professor e receptor do aluno, quanto à aquisição do conhecimento.

III) Para que se constitua uma situação de aprendizagem, necessita-se de um sujeito que ensina (ensinante) e de outro que aprende (aprendente) que estabeleçam uma relação entre si em função de outra relação de ambos com um terceiro elemento: o conhecimento.

IV) As revoltas estudantis ocorridas no final da década de 1960 em diferentes países, como França, Estados Unidos, Inglaterra, México e Brasil, mobilizaram milhares de jovens e os ajudaram a estabelecer uma atitude crítica e uma postura mais ativa diante dos modelos escolares vigentes.

V) Estudos indicam que as metodologias tradicionais, centradas na figura do professor, são responsáveis por uma maior aprendizagem.

Estão corretas as afirmativas:

a) I, III e IV.
b) I, II e IV.
c) II, III e V.
d) III, IV e V.
e) Nenhuma das respostas anteriores.

4. Sobre a relação aluno, família e escola, analise as afirmativas a seguir.

   I) A família tem um papel importante na educação, seja no suporte à escola, seja no tocante à educação moral, desenvolvida no âmbito domiciliar.

   II) As mudanças sociais e comportamentais que têm ocorrido na sociedade afetam o processo de socialização das crianças.

   III) O sistema educativo transforma-se em um sistema central e, ao mesmo tempo, determinante para o desenvolvimento das sociedades modernas, substituindo a função educativa da família.

   IV) Um dos objetivos da intervenção psicopedagógica é o de isolar os problemas de aprendizagem de outras questões que interferem no cotidiano da escola e, mais especificamente, em sala de aula.

   V) O psicopedagogo precisa desenvolver um olhar focalizador acerca de como tratar a relação entre família e escola, evitando a análise dos diversos subsistemas que compõem a instituição escolar.

Estão corretas as afirmativas:

a) I e II.
b) I, II e IV.
c) II, III e V.
d) III, IV e V.
e) Nenhuma das respostas anteriores.

5. Sobre a relação entre família e escola, é correto afirmar:
   a) O psicopedagogo precisa desenvolver uma visão focalizada acerca de como tratar da relação entre os sujeitos envolvidos.
   b) O psicopedagogo precisa desenvolver um olhar sistêmico acerca de como tratar da relação entre família e escola, percebendo-a como envolvida em uma teia de relações.
   c) Cabe ao profissional manter-se distante dos conflitos inerentes ao tema, concentrando-se em fornecer recomendações gerais, sem envolver outras questões fora do ambiente de sala de aula.
   d) O contexto escolar não deve considerar o contexto familiar na montagem de suas estratégias, visto que são duas instituições com papéis diferentes.
   e) Nenhuma das respostas anteriores.

Atividades de aprendizagem

Questões para reflexão

1. Converse com colegas de estudo, trabalho ou parentes e busque saber como é ou como foi o cotidiano escolar deles, quais atividades eram desenvolvidas nas escolas em que estudaram e como era o estilo de aula (como atuavam os professores). Compare as diferentes experiências informadas, localizando similaridades e diferenças entre as instituições.

2. Na faculdade em que você estuda, escolha dois grupos de pessoas que interagem cotidianamente. Passe a desenvolver um trabalho de observação cotidiana dessa interação, procurando identificar quais tarefas conferem coesão ao coletivo e como são executadas.

Atividade aplicada: prática

1. Elabore um plano de aula que contemple o desenvolvimento de atividades didático-pedagógicas que incorporem estratégias de metodologias ativas e aprendizagem colaborativa.

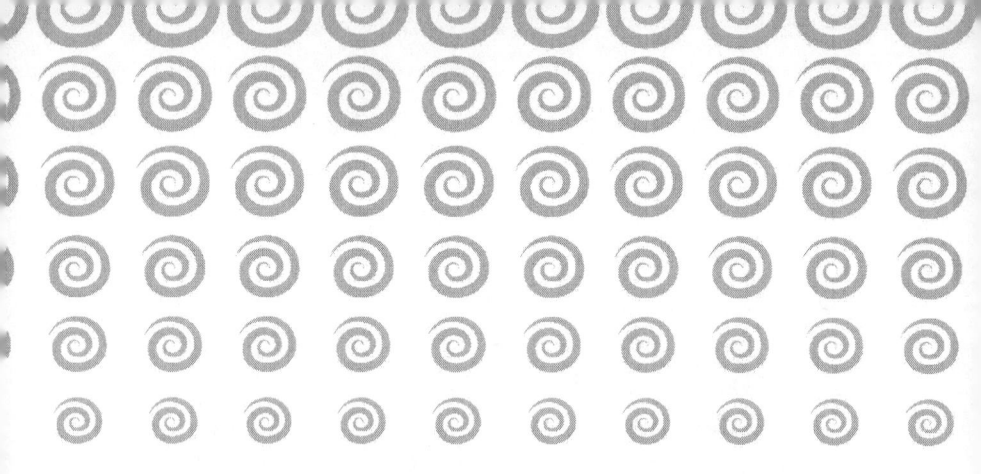

6
Práticas educativas inclusivas: superando obstáculos no processo de escolaridade

Neste capítulo, analisaremos as práticas educacionais inclusivas no âmbito das instituições educativas, em especial a escola. Inicialmente, buscaremos desenvolver o conceito de inclusão, procurando identificar os caminhos para sua construção. Em seguida, apresentaremos as principais políticas de educação inclusiva e as questões legais que a permeiam. Mais adiante, trataremos do processo de ensino-aprendizagem na educação inclusiva e seus desafios. Também abordaremos quais são os principais obstáculos ao processo de aprendizagem e como enfrentá-los. Por último, examinaremos as principais contribuições da psicopedagogia institucional à inclusão socioeducativa.

6.1
Escola: da segregação à inclusão

Quando falamos em *inclusão* no âmbito da educação formal, não estamos nos referindo à implementação de alterações pontuais na escola, que abrangem este ou aquele elemento infraestrutural ou didático-pedagógico. Essas alterações até podem melhorar aspectos relevantes da prática pedagógica e da aprendizagem dos alunos, promovendo um aperfeiçoamento do fazer educativo, com repercussão na relação professor-aluno, sem modificar a natureza da instituição. Porém, discutir educação inclusiva significa outra coisa.

A expressão *educação inclusiva* aponta para uma mudança profunda no caráter da escola, uma nova concepção de educação e do processo de aprendizagem. Significa reconhecer que a educação tradicionalmente ofertada nas instituições públicas e privadas se presta a cumprir um papel: o de excluir parcelas significativas de crianças, jovens e adultos, que são privados do acesso ao conhecimento de conteúdos fundamentais da cultura, decisivos para o convívio em sociedade.

Ao refletir sobre os aspectos éticos da inclusão, Pires (2006, p. 33) a define como "um processo de construção de uma sociedade para todos e dentro dessa sociedade um dos direitos básicos de todo ser humano é a aspiração à felicidade ou, como outros lhe preferem chamar, à qualidade de vida". Isso denota, portanto, que a qualidade do ensino deve ser ofertada para todos e todas, indistintamente, sem deixar de fora quem quer que seja. Tal ideia implica uma mudança profunda, pois, desde os primórdios, a escola guarda características supressivas quanto ao reconhecimento do direito de aprender dos grupos sociais não hegemônicos.

A escola moderna surgiu no século XVII e consolidou-se no século XIX, laicizando-se e organizando um programa didático preciso. No decorrer dos séculos e sob a influência das mudanças ocorridas na sociedade (sejam econômicas, sejam culturais, sejam políticas), a escola foi se aperfeiçoando e mantendo algumas características, as quais são destacadas por Cambi (1999, p. 308), para quem a escola buscou produzir consenso social e controle, reproduzindo regras da vida civil, integrando as crianças e os jovens à "civilização das boas maneiras". Como instituição, buscou desenvolver a personalidade dos jovens segundo um modelo *standart*, de homem cidadão, de acordo com o ideário burguês revolucionário hegemônico.

No século XIX, países como a França iniciaram um processo de massificação do sistema educacional, buscando ampliar a escolaridade, entendida como base fundamental a ser estendida a todos os cidadãos, independentemente de serem ricos ou pobres, para que todos pudessem alcançar o sucesso social individual.

No período de surgimento e consolidação da escola moderna, a transição da sociedade manufatureira para a sociedade industrial alcançou a vida social e a cultura. Assim, a ética puritana do trabalho estendeu-se para o conjunto da sociedade. Em uma cultura de combate à ociosidade, de resistência cultural de artesãos e camponeses e de valorização da severidade capitalista, houve uma regulamentação detalhada do tempo – as escolas metodistas inglesas, por exemplo, foram pioneiras no ensino da ordem e no estímulo ao trabalho, à frugalidade e às regularidades. Promoveu-se uma nova concepção do tempo, o do tempo disciplinar.

A mesma tese é defendida por Foucault (1997), segundo o qual as escolas se organizaram com base em princípios e atitudes higienistas, controladoras dos sentidos e uniformizadoras. Desse modo, a escola moderna priorizaria os iguais, o "normal", e procuraria segregar as diferenças, aquilo que era considerado "patológico".

As pessoas com deficiência estavam fora da escola moderna. Se na Idade Média elas eram recolhidas em asilos e conventos em um quadro de ambivalência (castigo *versus* caridade), na modernidade passou a predominar uma visão racionalista, de matriz cientificista, baseada no paradigma médico.

No século XX, emergiu a predominância de um modelo clínico-assistencialista de atendimento aos deficientes. Na década de 1950, nasceu o discurso da "normalização", marcado pela tentativa de fazer com as pessoas com déficit intelectivo se assemelhassem aos demais indivíduos – o que, em grande medida, apontou no sentido da superação das tendências segregadoras de que eram vítimas anteriormente. Na década de 1960, ampliou-se a crítica ao legado psicomédico, despontaram novas identidades (a exemplo das mulheres e o movimento feminista, dos negros e as mobilizações antirracistas e, mais adiante, das identidades sexuais e o movimento pela igualdade) e acirrou-se a luta pelos direitos civis (como o movimento da luta antimanicomial).

As lutas pelos direitos civis, então, espalharam-se pelo mundo, refletindo o desejo dos grupos sociais não hegemônicos em assegurar para si condições de vida mais justas, combatendo a opressão e a discriminação. Movimentos de mulheres, negros, indígenas, homossexuais e outros grupos sociais iniciaram uma longa jornada de pressão sobre o Estado contra o ódio racial e as variadas formas de discriminação e a favor do acesso aos serviços públicos e de melhores condições de vida e de trabalho. Buscou-se a inclusão socioeducativa das crianças com distúrbios ou dificuldades de aprendizagem provocadas por problemas de ordem neurológica ou social. Todas essas mudanças impuseram um debate sobre o acesso efetivo à educação como um dos elementos fundamentais para a conquista do bem-estar social. Assim, no núcleo dessas reivindicações estavam o acesso à educação e o reconhecimento das minorias como seres socioculturais nos currículos escolares. Emergiu, dessa forma, a bandeira da defesa do multiculturalismo.

E o que é a educação inclusiva? Stainback et al. (1999, p. 21) a definem como a "Prática da inclusão de todos – independente de seu talento, deficiência, origem socioeconômica ou cultural – em escolas e salas de aula provedoras, onde o conjunto das necessidades desses alunos sejam satisfeitas".

A educação inclusiva tem sido reafirmada em importantes documentos internacionais, como a Declaração Universal dos Direitos Humanos (1948), a Declaração Universal dos Direitos da Criança (1959), a Convenção sobre os Direitos da Criança (1988), a Declaração Mundial sobre Educação para Todos (1991) e a Declaração de Salamanca (1994).

A Declaração Mundial sobre Educação para Todos (Unesco, 1990) consagra a toda criança o direito de ter acesso aos bens culturais produzidos pela humanidade, ressaltando o objetivo de "satisfazer as necessidades básicas da aprendizagem de todas as crianças, jovens e adultos". O documento aponta no sentido de que

> cada pessoa – criança, jovem ou adulto – deve estar em condições de aproveitar as oportunidades educativas voltadas para satisfazer suas necessidades básicas de aprendizagem. Essas necessidades compreendem tanto os instrumentos essenciais para a aprendizagem (como a leitura e a escrita, a expressão oral, o cálculo, a solução de problemas), quanto os conteúdos básicos da aprendizagem (como conhecimentos, habilidades, valores e atitudes), necessários para que os seres humanos possam sobreviver, desenvolver plenamente suas potencialidades, viver e trabalhar com dignidade, participar plenamente do desenvolvimento, melhorar a qualidade de vida, tomar decisões fundamentadas e continuar aprendendo. (Unesco, 1990)

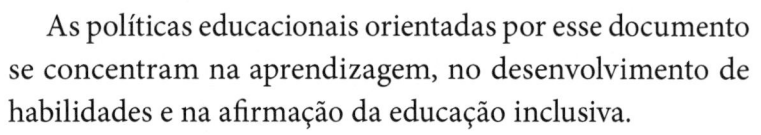

As políticas educacionais orientadas por esse documento se concentram na aprendizagem, no desenvolvimento de habilidades e na afirmação da educação inclusiva.

Segundo a Declaração de Salamanca (Unesco, 1994), a educação é um direito fundamental de toda criança, a quem deve ser dada a oportunidade de alcançar e manter o nível adequado de aprendizagem. Os sistemas educacionais deveriam ser estruturados, e os programas educacionais deveriam ser implementados levando-se em conta a vasta diversidade de tais características e necessidades.

As crianças com necessidades educacionais especiais devem ter acesso à escola regular, que precisa acomodá-las em uma pedagogia centrada nelas e capaz de satisfazer suas demandas. Propugna-se a implantação de escolas regulares que tenham uma orientação inclusiva, o que constitui o meio mais eficaz de combater atitudes discriminatórias. Trata-se de criar comunidades acolhedoras, construir uma sociedade inclusiva e alcançar a educação para todos.

No Brasil, as políticas educacionais inclusivas têm avançado, resultando das lutas sociais e das mudanças na legislação. Um exemplo disso é a Meta 4 do Plano Nacional de Educação (PNE), a qual diz respeito ao acesso à educação básica e ao atendimento educacional especializado para toda a população escolar dos 4 a 17 anos com deficiência, transtornos globais do desenvolvimento, altas habilidades ou superdotação. No decorrer dos últimos anos, foi possível observar um crescimento na taxa de matrículas dos alunos com necessidades específicas em classes comuns, em contraponto às matrículas em classes especiais ou escolas exclusivas, que declinaram. Entre os anos de 2008 a 2019, houve um aumento significativo de matrículas em classes comuns: alcançou-se um percentual em torno de 90% em todas as etapas da educação básica, à exceção da educação de jovens e adultos, beneficiando-se cerca de 1,3 milhão de estudantes. Em 2008, eram 54%, o equivalente a mais de 375 mil alunos (Inep, 2020).

Os números impressionam. Eles mostram que, na primeira década do século XXI, o Brasil promoveu praticamente uma revolução pela inclusão na maioria de suas escolas. A ampliação das matrículas significa que, de fato, a educação inclusiva está sendo praticada? É claro que ainda não – ao menos não completamente. Ainda faltam condições materiais e equipes multiprofissionais preparadas em muitas escolas, especialmente no interior e na periferia das grandes cidades e das capitais. Se há dificuldades até mesmo para atender às classes repletas de aluno, propiciar atendimento especializado é um desafio ainda maior. Estamos longe do ideal, mas os números indicam que encontramos o caminho certo.

Por outro lado, grupos socioculturais discriminados também têm lutado por mais acesso e visibilidade na educação brasileira, a exemplo de indígenas e negros.

A educação indígena apresenta demandas no tocante à formação inicial e continuada de professores em nível médio (magistério indígena), à formação de professores indígenas em nível superior (licenciaturas interculturais), à implantação do ensino médio indígena nas comunidades e à produção de material didático bilíngue ou em línguas indígenas.

No que se refere à questão da diversidade étnico-racial, destaca-se a Lei n. 10.639, de 9 de janeiro de 2003 (Brasil, 2003), que alterou a Lei de Diretrizes e Bases da Educação

Nacional (LDBEN) e tornou obrigatório o ensino de história e cultura afro-brasileiras no ensino fundamental e no ensino médio, nas escolas públicas e particulares. Também estão em andamento no Brasil políticas voltadas à educação nas comunidades remanescentes de quilombos (quilombolas) e à implantação de políticas de cotas étnico-raciais que, a título de reparação histórica, reservam vagas em instituições públicas de ensino superior para estudantes de origem afro-brasileira. Os dados oficiais indicam que indígenas e negros são os grupos com maior índice de analfabetismo no Brasil, além de terem presença pequena no meio universitário.

Também merecem preocupação as desigualdades regionais e socioeconômicas no tocante ao acesso à educação. Estudantes das regiões mais ricas do país (Sul e Sudeste) têm mais anos de escolaridade e melhor desempenho escolar do que os das regiões mais pobres (Norte e Nordeste). Além disso, alunos das escolas públicas têm rendimento escolar inferior aos da rede privada. Os estudantes da zona urbana, por sua vez, têm melhor *performance* educacional do que os da zona rural. O acesso à educação no Brasil ainda é muito desigual.

A educação socioinclusiva não pode ser entendida apenas como o acesso e as condições materiais de funcionamento das escolas para atendimento especializado. Quando falamos em *educação para todos*, estamos pautando a ideia de que todas as crianças – sem exceção – têm o direito a aprender. Essa é a questão fundamental.

Nesse sentido, cabe discutir que olhar educativo está sendo lançado sobre nosso sistema escolar. Olhamos as escolas apenas com intenções quantitativas, de resultados? Temos de perceber a escola pela sua função essencial, ou seja, o aprender. O Brasil, hoje, tem altos índices de matrícula no ensino fundamental. A médio e longo prazos, evoluímos para universalizar o acesso à educação básica. No entanto, caminhamos para assegurar uma formação de verdade aos nossos jovens, para a vida e o trabalho, como determina a LDBEN?

Para equacionar tais problemas no cenário educacional brasileiro, emerge com importância a psicopedagogia, como um novo campo do conhecimento a fazer com que nos dediquemos à aprendizagem de nossas crianças.

6.2
Políticas de educação inclusiva: questões legais

A legislação que fundamenta a educação inclusiva no Brasil é recente, do ponto de vista histórico. O marco legal que rege o assunto – a Lei n. 13.146, de 6 de julho de 2015, ou Estatuto da Pessoa com Deficiência (Brasil, 2015) – é da segunda década do século atual. Ele sucede uma legislação que tem como referência a educação especial, destinada a educandos portadores de necessidades educativas especiais.

O Brasil é signatário de tratados e acordos internacionais que estabelecem direitos educativos às pessoas com necessidades educativas especiais. Em 2006, a Organização das Nações Unidas (ONU) publicou a Convenção Internacional sobre os Direitos das Pessoas com Deficiência, com o objetivo de proteger e garantir o total e igual acesso aos direitos humanos e às liberdades fundamentais a todas as pessoas com deficiência, além de promover o respeito à sua dignidade.

O documento foi assinado por mais de 160 países, incluindo o Brasil. Em 2009, foi ratificado em nosso país com equivalência de emenda constitucional, passando a atuar como um referencial a ser respeitado por todas as leis e políticas brasileiras. Segundo o Artigo 1 da Convenção, "Pessoas com deficiência são aquelas que têm impedimentos de longo prazo de natureza física, mental, intelectual ou sensorial, os quais, em interação com diversas barreiras, podem obstruir sua participação plena e efetiva na sociedade em igualdades de condições com as demais pessoas" (ONU, 2006). No que diz respeito à educação, o documento garante, além de acesso, participação efetiva, sem discriminação e com base na igualdade de oportunidades para o pleno desenvolvimento do potencial de qualquer estudante.

A seguir, no Quadro 6.1, apresentamos de modo resumido as principais leis que vigoraram no Brasil em relação à educação especial e à inclusão no Brasil, nas últimas décadas.

Quadro 6.1 – Legislação brasileira: da educação especial à educação inclusiva

Ano	Marco legal	O que diz
1988	Constituição Federal (Brasil, 1988)	Art. 205. A educação, direito de todos e dever do Estado e da família, será promovida e incentivada com a colaboração da sociedade, visando ao pleno desenvolvimento da pessoa, seu preparo para o exercício da cidadania e sua qualificação para o trabalho.
		Art. 206. O ensino será ministrado com base nos seguintes princípios:
		I – igualdade de condições para o acesso e permanência na escola; [...]
		Art. 208. O dever do Estado com a Educação será efetivado mediante a garantia de:
		[...]
		III – atendimento educacional especializado aos portadores de deficiência, preferencialmente na rede regular de ensino;
		IV – educação infantil, em creche e pré-escola, às crianças de até 5 (cinco) anos de idade; [...]
		Art. 213. Os recursos públicos serão destinados às escolas, podendo ser dirigidos a escolas comunitárias, confessionais ou filantrópicas, definidas em lei, que:
		I – comprovem finalidade não lucrativa e apliquem seus excedentes financeiros em educação; [...]

(continua)

(Quadro 6.1 – continuação)

Ano	Marco legal	O que diz
1989	Lei n. 7.853 (Brasil, 1989)	Dispõe sobre o apoio às pessoas portadoras de deficiência, sua integração social, sobre a Coordenadoria Nacional para Integração da Pessoa Portadora de Deficiência, institui a tutela jurisdicional de interesses coletivos ou difusos dessas pessoas, disciplina a atuação do Ministério Público, define crimes, e dá outras providências.
1990	Lei n. 8.069 – Estatuto da Criança e do Adolescente (Brasil, 1990)	Dispõe sobre o Estatuto da Criança e do Adolescente e dá outras providências.
1996	Lei n. 9.394 – Lei de Diretrizes e Bases da Educação Nacional (Brasil, 1996)	Estabelece as diretrizes e bases da educação nacional. Em seus arts. 58, 59 e 60, define o que é educação especial, estabelece o que os sistemas de ensino devem assegurar aos educandos com necessidades especiais e determina critérios de caracterização das instituições privadas sem fins lucrativos.
1999	Decreto n. 3.298 (Brasil, 1999)	Regulamenta a Lei n. 7.853, de 24 de outubro de 1989, dispõe sobre a Política Nacional para a Integração da Pessoa Portadora de Deficiência, consolida as normas de proteção, e dá outras providências.
2004	Cartilha *O acesso de alunos com deficiência às escolas e classes comuns da rede regular* (Ministério Público Federal; Fundação Procurador Pedro Jorge de Melo e Silva, 2004)	Apresenta um referencial para a construção dos sistemas educacionais inclusivos, organizados para atender o conjunto de necessidades e características de todos os cidadãos.
2004	Decreto n. 5.296 (Brasil, 2004a)	Regulamenta as Leis n. 10.048, de 8 de novembro de 2000, que dá prioridade de atendimento às pessoas que especifica, e 10.098, de 19 de dezembro de 2000, que estabelece normas gerais e critérios básicos para a promoção da acessibilidade das pessoas portadoras de deficiência ou com mobilidade reduzida, e dá outras providências.

Práticas educativas inclusivas: superando obstáculos no processo de escolaridade

(Quadro 6.1 – conclusão)

Ano	Marco legal	O que diz
2005	Decreto n. 5.626 (Brasil, 2005)	Regulamenta a Lei n. 10.436, de 24 de abril de 2002, que dispõe sobre a Língua Brasileira de Sinais (Libras), e o art. 18 da Lei n. 10.098, de 19 de dezembro de 2000.
2006	Plano Nacional de Educação em Direitos Humanos (Brasil, 2007)	Tem como objetivo fortalecer o respeito aos direitos humanos e liberdades fundamentais, entre outros.
2008	Política Nacional de Educação Especial na Perspectiva da Educação Inclusiva (Grupo de Trabalho da Política Nacional de Educação Especial, 2008)	Tem como objetivo assegurar a inclusão escolar de alunos com deficiência, transtornos globais do desenvolvimento e altas habilidades/superdotação, orientando os sistemas de ensino para garantir: acesso ao ensino regular, com participação, aprendizagem e continuidade nos níveis mais elevados do ensino; transversalidade da modalidade de educação especial desde a educação infantil até a educação superior; oferta do atendimento educacional especializado; formação de professores para o atendimento educacional especializado e demais profissionais da educação para a inclusão; participação da família e da comunidade; acessibilidade arquitetônica, nos transportes, nos mobiliários, nas comunicações e informação; e articulação intersetorial na implementação das políticas públicas.
2008	Decreto n. 6.571 (Brasil, 2008b)	Dispõe sobre o atendimento educacional especializado.
2009	Resolução n. 4 do CNE/CEB (Brasil, 2009)	Institui Diretrizes Operacionais para o Atendimento Educacional Especializado na Educação Básica, modalidade Educação Especial.
2014	Lei n. 13.005 – Plano Nacional de Educação (Brasil, 2014)	Aprova o Plano Nacional de Educação (PNE) e dá outras providências.
2015	Lei. 13.146 – Lei Brasileira de Inclusão (Brasil, 2015)	Institui a Lei Brasileira de Inclusão da Pessoa com Deficiência (Estatuto da Pessoa com Deficiência).

6.2.1
Atendimento Escolar Especializado (AEE)

Em se tratando da escola propriamente dita, a inclusão deve perpassar todos os espaços e atividades. Do ponto de vista pedagógico, ganha centralidade o Atendimento Educacional Especializado (AEE), principal instrumento que objetiva assegurar a oferta de atividades e de recursos de acessibilidade e pedagógicos organizados institucionalmente, os quais devem ser prestados de modo complementar ou suplementar à formação dos alunos que estudam nas classes comuns no ensino regular.

O AEE deve integrar a proposta pedagógica da escola em todos os sentidos, envolver a participação da família na vida escolar e ser realizado em articulação com as demais políticas públicas ofertadas pela escola. De acordo com o Decreto n. 7.611, de 17 de novembro de 2011,

> Art. 3º São objetivos do atendimento educacional especializado:
>
> I – prover condições de acesso, participação e aprendizagem no ensino regular e garantir serviços de apoio especializados de acordo com as necessidades individuais dos estudantes;
>
> II – garantir a transversalidade das ações da educação especial no ensino regular;
>
> III – fomentar o desenvolvimento de recursos didáticos e pedagógicos que eliminem as barreiras no processo de ensino e aprendizagem; e
>
> IV – assegurar condições para a continuidade de estudos nos demais níveis, etapas e modalidades de ensino. (Brasil, 2011)

Em suma, o AEE deve assegurar a integração, de maneira ativa e participativa, às atividades que propiciem aprendizagem aos alunos com deficiência, transtornos globais do desenvolvimento e altas habilidades ou superdotação, matriculados na rede pública de ensino regular, garantindo a transversalidade das ações, com o uso de recursos didáticos e pedagógicos que visem acabar com as barreiras no processo de ensino e aprendizagem, além de contribuir para que todos possam prosseguir com seus estudos.

O AEE, na prática, efetiva-se por meio da oferta dos serviços descritos no Quadro 6.2, a seguir.

Quadro 6.2 – Serviços oferecidos pelo AEE

Serviço	Detalhamento
Salas de recursos multifuncionais	Devem se constituir em ambientes dotados de equipamentos, mobiliários e materiais didáticos e pedagógicos para a oferta do atendimento educacional especializado.
Formação continuada de professores	Concentra-se em capacitar os docentes no domínio da legislação e das diretrizes governamentais, no desenvolvimento de habilidades e competências e no estudo das tecnologias e estratégias inovadoras de ensino-aprendizagem, centradas em metodologias ativas, com foco em ensinar a turma toda, sem exceções.
Formação de gestores, educadores e demais profissionais	Volta-se à formação das equipes de direção escolar, dos membros das equipes multidisciplinares e dos profissionais de apoio para o domínio da inclusão socioeducativa e sua implementação no âmbito da escola.

(continua)

(Quadro 6.2 – conclusão)

Serviço	Detalhamento
Adequação arquitetônica de prédios escolares	Consiste em obras que melhorem o acesso dos alunos à escola e às suas atividades, tais como rebaixamento de calçadas, construção de rampas, adaptação de banheiros, implantação de piso tátil, identificação de ambientes com letras grandes, com contraste de cor e relevo, mapa tátil, placas em braille, elevadores, janelas amplas e mesa adequada para aproximação e uso por parte de crianças em cadeira de rodas.
Elaboração, produção e distribuição de recursos educacionais para a acessibilidade	Trata-se da produção e distribuição de recursos educacionais para a acessibilidade, que incluem livros didáticos e paradidáticos em braille, áudio e Língua Brasileira de Sinais (Libras), *laptops* com sintetizador de voz, *softwares* para comunicação alternativa e outros equipamentos que possibilitam o acesso ao currículo.
Estruturação de núcleos de acessibilidade nas instituições federais de educação superior	Refere-se ao desenvolvimento de ações voltadas à oferta de assistência e promoção a pessoas com deficiência no âmbito de cada universidade.

Fonte: Elaborado com base em Brasil, 2011.

O AEE não tem como objetivo ofertar um espaço de reforço escolar ou de complementação das atividades desenvolvidas nas aulas comuns, e sim oferecer um ensino diferenciado do ensino regular. Deve concentrar suas atividades na inclusão no ensino da Língua Brasileira de Sinais (Libras) e do código Braille, na formação do aluno para o uso de tecnologias assistivas (recursos de acessibilidade no computador) e na preparação e disponibilização de material pedagógico acessível, entre outros aspectos.

6.3 Processo de ensino--aprendizagem na educação inclusiva

De acordo com Mantoan (2015), a implantação da educação inclusiva não pode ser pensada como o encaixe de um modelo novo em uma velha matriz de concepção escolar. Isso não seria possível. Para a autora, é necessário recriar o modelo educativo vigente. Isso significa fazer alterações profundas desde a estrutura até o currículo escolar, com impacto direto sobre o processo de ensino-aprendizagem.

> Superar o sistema tradicional de ensinar é um propósito que temos que efetivar com toda a urgência. Essa superação refere-se ao "que" ensinamos aos nossos alunos e ao "como" ensinamos, para que eles cresçam e se desenvolvam, sendo seres éticos, justos, pessoas que terão de reverter uma situação que não conseguimos resolver inteiramente: mudar o mundo e torná-lo mais humano. Recriar esse modelo tem a ver com o que entendemos como qualidade do ensino. (Mantoan, 2015, p. 65)

Implantar a educação inclusiva, portanto, é promover mudanças na forma e no conteúdo do ensino, mudanças qualitativas no processo educativo concentradas em um objetivo principal: assegurar que as escolas e seus professores ensinem a turma toda, sem discriminação, sem práticas de ensino diferenciadas e sem a promoção de ações que resultem na segregação de alunos.

O caminho da inclusão escolar passa, pois, pela reestruturação do Projeto Político-Pedagógico (PPP) de cada instituição em todos os seus aspectos, para que a escola possa se ajustar aos novos princípios e parâmetros do fazer educativo. Essa reestruturação tem como consequência a reorganização dos aspectos didáticos e pedagógicos, bem como do organograma administrativo da instituição.

6.3.1 Estratégias básicas para a inclusão na escola

A escola inclusiva não se limita a fazer algumas adaptações para permitir o acesso do aluno que tem alguma deficiência; ela implica uma mudança global e profunda da natureza da organização, que possibilite a transformação de um espaço que exclui para um espaço que inclui. A mudança deve ser global porque a inclusão precisa ser pensada na escola como um todo e deve ser profunda porque precisa haver um enraizamento dessas transformações, para que elas se tornem irreversíveis, e não conjunturais, atreladas a um modismo. O que se quer, de fato, é uma mudança na natureza do modelo educativo.

Para implantar na instituição escolar um modelo educativo baseado na inclusão, não se deve partir do desenvolvimento de ações pontuais, isoladas, e sim de estratégias que promovam uma transformação gradual, modificando os pilares da instituição.

Schaffner e Buswell (1999, p. 70), partindo do princípio de que "as boas escolas são boas escolas para todos os alunos", procuraram definir os elementos que, quando presentes em uma escola, contribuem para o sucesso de todos. Segundo os autores, esses elementos são "partes interdependentes da criação de uma comunidade bem-sucedida, dinâmica, acolhedora e bem informada, em oposição a componentes discretos e não relacionados" (Schaffner; Buswell, 1999, p. 69).

Quadro 6.3 – Elementos críticos para a criação de comunidades de ensino inclusivo e eficaz

Passos	Definição	Descrição
1	Desenvolver uma filosofia comum e um plano estratégico	O primeiro e mais importante passo é criar, no âmbito da escola, uma filosofia baseada nos princípios democráticos da inclusão. Essa filosofia passa pela definição da missão da escola e pelo envolvimento de todos os profissionais no planejamento, monitoramento e aprimoramento dos esforços de reforma da escola, sempre com foco em um plano estratégico para a inclusão.
2	Proporcionar uma liderança forte	Mais do que um simples gestor, a escola precisa de um verdadeiro líder que acredite efetivamente na inclusão, que ajude a proporcionar meios para que os professores aprendam as práticas, que encontre mecanismos para se relacionar com os alunos, que construa com os mestres uma visão de disciplina e que ajude a escola a sentir-se como uma comunidade.

(continua)

(Quadro 6.3 – continuação)

Passos	Definição	Descrição
3	Promover uma cultura da diversidade	A escola precisa difundir, principalmente em sala de aula, uma cultura de acolhimento e respeito da diversidade. Deve-se promover a colaboração (ao invés da competição), desenvolver rotinas que permitam a participação igual e plena (com acomodações para todos), apresentar positivamente os alunos com diferenças, infundir valores de respeito às diferenças e tornar os alunos sujeitos em ações de apoio mútuo no espaço escolar.
4	Desenvolver redes de apoio	É necessário desenvolver na escola redes de apoio para professores e alunos que demandem estímulo e assistência. Trata-se de redes que debatam, troquem ideias, resolvam problemas e desenvolvam planos e técnicas para ajudar as pessoas a conseguir o apoio de que necessitam e cumpram seu papel. Nessas redes, ganham destaque os facilitadores da inclusão, cujo papel é fomentar essas redes, além de dar suporte a professores, alunos e demais integrantes da escola.
5	Usar processos deliberativos visando promover a responsabilidade	As equipes de apoio devem estabelecer processos para garantir um planejamento e um monitoramento eficiente e permanente das ações que lhes permitam operar de forma funcional. Para darem bons resultados, as reuniões devem ser eficientes e produtivas.
6	Assistência técnica organizada e contínua	É preciso desenvolver uma assistência técnica organizada e contínua, em que se ofereça ao conjunto dos funcionários das escolas uma formação abrangente e inovadora. Esse suporte deve se basear em diagnósticos regulares das necessidades que se apresentam.
7	Flexibilidade	A adoção de uma atitude flexível na solução de problemas é uma característica da escola inclusiva. A espontaneidade, a flexibilidade e a coragem para assumir riscos são qualidades decisivas. Trabalhar em equipes dinâmicas ajuda o profissional a renovar seu compromisso com uma educação de qualidade.

(Quadro 6.3 – conclusão)

Passos	Definição	Descrição
8	Adotar abordagens de ensino efetivas	Educar alunos em um ambiente inclusivo exige do educador a adoção de diferentes abordagens para atender às necessidades apresentadas por essa variedade de alunos. Um modelo de ensino padronizado não dá conta de uma turma marcada pela diversidade. É preciso, então, que os docentes procurem adotar outras abordagens: aquelas que deram certo em seu acervo de estratégias de ensino.
9	Comemorar os sucessos e aprender com os desafios	O pensamento criativo deve ser estimulado no âmbito da escola. As equipes de ensino devem manter um trabalho voltado para bons resultados. Deve-se estimular um trabalho permanente destinado a realizar inovações bem-sucedidas. Isso precisa fazer parte da cultura escolar.
10	Estar a par do processo de mudança, mas não permitir que ele o paralise	A preparação dos indivíduos não necessariamente deve preceder a inclusão. As duas coisas podem ocorrer em paralelo. Mudanças de atitude não precisam preceder alterações no comportamento. A necessidade da inclusão é urgente. Não há tempo a perder.

Fonte: Elaborado com base em Schaffner; Buswell, 1999.

Implantar um projeto de inclusão em uma escola exige o envolvimento de todos, sem distinção, nos mais diferentes ambientes. A mudança começa pelos aspectos que influenciam o fazer educativo nos diversos espaços e práticas pedagógicas que perpassam a vida escolar. Por isso, é importante definir os passos básicos, como um roteiro para promover as mudanças necessárias na instituição.

Deve-se procurar planejar estrategicamente a instalação do novo modelo, de maneira participativa, envolvendo a todos e todas que fazem a escola e que serão responsáveis pela implementação das reformas. O novo modelo será fundamental para dar suporte aos alunos beneficiados pela inclusão, sob uma perspectiva significativa e permanente.

6.3.2
Tornar a comunidade inclusiva

Uma das ações decisivas para transformar a escola em uma instituição inclusiva é conquistar a comunidade para o novo modelo. Sem o envolvimento dela no projeto, torna-se muito difícil implantar a mudança. Quando falamos em *comunidade*, referimo-nos às pessoas que fazem parte da coletividade de aprendizagem, que, segundo Artiaga (2011, p. 173), corresponde "ao grupo humano no qual se supõe está inserida, da qual faz parte a escola, o ambiente próximo de influência em que inscreve sua ação".

Conquistar a comunidade para o projeto inclusivo significa oferecer um ambiente familiar, favorável e estimulante com relação à inclusão. Significa incorporar o conjunto de famílias (ou a maioria delas) na implementação das reformas na escola, com a criação de projetos e a consequente destinação de recursos para atuação junto a elas, sempre de forma planejada e coerente. Trata-se de desenvolver um amplo programa de aproximação entre o conjunto das famílias e a escola, tendo como centro a inclusão.

É fundamental articular o projeto de inclusão escolar com os diversos atores que compõem o território onde a escola está inserida. Esses atores precisam ser chamados a se envolver diretamente e participar dos processos deliberativos da instituição escolar, a exemplo de órgãos colegiados e comissões representativas, a fim de se tornarem corresponsáveis pela implantação do processo inclusivo. Ao mesmo tempo, devem ser estimulados a refletir a respeito dos temas relacionados à igualdade de direitos entre as pessoas e à valorização das diferenças, em uma estratégia formativa permanente.

Esse envolvimento deve estender-se às organizações da sociedade civil que atuam no território. Elas podem exercer um papel decisivo na transformação da escola em um espaço inclusivo, mediante a realização de parcerias. Tais organizações têm a *expertise* (competência, habilidade) necessária sobre o tema da inclusão. A cooperação com tais instituições pode ampliar o conjunto de serviços ofertados aos estudantes, além de reforçar os laços comunitários entre a instituição e o território.

6.3.3
Currículo e adaptação

O currículo é o núcleo central da prática pedagógica. Por intermédio dele, os mediadores do conhecimento formulam seu fazer em sala de aula, partindo da definição do que deve ou não ser ensinado e da forma como isso deve ocorrer. É uma construção social influenciada pelos grupos e valores predominantes na sociedade em determinado momento histórico. Tradicionalmente, os alunos com deficiência e de outros grupos sociais estiveram fora das reflexões curriculares.

Contudo, a emersão do movimento pela educação inclusiva trouxe um novo olhar sobre a necessidade de garantia de educação para todos. A escola inclusiva apresenta uma demanda em particular: um novo formato de concepção curricular que tenha como objetivo dar conta da diversidade de seu alunado em seus mais diversos aspectos.

Para assegurar uma aprendizagem ativa nas salas de aula inclusivas, além da plena incorporação de todos em seu ambiente social, faz-se necessário, entre outros aspectos, promover a individualização da aprendizagem, na medida em que cada aluno aprende de um modo diferente, com objetivos diversos. Para Stainback et al. (1999, p. 241), "embora os objetivos educacionais básicos para todos os alunos possam continuar sendo os mesmos, os objetivos específicos da aprendizagem curricular podem precisar ser individualizados para serem adequados às necessidades, às habilidades, aos interesses e às competências singulares de cada aluno".

Assim, é imprescindível, na promoção do processo escolar inclusivo, fazer a chamada *adaptação curricular*, a qual nada mais é que tornar um conteúdo mais apropriado às peculiaridades dos alunos com deficiência, por meio de alterações na forma como se trabalham assuntos constantes do currículo regular. As adaptações curriculares se constituem em ajustes ou alterações que precisam ser promovidas nas diversas instâncias curriculares, com o intuito de favorecer o conhecimento e seu uso funcional na vida do discente e no processo de transformação mais global da vida coletiva.

A adaptação curricular visa estabelecer condições físicas, ambientais e materiais para os estudantes. Envolve, também, modificações nos campos da organização, nos objetivos e nos conteúdos pedagógicos. Na prática, busca promover uma adequação das questões metodológicas, da organização didática e da divisão e uso do tempo. A adaptação curricular também deve agir na base filosófica e nas estratégias gerais de avaliação, procurando viabilizar o atendimento das diferentes necessidades educativas de todos os aprendizes no tocante à construção do conhecimento.

Tudo isso significa que o currículo precisa ser flexibilizado, sem que haja redução de conteúdo, a fim de que ele possa atender às necessidades individuais do aprendiz. Ao mesmo tempo, deve permitir que este se aproprie do mesmo conhecimento que seus colegas de classe, cabendo ao professor a devida adaptação no tocante à forma, preservando-se a essência do assunto estudado.

6.3.4
Ambiente escolar e sala de aula inclusiva

As mudanças que caracterizam a transformação da escola em uma instituição inclusiva atingem todos os aspectos desta, inclusive a parte do ambiente escolar, com destaque para a sala de aula.

Quando falamos em *ambiente inclusivo*, estamos nos referindo não apenas a um espaço físico, mas também a um meio, a uma espécie de ecossistema, um contexto ou atmosfera em que todos tenham seu comportamento influenciado pelo valor da inclusão. Em um ambiente escolar inclusivo, as diversas aptidões e adversidades são percebidas como algo natural. O ambiente escolar inclusivo tem de respirar inclusão da portaria à sala de aula.

Esse ambiente se caracteriza pela predominância da diversidade, pela pluralidade, não pela padronização. Os sistemas de auxílio e de ajuda mútua funcionam durante todo o percurso em que se dá o processo de ensino-aprendizagem. As pessoas que compõem o conjunto da comunidade escolar são compreensivas e cooperativas. Por sua vez, os meios utilizados para a promoção da adaptação curricular estão presentes em seu cotidiano, além de serem de fácil acesso.

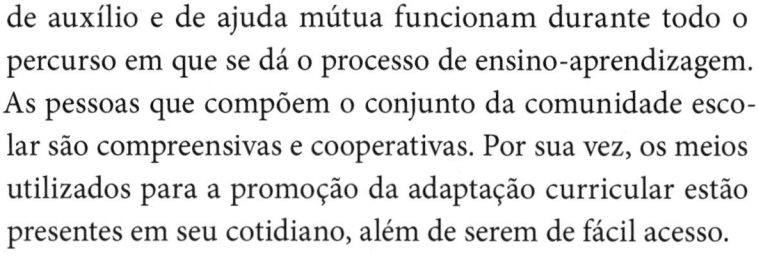

Uma sala de aula inclusiva, em todos os seus aspectos, é gerida para e pela inclusão. Não basta fazer adaptações pontuais nela; é necessário mudar sua essência, visto que a sala de aula tradicional é seletiva e padronizada, feitas para alunos *standart* assistirem a aulas *standart*. Apesar de a sala de aula tradicional persistir, as turmas são cada vez mais diversas e exigem novas práticas e estratégias didático-pedagógicas plurais e diferenciadas. As estratégias de aula do passado funcionam cada vez menos.

As *salas de aula inclusivas* são assim chamadas porque incluem na forma e no conteúdo. Elas requerem uma estratégia e uma estrutura próprias, no sentido de que todos presentes nelas atinjam os mesmos objetivos, mesmo que a maneira para fazê-lo seja diferenciada. O objetivo delas é favorecer o aprender. Os conteúdos são os mesmos, mas as atividades são individualizadas. As avaliações, por exemplo, são elaboradas com o intuito de atuar sobre as necessidades do aluno individual.

As salas de aula inclusiva exigem o desenvolvimento de uma pedagogia inclusiva, que revele uma preocupação com uma educação de qualidade para todos, indistintamente. Nelas, busca-se alcançar um aprendizado significativo e fornecer os meios para ajudar os alunos a obter êxito em suas atividades. O foco aqui está em todos aprenderem e fazerem bem, por meio do estabelecimento de um planejamento adequado e de metodologias que facilitem o desenvolvimento de cada estudante.

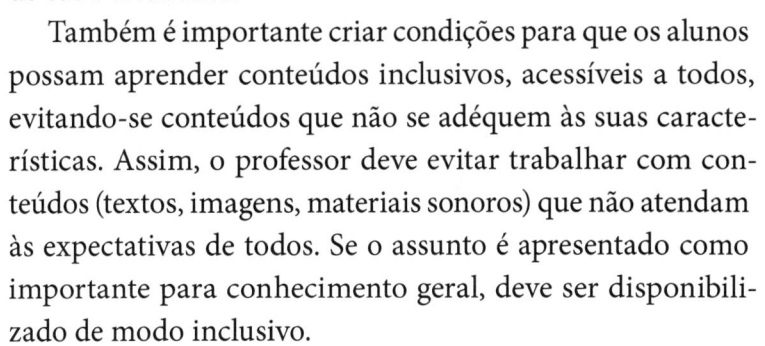

Também é importante criar condições para que os alunos possam aprender conteúdos inclusivos, acessíveis a todos, evitando-se conteúdos que não se adéquem às suas características. Assim, o professor deve evitar trabalhar com conteúdos (textos, imagens, materiais sonoros) que não atendam às expectativas de todos. Se o assunto é apresentado como importante para conhecimento geral, deve ser disponibilizado de modo inclusivo.

Ao escolher os instrumentos para inclusão a serem utilizados em sala de aula, o professor deve empregar tecnologias e ferramentas acessíveis a todos, permitindo uma adequada interação. Trata-se, muitas vezes, de como aplicar as *tecnologias assistivas*, expressão que se refere aos diversos recursos que favoreçam a assistência e a reabilitação e melhoram a qualidade de vida de pessoas com deficiência. Ao selecionar as ferramentas e a tecnologia a serem utilizadas, o professor deve levar em consideração como estas podem ser compreendidas e manuseadas pelas pessoas com necessidades especiais.

A diversidade nas salas exige um manejo diferenciado por parte do professor. As estratégias para isso, segundo Iverson (1999, p. 335), contribuem fundamentalmente na escola e "não podem ser negligenciadas durante o planejamento de estratégias práticas do ensino inclusivo. Na verdade, devem até ser uma prioridade no processo de planejamento", tendo relação direta com os sentimentos de eficácia e sucesso. A autora chega a sugerir que a elaboração de um plano de manejo da sala é tão necessário quanto um plano de aula.

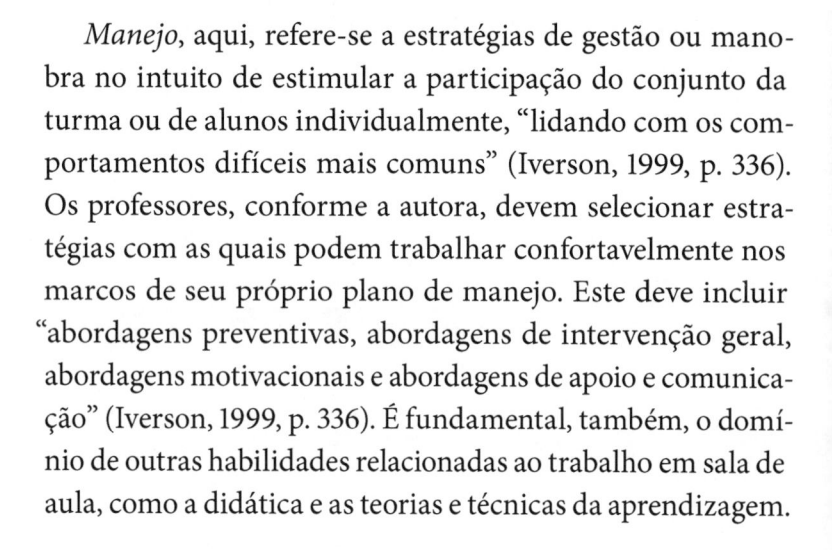

Manejo, aqui, refere-se a estratégias de gestão ou manobra no intuito de estimular a participação do conjunto da turma ou de alunos individualmente, "lidando com os comportamentos difíceis mais comuns" (Iverson, 1999, p. 336). Os professores, conforme a autora, devem selecionar estratégias com as quais podem trabalhar confortavelmente nos marcos de seu próprio plano de manejo. Este deve incluir "abordagens preventivas, abordagens de intervenção geral, abordagens motivacionais e abordagens de apoio e comunicação" (Iverson, 1999, p. 336). É fundamental, também, o domínio de outras habilidades relacionadas ao trabalho em sala de aula, como a didática e as teorias e técnicas da aprendizagem.

6.4
Obstáculos no processo de aprendizagem

Quando o psicopedagogo ou o professor iniciam um processo de inclusão escolar, eles encontram obstáculos. Esses obstáculos têm origem dentro e fora da escola, mas se manifestam no cotidiano da sala de aula.

A maioria dos estudos em educação inclusiva aponta para a falta de formação adequada dos professores em relação ao trabalho com a diversidade dos alunos. A maior parte dos profissionais ainda não tem formação específica em educação especial, embora a oferta de cursos de pós-graduação na área venha crescendo. O país tem investido em políticas de formação por meio de cursos de formação de docentes na modalidade a distância, seja em cursos de extensão, seja em cursos de especialização. Todavia, ainda faltam profissionais para atuar na periferia das capitais e das cidades grandes, bem como no interior.

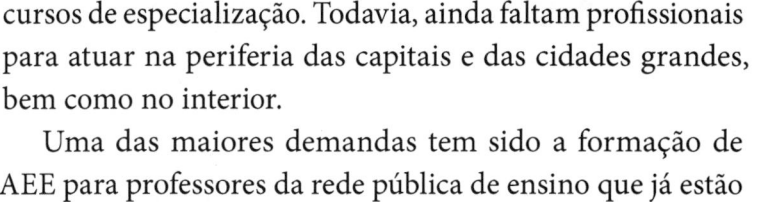

Uma das maiores demandas tem sido a formação de AEE para professores da rede pública de ensino que já estão atuando ou deverão atuar nas salas de recursos multifuncionais das escolas, reservadas ao AEE. As secretarias estaduais e municipais de educação têm a obrigação de investir na formação continuada de professores do AEE, permitindo o aprofundamento nesse campo.

Também é importante a ampliação da formação de professores em diversidade étnico-cultural, com vistas a atender ao perfil cada vez mais diverso de nossos alunos e alunas.

Conforme aludimos anteriormente, em 2003 foi sancionada a Lei n. 10.639/2003, que alterou a LDBEN e incluiu no currículo escolar a obrigatoriedade do ensino de história e cultura afro-brasileira e africana. A regulamentação da lei consta no texto das Diretrizes Curriculares Nacionais para a Educação das Relações Étnico-Raciais e para o Ensino de História e Cultura Afro-Brasileira e Africana, instituídas em 2004 (Brasil, 2004b). Por intermédio dessas diretrizes, as escolas públicas e privadas têm orientações para promover o ensino da cultura afro-brasileira e africana em sala de aula. Todavia, ainda falta muito para que a lei se torne realidade em sala de aula. Problemas relacionados ao preconceito racial e religioso contribuem para a falta de respeito à diversidade étnico-racial na escola. O mesmo ocorre com relação à cultura indígena e de outros grupos.

Outro empecilho à inclusão escolar é a grande quantidade de alunos em sala de aula, especialmente no ensino fundamental e na rede pública. A abundância de alunos na sala impede um acompanhamento personalizado e ajustado às características individuais, induzindo o professor a uma aula didática única e massificada para todos.

Esse problema torna-se mais grave quando há alunos com deficiência em sala, que requerem mais atenção e apoio. A inclusão escolar prescinde de estratégias que assegurem o pleno desenvolvimento de todos. Por isso, cabe o uso de metodologias ativas de ensino, que exigem do professor um acompanhamento individualizado do aluno, o que é dificultado pela existência de turmas grandes. O problema pode ser resolvido, muitas vezes, com a divisão das turmas ou com a inserção de outro profissional para dividir o trabalho docente em sala.

Uma dificuldade que também é destacada pelos profissionais que trabalham com a educação inclusiva é a falta de recursos e equipamentos adaptados, além de materiais pedagógicos acessíveis, utensílios usados no apoio ao processo de ensino-aprendizagem em turmas da educação inclusiva. A falta dessas ferramentas é uma situação real enfrentada por muitas unidades escolares que passam a ofertar a inclusão sem oferecer todas as condições devidas.

É evidente que não se pode aguardar até que a escola cumpra com as condições ideais para começar a agir. A inclusão não pode esperar. Muitas secretarias de educação e escolas têm adquirido materiais especiais. Professores os têm comprado individualmente em diversas situações, assim como os pais têm colaborado. As parcerias e os convênios com entidades da sociedade civil têm sido igualmente importantes nesses casos.

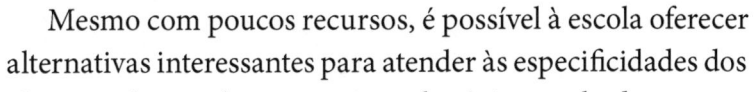

Mesmo com poucos recursos, é possível à escola oferecer alternativas interessantes para atender às especificidades dos alunos, adaptando materiais pedagógicos voltados para a inclusão. Muitas vezes, torna-se necessário confeccionar tais ferramentas e elaborar equipamentos adequados na própria escola, o que permite uma economia de recursos.

6.5
Contribuições da psicopedagogia institucional à educação inclusiva

A psicopedagogia, como campo do conhecimento voltado a estudar a aprendizagem humana, tem grande contribuição a dar à educação inclusiva. O redimensionamento do papel da escola é objeto de reflexão de ambos os campos do conhecimento, o que faz surgir interfaces entre eles. A educação inclusiva exige um novo olhar sobre como promover a aprendizagem de crianças, adolescentes e adultos, exigindo uma nova atitude profissional e impondo a necessidade de um conjunto de habilidades e competências em seu fazer cotidiano.

Os profissionais da psicopedagogia podem contribuir com a inclusão na medida em que atuem de maneira colaborativa com os outros profissionais da escola – em particular, o professor, responsável pela mediação cotidiana do conhecimento. Nas instituições escolares, o trabalho colaborativo encontra seu lugar no assessoramento psicopedagógico, que, como citamos anteriormente, tem foco nas interações ocorridas entre os alunos e os agentes educativos, cujo resultado são produtos do saber. O enfoque da intervenção psicopedagógica, nesse caso, tem uma abordagem predominantemente coletiva e preventiva.

De acordo com Sánchez-Cano e Bonals (2011, p. 12), o assessoramento psicopedagógico, "a partir dos conhecimentos e ferramentas que lhes são próprios, é dirigido fundamentalmente à transformação das escolas e demais cenários educativos, para uma educação de máxima qualidade para todos, em seus contextos comuns". Para os autores, essa educação de qualidade "passa por fazer uma ampla e profunda inovação educativa, que leve em conta as culturas, as políticas e as práticas inclusivas" (Sánchez-Cano; Bonals, 2011, p. 12).

Para Echeita e Rodriguez (2011), quando se fala em *inclusão*, deve-se promover uma mudança conceitual no âmbito da escola, criando condição para uma melhor aprendizagem e rendimento de todos os alunos, sem exceção, com a busca da eliminação das barreiras à aprendizagem. O caminho da inclusão passa por entendê-la como um processo, não como um ponto de chegada. Segundo as autoras, nesse ínterim, o papel do assessor psicopedagógico não é outro senão "o de colaborar nos processos de inovação e melhora educativa que contribuam para uma maior inclusão educativa" (Echeita; Rodriguez, 2011, p. 23).

Ainda conforme Echeita e Rodriguez (2011), essa colaboração começa com o trabalho de pesquisa colaborativa e participativa com os alunos e suas famílias. Em seguida, deve-se pôr em prática um planejamento colaborativo com as classes, contribuindo com o andamento do curso a curto, médio e longo prazos; também é preciso efetuar atividades de formação nas escolas e realizar inovações nos currículos e cooperação com outros estabelecimentos de ensino. As autoras destacam a importância de se trazer um profissional de fora do ambiente estudado para o trabalho investigativo, a fim de propiciar um olhar mais crítico da realidade.

Outro elemento importante no processo de redefinição do caráter da concepção e da prática escolar no caminho da inclusão é a autoavaliação. Para Echeita e Rodriguez (2011, p. 25), "a escola tem que se comprometer a realizar uma análise exaustiva de sua situação presente e de suas possibilidades futuras voltadas para uma maior inclusão", incorporando suas dimensões cultural, política e prática.

Por fim, cabe ressaltar a importância do trabalho do assessor psicopedagógico com as equipes pedagógicas e os professores que compõem a escola. Esse trabalho deve ter um caráter colaborativo, construído dialogicamente e baseado nos valores da inclusão, sempre em associação com as boas práticas difundidas no meio profissional. O olhar do profissional da psicopedagogia é complementar aos dos demais profissionais no trabalho inclusivo, com foco no aprender.

Trabalhar de modo colaborativo é operar em rede, percebendo a escola como uma comunidade, integrada por diferentes profissionais e baseada em objetivos que são compartilhados. O estabelecimento de laços de colaboração entre as equipes de trabalho e as famílias é fundamental para que o processo flua e os resultados apareçam. A colaboração não impede o aparecimento de conflitos, mas impulsiona os sujeitos para que tentem solucioná-los.

A atuação profissional do assessor psicopedagógico na prática do assessoramento é um fenômeno complexo, marcado por situações de instabilidade, incertezas e conflitos de valores e dotado de um caráter único. Esse conjunto de situações exige uma avaliação permanente do que é feito e uma permanente disposição para a autocrítica, além da necessidade de se repensar constantemente a própria formação.

6.6
Caminhos da educação inclusiva no Brasil

Apesar dos avanços, a educação inclusiva, de fato, nunca foi plenamente consensual no debate educacional, especialmente entre diversos setores que trabalham com a educação de crianças e jovens com deficiência. Durante o período de debates que antecedeu a implantação da Lei n. 13.146/2015 (Lei Brasileira de Inclusão da Pessoa com Deficiência) e até mesmo após a aprovação da lei, vários desses segmentos se manifestaram e empreenderam ações contra a implementação desse texto legal.

Representando o ponto de vista de parte dos profissionais e familiares de alunos que defendem o paradigma da educação especial, entidades como a Associação de Pais e Amigos dos Excepcionais (Apae) e a Confederação Nacional dos Estabelecimentos de Ensino (Confenen) posicionaram-se contra a Lei Brasileira de Inclusão da Pessoa com Deficiência. As escolas privadas chegaram a entrar com uma ação direta de inconstitucionalidade (Adin) contra ela no Supremo Tribunal Federal (STF), tendo sido derrotadas.

Já o governo do Presidente Jair Bolsonaro defendeu mudanças na legislação de educação inclusiva. Logo ao assumir, o então ministro da Educação Ricardo Vélez Rodríguez dissolveu a Secretaria de Educação Continuada, Alfabetização, Diversidade e Inclusão (Secadi). Em seu lugar, foi criada a Secretaria de Modalidades Especializadas de Educação (Semesp). O paradigma da educação inclusiva passou, pouco a pouco, a ceder espaço ao paradigma da educação especial.

Ainda no primeiro ano de governo, assessores do Ministério da Educação anunciaram a intenção de promover uma atualização da política de inclusão de pessoas com deficiência em escolas regulares. A principal discussão residia na possibilidade de se permitir a inserção de alunos com deficiência em escolas especiais, diferentemente do que prevê a lei, a qual determina a disponibilização de matrículas apenas em escolas públicas para esses casos.

De acordo com Nídia Regina Limeira de Sá, diretora de Acessibilidade, Mobilidade, Inclusão e Apoio a Pessoas com Deficiência do Ministério da Educação, após diálogo com entidades representativas e representantes do público da educação especial, o governo passou a defender a flexibilização da política de educação inclusiva. Em suas palavras,

> não entendemos que a educação para pessoas com deficiência ou TEA [transtorno do espectro autista] deva passar única e exclusivamente pelas escolas inclusivas comuns. Essa política

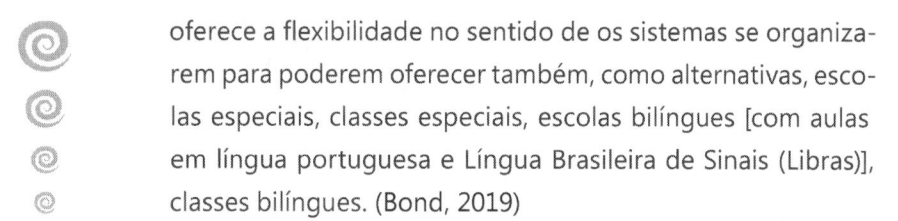

oferece a flexibilidade no sentido de os sistemas se organizarem para poderem oferecer também, como alternativas, escolas especiais, classes especiais, escolas bilíngues [com aulas em língua portuguesa e Língua Brasileira de Sinais (Libras)], classes bilíngues. (Bond, 2019)

A proposta de flexibilização da educação inclusiva, na perspectiva que vem sendo proposta (de o Estado voltar a ofertar matrículas e financiar estudos em escolas especiais, classes especiais etc.), encontra forte oposição no meio acadêmico e entre as entidades que defendem a educação inclusiva. Estas têm resistido às iniciativas de alteração no Estatuto da Pessoa com Deficiência (Lei n. 13.146/2015).

A pesquisadora Meire Cavalcante, por exemplo, é contra a proposta:

"E essas entidades que defendem a segregação de seres humanos em classes e escolas especiais querem receber essa dupla matrícula, mas ela é um motor para inclusão, não para segregação, então elas querem receber como escola e como atendimento educacional especializado", ressalta Meire, acrescentando que essa verba também atrai o interesse de prefeituras e políticos que a utilizam para também segregar e manter nichos eleitorais. "Esse discurso que coloca a pessoa com deficiência como incapaz ou 'pobrezinha' é justamente o que nós queremos extinguir. ('Atualização'..., 2020)

Apresentadas as duas perspectivas que polarizam o debate político e pedagógico que domina os círculos que se debruçam sobre o tema, esperamos que o Congresso Nacional, instância responsável por debater a mudança e aprovar a nova legislação, ouça antes todas as partes envolvidas, viabilizando a discussão democrática, buscando aperfeiçoar (e não fazer retroceder) a educação inclusiva e protegendo os alunos com deficiência do retorno ao modelo de segregação.

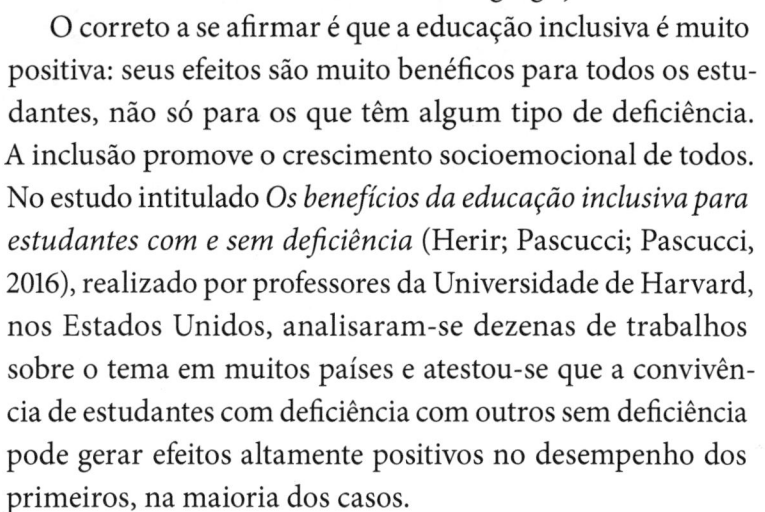

O correto a se afirmar é que a educação inclusiva é muito positiva: seus efeitos são muito benéficos para todos os estudantes, não só para os que têm algum tipo de deficiência. A inclusão promove o crescimento socioemocional de todos. No estudo intitulado *Os benefícios da educação inclusiva para estudantes com e sem deficiência* (Herir; Pascucci; Pascucci, 2016), realizado por professores da Universidade de Harvard, nos Estados Unidos, analisaram-se dezenas de trabalhos sobre o tema em muitos países e atestou-se que a convivência de estudantes com deficiência com outros sem deficiência pode gerar efeitos altamente positivos no desempenho dos primeiros, na maioria dos casos.

Umas das pesquisas referenciadas no trabalho citado – realizada em 2007, na Universidade de Manchester, no Reino Unido, com base em 26 estudos desenvolvidos nos Estados Unidos, na Austrália, no Canadá e na Irlanda – revelou que 81% dos alunos sem deficiência que frequentavam salas de aula inclusivas não sofreram prejuízo ou até mesmo tiveram ganhos em seu desenvolvimento acadêmico (Herir; Pascucci; Pascucci, 2016).

O estudo indicou que alunos com alguma deficiência e que são incluídos na escola comum tendem a obter um desempenho mais positivo do que alunos que são segregados. Os dados apontam que participar da educação inclusiva pode produzir muitos impactos positivos no desenvolvimento acadêmico dos alunos. Eis alguns resultados encontrados:

1. Estudantes com deficiência que passam a maior parte de seu dia escolar em ambientes inclusivos alcançam notas mais altas em testes de habilidade linguística.
2. Jovens com deficiência que tiveram mais aulas acadêmicas em contextos de educação regular obtiveram um progresso maior em medidas de competências acadêmicas do que seus pares que passaram mais tempo em programas separados de educação especial.
3. Estudantes incluídos eram 75% mais propensos a ganhar uma credencial profissional ou acadêmica do que estudantes que foram educados em classes especiais.
4. A educação inclusiva tem demonstrado reiteradamente que serve para apoiar o desenvolvimento acadêmico de estudantes com deficiência intelectual, como a síndrome de Down, em particular nas áreas de linguagem e alfabetização.
5. A quantidade de tempo que um aluno com síndrome de Down passa em classes regulares foi um elemento significativo para o desenvolvimento de suas habilidades acadêmicas, com efeitos particularmente fortes sobre a capacidade de leitura das crianças mais novas.

Diante desse contexto, fica claro que o contato cotidiano com discentes sem deficiência favorece o desenvolvimento cognitivo dos discentes com deficiência.

Síntese

Neste capítulo, concentramos nossa abordagem na questão da inclusão socioeducativa e nas políticas de educação inclusiva, partindo da fase da segregação, passando pela integração e chegando à inclusão da pessoa com deficiência. Procuramos compreender a educação inclusiva como uma vertente de mudança profunda no caráter da escola, identificando os avanços e os limites do processo em curso. Analisamos o desenvolvimento do processo de ensino-aprendizagem no contexto da inclusão e seus obstáculos, bem como destacamos a contribuição da psicopedagogia institucional para a inclusão na escola, dando relevo ao assessoramento psicopedagógico.

Indicações culturais

DIVERSA. **O que é educação inclusiva?** Disponível em: <https://diversa.org.br/educacao-inclusiva/o-que-e-educacao-inclusiva/>. Acesso em: 15 abr. 2022.
Nessa matéria, você encontrará os princípios da educação inclusiva e as dimensões de um projeto educacional inclusivo.

SILVA, L. G. dos S.; SILVA, L. C. da S. (Org.). **Educação em direitos humanos e educação inclusiva**: concepções e práticas pedagógicas. Curitiba: Appris, 2020.
Em uma perspectiva dialógica, esse livro promove análises que articulam direitos humanos e inclusão educacional. Por meio de uma abordagem sócio-histórica e educacional da luta por direitos humanos, é debatida a inclusão escolar de pessoas com deficiência, com destaque para as pessoas cegas.

SOUZA, I. V. de (Org.). **Educação inclusiva no Brasil**: história, gestão e políticas. Jundiaí: Paco, 2019.

Ao abordar de maneira especial a história, a gestão e as políticas da educação inclusiva no Brasil, esse livro tem a finalidade de ressaltar os contextos e as lutas das pessoas com deficiência, desde as primeiras iniciativas de atendimento até as políticas mais recentes. Ao longo das diversas discussões, são descritas as diferentes concepções teóricas das políticas educacionais e as ações governamentais e civis voltadas à educação inclusiva em nosso país.

COMO estrelas na Terra, toda criança é especial. Direção: Aamir Khan. Índia, 2007. 175 min.

O filme retrata a vida do sonhador Ishaan, uma criança com dislexia que vai parar em um internato. Lá, Ram Shankar Nikumbh, o professor de Arte, ajuda o jovem a descobrir sua verdadeira identidade e potencial, antes ignorados por seus mestres.

Atividades de autoavaliação

1. No que diz respeito ao direito à educação, é correto afirmar:
    a) A escola moderna, ao priorizar os iguais, o "normal", em detrimento do "patológico", não contribuiu para a exclusão das pessoas com deficiência.
    b) As lutas pelos direitos civis espalham-se pelo mundo e refletem o desejo dos grupos sociais não hegemônicos em assegurar condições de vida mais justas, combatendo a opressão e a discriminação,

a exemplo dos movimentos de mulheres, negros, indígenas, homossexuais e outros grupos sociais.
c) *Igualdade* e *equidade* têm o mesmo significado no que concerne ao tratamento dos diferentes.
d) Quando se fala em *inclusão socioeducativa*, o foco concentra-se nas crianças com distúrbios ou dificuldades de aprendizagem provocadas por problemas de ordem neurológica, e não na exclusão causada por fatores sociais.
e) Nenhuma das respostas anteriores.

2. No que se refere ao tema da educação inclusiva, é correto afirmar:
   a) Tem por objetivo oferecer, principalmente, atendimento especializado aos estudantes que apresentam algum tipo de deficiência.
   b) Tem por objetivo oferecer, principalmente, atendimento especializado aos estudantes de grupos étnico-culturais e sociais discriminados.
   c) Busca a inclusão de todos e de todas – independentemente de seu talento, deficiência, origem socioeconômica ou cultural – em escolas e salas de aula provedoras em que o conjunto das necessidades desses alunos seja atendido.
   d) Apesar dos esforços governamentais, o número de matrículas em classes comuns no Brasil tem diminuído.
   e) Nenhuma das respostas anteriores.

3. A respeito do Atendimento Educacional Especializado (AEE), é correto afirmar:
   a) Trata-se de um serviço a ser oferecido aos alunos por iniciativa das escolas.
   b) Previsto na legislação, ele é o principal instrumento que objetiva assegurar a oferta de um conjunto de atividades, recursos de acessibilidade e recursos pedagógicos organizados institucionalmente.
   c) O AEE, na prática, efetiva-se por meio da oferta de serviços como salas de recursos multifuncionais, formação continuada de professores e elaboração, produção e distribuição de recursos educacionais para a acessibilidade, por parte de instituições especializadas em educação especial.
   d) O AEE tem como objetivo ofertar um espaço de reforço escolar.
   e) Nenhuma das respostas anteriores.

4. De acordo com Mantoan (2015), a implantação da educação inclusiva não pode ser pensada como um encaixe de um modelo novo em uma velha matriz de concepção escolar. Ela deve ter como ponto de partida:
   a) o aproveitamento dos aspectos positivos do modelo anterior.
   b) a combinação entre o modelo anterior e a educação inclusiva.
   c) a necessidade de recriar o modelo educativo vigente.
   d) uma transição lenta e gradual para o novo modelo.
   e) Nenhuma das respostas anteriores.

5. Entre as principais contribuições que a psicopedagogia institucional pode ofertar à inclusão socioeducativa, é correto destacar:
   a) Os profissionais da psicopedagogia podem contribuir com a inclusão, focalizando sua atuação no suporte aos discentes com deficiência.
   b) Os profissionais da psicopedagogia podem atuar especificamente no suporte ao professor, responsável pela mediação cotidiana do conhecimento.
   c) O psicopedagogo deve evitar o trabalho de pesquisa do tipo colaborativo e participativo com os alunos e suas famílias, pois isso pode interferir negativamente no trabalho do professor.
   d) O olhar do profissional da psicopedagogia é complementar aos dos demais profissionais no trabalho inclusivo, com foco no aprender, devendo atuar de maneira colaborativa e operar em rede.
   e) Nenhuma das respostas anteriores.

Atividades de aprendizagem

Questões para reflexão

1. Observe as instalações físicas de um prédio que você frequenta regularmente (de estudo, trabalho ou lazer). Veja se elas têm acessibilidade e informações em braille ou Língua Brasileira de Sinais (Libras). Reflita sobre o caráter inclusivo dessas edificações.

2. Procure dialogar com um ou mais profissionais que trabalhem com educação inclusiva. Pode ser um professor, um apoiador de aluno com deficiência ou um profissional do Atendimento Educacional Especializado (AEE) da instituição que você frequenta (ou de outra a que você tenha acesso). Converse sobre os aspectos positivos e as dificuldades que ele(s) encontra(m) no dia a dia para incluir e procure pensar, com base nisso, em ideias que poderiam ser postas em prática para melhorar a situação.

Atividade aplicada: prática

1. Entreviste um profissional que trabalhe com inclusão escolar (especialmente alguém que atue em uma sala de AEE), procurando saber sobre sua atuação profissional e os principais desafios encontrados para se promover a inclusão na escola.

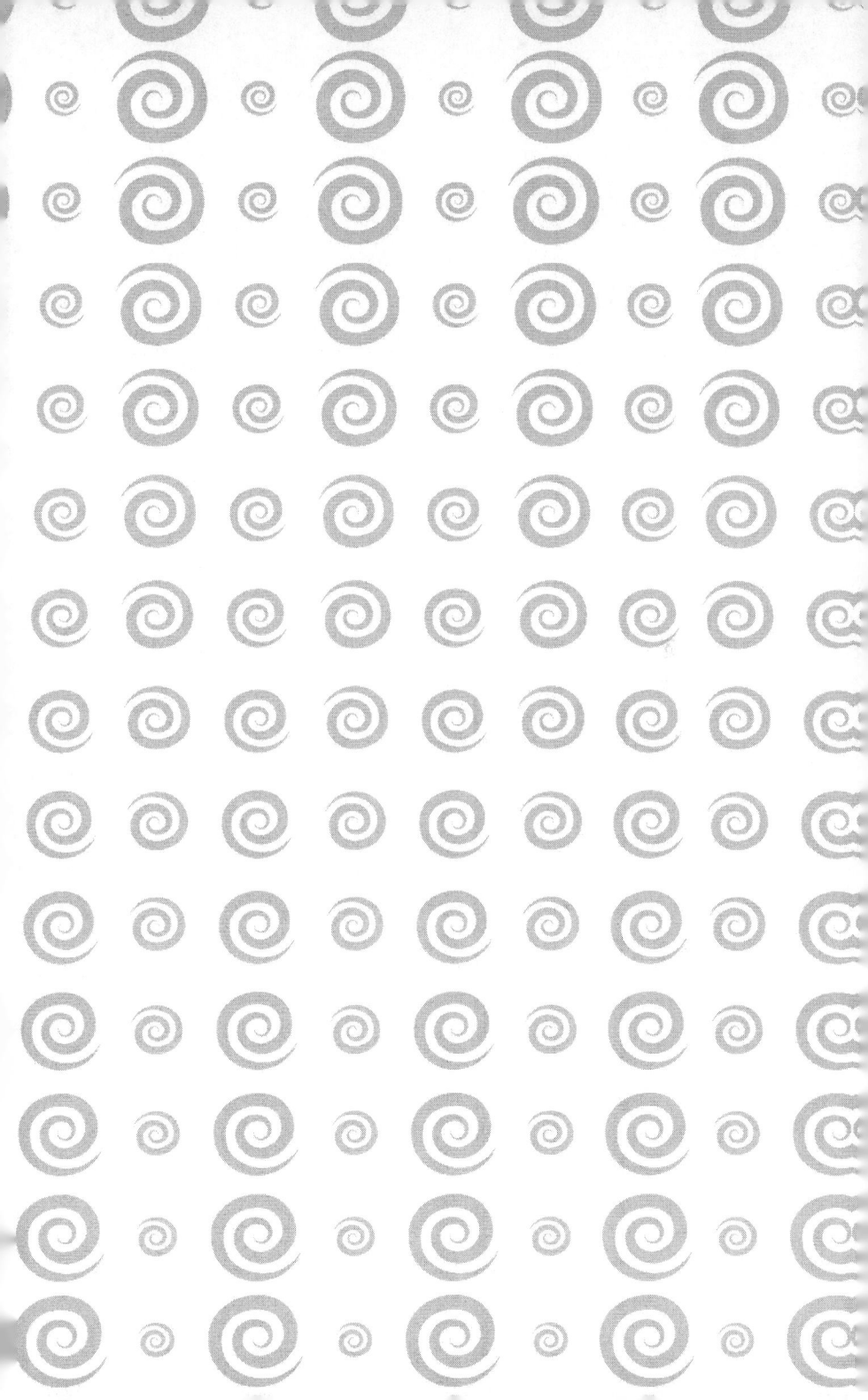

Considerações finais

Nesta obra, tratamos da avaliação psicopedagógica institucional, abordando seu conceito, suas características, a forma como deve ser realizada e seu papel no âmbito da aprendizagem na sociedade contemporânea. Procuramos analisar os fatores constitutivos da avaliação, suas etapas e seus principais instrumentos, bem como a execução da avaliação psicopedagógica institucional no contexto de fatores como o fracasso escolar e a educação inclusiva.

Na sociedade atual, o conhecimento ganha cada vez mais importância como vetor do desenvolvimento econômico e social, em virtude do fato de que aumentam as exigências do mundo contemporâneo. As transformações tecnológicas, econômicas e políticas impõem novos desafios à sociedade, ampliando as demandas no campo educativo. A sociedade mudou e requer o emprego de novas estratégias educativas, redefinindo-se o papel da escola e o ato de estudar.

Se o ser humano tem o aprendizado como uma de suas características, os desafios do aprender se multiplicam no mundo atual. Diante disso, campos de conhecimento como a psicopedagogia ganham relevância como área de investigação, e seus conceitos passam a ser cada vez mais estudados. As pesquisas sobre a maneira como as pessoas aprendem tornam-se cada vez mais relevantes. Redimensiona-se o papel do professor. O aprendiz é visto como um ser ativo, abandonando a passividade que predominou durante séculos. O aprender, para ser eficiente, tem de ocorrer de modo significativo.

As mudanças nos paradigmas educacionais reservam um novo papel para a avaliação educacional. A prática pedagógica desloca-se do foco no ensino de conteúdos para um novo eixo, o desenvolvimento de competências, sem perder de vista o espírito crítico.

A avaliação psicopedagógica institucional também deve ser repensada nesse contexto. Não se trata apenas de identificar uma dificuldade e/ou distúrbio apresentado por um aluno ou uma turma. Trata-se também de perceber as potencialidades de um coletivo de aprendizes, cujo desenvolvimento pode ser bloqueado na instituição por fatores metodológicos ou relativos à interação social.

O Brasil avançou nos últimos anos no que se refere ao acesso à educação, especialmente na educação infantil, no ensino fundamental, no ensino superior e na inclusão socioeducativa. Por outro lado, muitos problemas persistem no país, como o baixo desempenho de alunos nos testes nacionais e internacionais padronizados. Muito foi feito, mas muito ainda há por fazer, particularmente no campo da inclusão e no tocante ao propósito de melhorar a qualidade de nossa educação. Não basta assegurar que todo mundo estude. É preciso que todos e todas aprendam.

Em um projeto de melhora da educação em nosso país, um papel relevante está sendo reservado ao profissional da psicopedagogia. Sua especialidade consiste em facilitar a aprendizagem humana, nos marcos de um trabalho colaborativo com professores e outros especialistas. Os pais também compõem esse elo como parceiros fundamentais dos educadores. O psicopedagogo é um educador cujo ofício nasce da necessidade humana de aprender e cuja atuação deve voltar-se aos campos da seriedade, da competência, da ética e do compromisso social.

Esperamos, com esta obra, ter trazido novas perspectivas para a temática da avaliação psicopedagógica institucional, extremamente necessária para quem atua no campo da psicopedagogia institucional, seja em escolas, seja em empresas, seja em organizações não governamentais. Não tivemos a pretensão de dar a palavra final no debate aqui posto, e sim apresentar uma síntese das reflexões e práticas que se mostram mais representativas no campo da avaliação psicopedagógica institucional e que expressam os resultados da investigação científica nessa área.

Que os estudantes, os profissionais e os pesquisadores que entraram em contato com esta obra tenham tido uma leitura exitosa e prazerosa. Que os conceitos e as ideias aqui desenvolvidos sirvam para iluminar cada vez mais nossa formação, com reflexos positivos em nossa prática. Que as reflexões aqui propostas contribuam para fortalecer, progressivamente, a psicopedagogia em nosso país como um campo do saber que fundamente uma práxis educacional transformadora da realidade.

Referências

ABPP – Associação Brasileira de Psicopedagogia. **Código de Ética da Psicopedagogia.** 2019. Disponível em: <http://www.abpp.com.br/wp-content/Código-de-Ética-última-revisão-Simpósio.pdf>. Acesso em: 15 abr. 2022.

ABRAMIDES, M. B. C.; CABRAL, M. do S. R. Regime de acumulação flexível e saúde do trabalhador. **São Paulo em Perspectiva**, São Paulo, v. 17, n. 1, p. 3-10, jan./mar. 2003. Disponível em: <https://www.scielo.br/j/spp/a/P87NC7ZMqpymgR9t3gBG8yh/?lang=pt>. Acesso em: 15 abr. 2022.

ANDRÉ, M. E. D. A. de. **Etnografia da prática escolar.** 18. ed. Campinas: Papirus, 2012.

ANTUNES, C. **Vygotsky, quem diria?!** Em minha sala de aula. São Paulo: Vozes, 2002.

ARTIAGA, J. F. Trabalhar em e com a comunidade. In: SÁNCHEZ-CANO, M.; BONALS, J. **Manual de assessoramento psicopedagógico.** Porto Alegre: Artmed, 2011. p. 172-199.

'ATUALIZAÇÃO' da política de inclusão atende interesses de entidades em 'nome da segregação'. **Rede Brasil Atual**, São Paulo, 9 fev. 2020. Disponível em: <https://www.redebrasilatual.com.br/educacao/2020/02/atualizacao-politica-de-inclusao-interesses-economicos/>. Acesso em: 15 abr. 2022.

AZEVEDO, H. R. Assessoramento psicopedagógico institucional: o que é e como se faz. **Unisanta Humanitas**, v. 3, n. 1, p. 119-130, 2014. Disponível em: <https://periodicos.unisanta.br/index.php/hum/article/viewFile/280/279>. Acesso em: 15 abr. 2022.

BARBOSA, L. M. S. **A psicopedagogia no âmbito da instituição escolar.** Curitiba: Expoente, 2001.

BARBOSA, L. M. S. Psicopedagogia em grupo, no grupo e com o grupo: para além da patologização. **Psicopedagogia**, São Paulo, v. 26, n. 80, p. 325-336, 2009. Disponível em: <http://pepsic.bvsalud.org/scielo.php?script=sci_arttext&pid=S0103-84862009000200017>. Acesso em: 15 abr. 2022.

BARBOSA, L. M. S.; CARLBERG, S. **O que são consignas?** Contribuições para o fazer pedagógico e psicopedagógico. Curitiba: InterSaberes, 2014.

BARONE, L.; MARTINS, L.; CASTANHO, M. I. S. (Org.). **Psicopedagogia**: teorias da aprendizagem. São Paulo: Casa do Psicólogo, 2013.

BASTOS, A. B. B. I. **Psicopedagogia clínica e institucional**: diagnóstico e intervenção. São Paulo: Loyola, 2015.

BOND, L. Governo deve publicar nova Política de Educação Especial. **Agência Brasil**, Brasília, 1º out. 2019. Disponível em: <https://agenciabrasil.ebc.com.br/educacao/noticia/2019-12/governo-deve-publicar-nova-politica-de-educacao-especial>. Acesso em: 15 abr. 2022.

BOSSA, N. A emergência da psicopedagogia como ciência. **Psicopedagogia**, São Paulo, v. 25, n. 76, p. 43-48, 2008. Disponível em: <http://www.revistapsicopedagogia.com.br/detalhes/325/a-emergencia-da psicopedagogia-como-ciencia>. Acesso em: 15 abr. 2022.

BOSSA, N. **A psicopedagogia no Brasil**. Porto Alegre: Artmed, 2011.

BOSSA, N. A. **A psicopedagogia no Brasil**: contribuições a partir da prática. 5. ed. Rio de Janeiro: Wak, 2019.

BOSSA, N. **Fracasso escolar**: um olhar psicopedagógico. Porto Alegre: Artmed, 2002.

BRASIL. Câmara dos Deputados. **Projeto de Lei Complementar n. 3.512/2008.** Dispõe sobre a regulamentação do exercício da atividade de Psicopedagogia. Brasília, 2008a. Disponível em: <https://www.camara.leg.br/proposicoesWeb/prop_mostrari ntegra;jsessionid=node0d8362yt18lduypm50wnfrpc62974423. node0?codteor=572660&filename=PL+3512/2008>. Acesso em: 15 abr. 2022.

BRASIL. Comitê Nacional de Educação em Direitos Humanos. **Plano Nacional de Educação em Direitos Humanos.** Brasília: Secretaria Especial dos Direitos Humanos; Ministério da Educação; Ministério da Justiça, Unesco, 2007. Disponível em: <http://portal.mec.gov.br/docman/2191-plano-nacional-pdf/file>. Acesso em: 15 abr. 2022.

BRASIL. Constituição (1988). **Diário Oficial da União**, Brasília, DF, 5 out. 1988. Disponível em: <http://www.planalto.gov.br/ccivil_03/constituicao/constituicao.htm>. Acesso em: 15 abr. 2022.

BRASIL. Decreto n. 3.298, de 20 de dezembro de 1999. **Diário Oficial da União**, Poder Executivo, Brasília DF, 21 dez. 1999. Disponível em: <https://legislacao.presidencia.gov.br/atos/?tipo=DEC&numero=3298&ano=1999&ato=a55k3Zq5keNpWTe7a>. Acesso em: 15 abr. 2022.

BRASIL. Decreto n. 5.296, de 2 de dezembro de 2004. **Diário Oficial da União**, Poder Executivo, Brasília, DF, 3 dez. 2004a. Disponível em: <http://www.planalto.gov.br/ccivil_03/_ato2004-2006/2004/decreto/d5296.htm>. Acesso em: 15 abr. 2022.

BRASIL. Decreto n. 5.626, de 22 de dezembro de 2005. **Diário Oficial da União**, Poder Executivo, Brasília, DF, 23 dez. 2005. Disponível em: <http://www.planalto.gov.br/ccivil_03/_ato2004-2006/2005/decreto/d5626.htm>. Acesso em: 15 abr. 2022.

BRASIL. Decreto n. 6.571, de 17 de setembro de 2008. **Diário Oficial da União**, Poder Executivo, Brasília DF, 18 set. 2008b. Disponível em: <https://www2.camara.leg.br/legin/fed/decret/2008/decreto-6571-17-setembro-2008-580775-publicacaooriginal-103645-pe.html>. Acesso em: 15 abr. 2022.

BRASIL. Decreto n. 7.611, de 17 de novembro de 2011. **Diário Oficial da União**, Poder Executivo, Brasília DF, 18 nov. 2011. Disponível em: <http://www.planalto.gov.br/ccivil_03/_ato2011-2014/2011/decreto/d7611.htm>. Acesso em: 15 abr. 2022.

BRASIL. **Educação Básica teve 47,3 milhões de matrículas em 2020**. 29 jan. 2021. Disponível em: <https://www.gov.br/pt-br/noticias/educacao-e-pesquisa/2021/01/educacao-basica-teve-47-3-milhoes-de-matriculas-em-2020#:~:text=No%20ano%20passado%2C%20existiam%20no,579%20mil%20matr%C3%ADculas%20a%20menos>. Acesso em: 15 abr. 2022.

BRASIL. Lei n. 7.853, de 24 de outubro de 1989. **Diário Oficial da União**, Poder Executivo, Brasília, DF, 25 out. 1989. Disponível em: <http://www.planalto.gov.br/ccivil_03/leis/l7853.htm>. Acesso em: 15 abr. 2022.

BRASIL. Lei n. 8.069, de 13 de julho de 1990. **Diário Oficial da União**, Poder Legislativo, Brasília, DF, 16 jul. 1990. Disponível em: <http://www.planalto.gov.br/ccivil_03/leis/l8069.htm>. Acesso em: 15 abr. 2022.

BRASIL. Lei n. 9.394, de 20 de dezembro de 1996. **Diário Oficial da União**, Poder Legislativo, Brasília, DF, 23 dez. 1996. Disponível em: <http://www.planalto.gov.br/ccivil_03/leis/l9394.htm>. Acesso em: 15 abr. 2022.

BRASIL. Lei n. 10.639, de 9 de janeiro de 2003. **Diário Oficial da União**, Poder Legislativo, Brasília, DF, 10 jan. 2003. Disponível em: <http://www.planalto.gov.br/ccivil_03/leis/2003/l10.639.htm>. Acesso em: 15 abr. 2022.

BRASIL. Lei n. 13.005, de 25 de junho de 2014. **Diário Oficial da União**, Poder Legislativo, Brasília, DF, 26 jun. 2014. Disponível em: <http://www.planalto.gov.br/ccivil_03/_ato2011-2014/2014/lei/l13005.htm>. Acesso em: 15 abr. 2022.

BRASIL. Lei n. 13.146, de 6 de julho de 2015. **Diário Oficial da União**, Poder Legislativo, Brasília, DF, 7 jul. 2015. Disponível em: <http://www.planalto.gov.br/ccivil_03/_ato2015-2018/2015/lei/l13146.htm>. Acesso em: 15 abr. 2022.

BRASIL. Ministério da Educação. Conselho Nacional de Educação. Câmara de Educação Básica. Resolução n. 2, de 11 de setembro de 2001. **Diário Oficial da União**, Brasília, DF, 14 set. 2001. Disponível em: <http://portal.mec.gov.br/cne/arquivos/pdf/CEB0201.pdf>. Acesso em: 15 abr. 2022.

BRASIL. Ministério da Educação. Conselho Nacional de Educação. Câmara de Educação Básica. Resolução n. 4, de 2 de outubro de 2009. **Diário Oficial da União**, Brasília, DF, 3 out. 2009. Disponível em: <http://portal.mec.gov.br/index.php?option=com_content&view=article&id=13684%3Aresolucoes-ceb>. Acesso em: 15 abr. 2022.

BRASIL. Ministério da Educação. Secretaria Especial de Políticas de Promoção da Igualdade Racial. **Diretrizes Curriculares Nacionais para a Educação das Relações Étnico-Raciais e para o Ensino da História e Cultura Afro-Brasileira e Africana.** Brasília, DF, 2004b. Disponível em: <https://download.inep.gov.br/publicacoes/diversas/temas_interdisciplinares/diretrizes_curriculares_nacionais_para_a_educacao_das_relacoes_etnico_raciais_e_para_o_ensino_de_historia_e_cultura_afro_brasileira_e_africana.pdf>. Acesso em: 15 abr. 2022.

BRASIL. Ministério do Trabalho e Emprego. **Classificação Brasileira de Ocupações:** CBO – 2010. 3. ed. Brasília, MTE/SPPE, 2010. Disponível em: <http://www.cofen.gov.br/wp-content/uploads/2015/12/CLASSIFICA%C3%87%C3%83O-BRASILEIRA-DE-OCUPA%C3%87%C3%95ES-MEC.pdf>. Acesso em: 15 abr. 2022.

BROWN, J.; GILMOUR, W. H.; MacDONALD, E. B. Return to Work after Ill-Health Retirement in Scottish NHS Staff and Teachers. **Occupational Medicine**, v. 56, p. 480-484, 2006.

CAMARGO, F.; DAROS, T. **A sala de aula inovadora**: estratégias pedagógicas para fomentar o aprendizado ativo. Porto Alegre: Penso, 2018.

CAMARGO, J. S. Psicopedagogia institucional: escolar, empresarial, hospitalar. In: YAEGASHI, S. F. R. (Org.). **A psicopedagogia e suas interfaces**: reflexões sobre a atuação do psicopedagogo. Curitiba: CRV, 2012.

CAMBI. F. **História da pedagogia**. Tradução de Álvaro Lorencini. São Paulo: Ed. da Unesp, 1999.

CAMPOS, W. C. R.; MARILTO, A. Docência: condições de trabalho e saúde. **Conteúdo**, Brasília, n. 8, p. 5-11, nov. de 2010. Disponível em: <https://www.contee.org.br/conteudo/8/html5forpc.html>. Acesso em: 15 abr. 2022.

CAMPOS, M. C. R. O jogo em sala de aula e o desenvolvimento de competências do aluno e do professor. In: CAMPOS, M. C. R. M. (Org.). **Atuação em psicopedagogia institucional**. Rio de Janeiro: Wak, 2012. p. 19-66.

CARLBERG, S. **A psicopedagogia institucional**: uma práxis em construção. Curitiba, 1998. Disponível em: <http://www.drb-m.org/av1/41psicopedagogia-institucional.pdf>. Acesso em: 15 abr. 2022.

CARNEIRO, S. Vivendo ou aprendendo... A "ideologia da aprendizagem" contra a vida escolar. In: CÁSSIO, F. (Org.). **Educação contra a barbárie**: por escolas democráticas e pela liberdade de ensinar. São Paulo: Boitempo, 2019. p. 41-46.

CASTELLS, M. **Sociedade em rede**. São Paulo: Paz e Terra, 2003. v. 1.

COLOMER, T.; MASOT, M. T.; NAVARRO, I. A avaliação psicopedagógica. In: SÁNCHEZ-CANO, M.; BONALS, J. (Org.). **Avaliação psicopedagógica**. Porto Alegre: Artmed, 2008. p. 15-23.

COMA, R.; ÁLVAREZ, L. Técnicas e instrumentos de avaliação psicopedagógica. In: SÁNCHEZ-CANO, M.; BONALS, J. (Org.). **Avaliação psicopedagógica**. Porto Alegre: Artmed, 2008. p. 44-63.

COMELLES, T. H. Assessoramento psicopedagógico e a colaboração entre a família e a escola. In: MONERO, C.; SOLÉ, I. **O assessoramento psicopedagógico**: uma perspectiva profissional e construtivista. Porto Alegre: Artmed, 2000.

COMELLES, T. H. Assessoramento psicopedagógico e a colaboração entre a família e a escola. In: MONERO, C.; SOLÉ, I. **O assessoramento psicopedagógico**: uma perspectiva profissional e construtivista. 2. ed. Porto Alegre: Artmed, 2004.

COSTA, M. M. **Psicopedagogia empresarial**. Rio de Janeiro: Wak, 2009.

DALCIN, L.; CARLOTTO, M. S. Síndrome de burnout em professores no Brasil: considerações para uma agenda de pesquisa. **Psicologia em Revista**, Belo Horizonte, v. 23, n. 2, p. 745-771, ago. 2017. Disponível em: <https://doi.org/10.5752/P.1678-9563.2017v23n2p745-770>. Acesso em: 15 abr. 2022.

DELLAROSSA, A. **Grupos de reflexión**. Buenos Aires: Paidós, 1979.

DELORS, J. et al. **Educação**: um tesouro a descobrir. Relatório para a Unesco da Comissão Internacional sobre a Educação para o Século XXI. São Paulo: Cortez/Unesco, 1996.

DIAS SOBRINHO, J. Avaliação e transformações da educação superior brasileira (1995-2009): do Provão ao Sinaes. **Avaliação:** Revista da Avaliação da Educação Superior, Campinas; Sorocaba, v. 15, n. 1, p. 195-224, 9 abr. 2010. Disponível em: <https://www.scielo.br/j/aval/a/SkVnKQhDyk6fkNngwvZq44c/?lang=pt>. Acesso em: 15 abr. 2022.

DURKHEIM, É. **As regras do método sociológico.** Tradução de Walter Solon. Bauru: Edipro, 2012.

ECHEITA, G.; RODRIGUEZ, V. M. Assessoramento psicopedagógico e o desenvolvimento de uma educação escolar mais inclusiva. In: SÁNCHEZ-CANO, M.; BONALS, J. **Manual de assessoramento psicopedagógico.** Porto Alegre: Artmed, 2011. p. 16-31.

ENRIQUEZ, E. O vínculo grupal. In: LÉVY, A. et al. **Psicossociologia**: análise social e intervenção. Belo Horizonte: Autêntica, 2001. p. 61-76.

ENTREGADORES de aplicativos fazem greve "histórica" e trazem novo paradigma para o mundo do trabalho. **Brasil 247**, 2 jul. 2020. Disponível em: <https://www.brasil247.com/brasil/entregadores-de-aplicativos-fazem-greve-historica-e-trazem-novo-paradigma-para-o-mundo-do-trabalho>. Acesso em: 15 abr. 2022.

FABRIS, F. A noção de tarefa, pré-tarefa e trabalho na teoria de E. Pichon-Rivière. **Cadernos de Psicologia Social do Trabalho**, São Paulo, v. 17, n. 1, p. 111-117, 2014. Disponível em: <http://pepsic.bvsalud.org/scielo.php?script=sci_arttext&pid=S1516-37172014000100012>. Acesso em: 15 abr. 2022.

FERNÁNDEZ, A. **A inteligência aprisionada**: abordagem psicopedagógica clínica da criança e sua família. Porto Alegre: Artmed, 1990.

FERNÁNDEZ, A. **A inteligência aprisionada**: abordagem psicopedagógica clínica da criança e sua família. 2. ed. Porto Alegre: Artmed, 1991.

FERNÁNDEZ, A. **A mulher escondida na professora**. Porto Alegre: Artmed, 1994.

FERNÁNDEZ, A. **O saber em jogo**: a psicopedagogia propiciando autorias de pensamentos. Porto Alegre: Artmed, 2001a.

FERNÁNDEZ, A. **Os idiomas do aprendente**. Porto Alegre: Artmed, 2001b.

FERREIRA, L. **Saúde emocional do professor**. 2. ed. Rio de Janeiro: Litteris, 2019.

FERREIRO, E. **Reflexões sobre alfabetização**. 26. ed. São Paulo: Cortez, 2011.

FONT, C. M.; GALLART, I. S. O modelo psicopedagógico educacional-construtivo: dimensões críticas. In: MONERO, C.; SOLÉ, I. **O assessoramento psicopedagógico**: uma perspectiva profissional e construtivista. Porto Alegre: Artmed, 2000. p. 11-24.

FONTES, M. A. **Psicopedagogia e sociedade**: história, concepções e contribuições. São Paulo: Vetor, 2006.

FOUCAULT, M. **Vigiar e punir**: história da violência nas prisões. 36. ed. Petrópolis: Vozes, 1997.

FREIRE, M.; CAMARGO, F.; MARTINS, M. C. **Grupo**: indivíduo, saber e parceria – malhas do conhecimento. 2. ed. São Paulo: Espaço Pedagógico, 1997. (Série Seminários).

FREIRE, P. **Pedagogia do oprimido**. São Paulo: Paz e Terra, 2014.

FREITAS, M. E. de. **Cultura organizacional**: formação, tipologias e impactos. São Paulo: M. Books, 1991.

GARBIN, S. M. **Inteligência coletiva**: para fazer acontecer um mundo mais colaborativo e em harmonia. Brasília: Thesaurus, 2011.

GASPARIAN, M. C. C. **Psicopedagogia institucional sistêmica**: contribuições do modelo relacional. São Paulo: Lemos, 1997.

GIL, A. C. **Como elaborar projetos de pesquisa**. 5. ed. São Paulo: Atlas, 2010.

GORDON, R. Balancing Real: World Problems White Real World Results. **PHI Delta Kappan**, Arlington, v. 79, n. 5, p. 390-393, 1998.

GOUVEIA, D. da C. A epistemologia genética de Piaget e a psicopedagogia. In: BARONE, L. M.; MARTINS, L. C. B.; CASTANHO, M. I. S. (Org.). **Psicopedagogia**: teorias da aprendizagem. São Paulo: Casa do Psicólogo, 2013.

GRUPO DE TRABALHO DA POLÍTICA NACIONAL DE EDUCAÇÃO ESPECIAL. **Política de Educação Especial na Perspectiva da Educação Inclusiva**. Brasília, 2008. Disponível em: <http://portal.mec.gov.br/arquivos/pdf/politicaeducespecial.pdf>. Acesso em: 15 abr. 2022.

HARVEY, D. **Condição pós-moderna**. São Paulo: Loyola, 2005.

HERIR, T.; PASCUCCI, S.; PASCUCCI, C. **Os benefícios da educação inclusiva para estudantes com e sem deficiência**. São Paulo: Instituto Alana/Abt Associates, 2016. Disponível em: <https://alana.org.br/wp-content/uploads/2019/10/os-beneficios-da-educacao-inclusiva.pdf>. Acesso em: 15 abr. 2022.

INEP – Instituto Nacional de Estudos e Pesquisas Educacionais Anísio Teixeira. **Resumo técnico**: Censo da Educação Básica 2017. Brasília, 2019. Disponível em: <https://download.inep.gov.br/publicacoes/institucionais/estatisticas_e_indicadores/resumo_tecnico_censo_da_educacao_basica_2017.pdf>. Acesso em: 15 abr. 2022.

INEP – Instituto Nacional de Estudos e Pesquisas Educacionais Anísio Teixeira. **Resumo técnico**: Censo da Educação Básica 2019. Brasília, 2020. Disponível em: <https://download.inep.gov.br/publicacoes/institucionais/estatisticas_e_indicadores/resumo_tecnico_censo_da_educacao_basica_2019.pdf>. Acesso em: 15 abr. 2022.

IVERSON, A. Estratégias para o manejo de uma sala de aula inclusiva. In: STAINBACK, S.; STAINBACK, W. **Inclusão**: um guia para educadores. Porto Alegre: Artmed, 1999. p. 335-352.

KIGUEL, S. M. Reabilitação em neurologia e psiquiatria infantil: aspectos psicopedagógicos. **Congresso Brasileiro de Neurologia e Psiquiatria Infantil:** a criança e o adolescente na década de 80. Porto Alegre: Abenepe, 1983. v. 3.

KISHIMOTO, T. M. Brinquedos e brincadeiras na educação infantil. In: SEMINÁRIO NACIONAL CURRÍCULO EM MOVIMENTO: PERSPECTIVAS ATUAIS, 1., 2010, Belo Horizonte. **Anais...** Belo Horizonte, 2010. Disponível em: <http://portal.mec.gov.br/docman/dezembro-2010-pdf/7155-2-3-brinquedos-brincadeiras-tizuko-morchida/file>. Acesso em: 15 abr. 2022.

KISHIMOTO, T. M. **O brincar e suas teorias**. São Paulo: Pioneira, 1998.

LÉVY, P. **As tecnologias da inteligência**: o futuro do pensamento na era da informática. Rio de Janeiro: Ed. 34, 1993.

LEWIN, K. **Problemas de dinâmica de grupo**. São Paulo: Cultrix, 1946.

LUCKESI, C. **Avaliação da aprendizagem escolar**: estudos e proposições. São Paulo: Cortez, 2013.

MAGUIRE, M.; O'CONNELL, T. Ill-Health Retirement of Schoolteachers in the Republic of Ireland. **Occupational Medicine**, v. 57, p. 191-193, 2007.

MANTOAN, M. T. E. **Inclusão escolar**: O que é? Por quê? Como fazer? São Paulo: Summus, 2015.

MARCHESI, A.; PÉREZ, M. A compreensão do fracasso escolar. In: MARCHESI, A.; GIL, C. H. (Org.). **Fracasso escolar**: uma perspectiva multicultural. Porto Alegre: Artmed, 2004. p. 17-33.

MARQUES, A. C.; NUNES, I. J.; SANTOS, M. N. dos. Condições de saúde e trabalho de professores no ensino básico no Brasil: uma revisão. **EFDeportes**, Buenos Aires, ano 15, n. 166, mar. 2012. Disponível em: <https://efdeportes.com/efd166/condicoes-de-saude-e-trabalho-de-professores.htm>. Acesso em: 15 abr. 2022.

MARTINS, L. C. B.; CASTANHO, M. I. S.; ANGELINI, R. A. V. M. Psicologia sócio-histórica e psicopedagogia. In: BARONE, L. M.; MARTINS, L. C. B.; CASTANHO, M. I. S. (Org.). **Psicopedagogia**: teorias da aprendizagem. São Paulo: Casa do Psicólogo, 2013.

MILITÃO, A.; MILITÃO, R. **S.O.S. dinâmica de grupo**. Rio de Janeiro: Dunya, 1999.

MINISTÉRIO PÚBLICO FEDERAL; FUNDAÇÃO PROCURADOR PEDRO JORGE DE MELO E SILVA (Org.). **O acesso de alunos com deficiência às escolas e classes comuns da rede regular**. 2. ed. Brasília: Procuradoria Federal dos Direitos do Cidadão, 2004. Disponível em: <https://media.campanha.org.br/semanadeacaomundial/2008/materiais/SAM_2008_cartilha_acesso_alunos_com_deficiencia.pdf>. Acesso em: 15 abr. 2022.

MIRANDA, N. P. de; GARCIA, A. R. de S. Psicopedagogia nas organizações empresariais: a instituição além da escola e do hospital. **Humanidades**, Fortaleza, v. 30, n. 2, p. 290-303, jul./dez. 2015. Disponível em: <https://periodicos.unifor.br/rh/article/download/4785/3812>. Acesso em: 15 abr. 2022.

MORAES, R. R.; ONCALLA, S. A. A teoria psicogenética de Henri Wallon e suas contribuições para a psicopedagogia. In: BARONE, L. M.; MARTINS, L. C. B.; CASTANHO, M. I. S. (Org.). **Psicopedagogia**: teorias da aprendizagem. São Paulo: Casa do Psicólogo, 2013. p. 203-254.

MORAN, J. M.; MASETTO, M. T.; BEHRENS, M. A. **Novas tecnologias e mediação pedagógica**. Campinas: Papirus, 2000.

MOREIRA, M. A. A teoria da mediação de Vygotsky. In: MOREIRA, M. A. **Teorias de aprendizagem**. São Paulo: EPU, 1999. p. 109-122.

NEVES, M. A. C. M. Psicopedagogia: um só termo e muitas significações. **Boletim da Associação Brasileira de Psicopedagogia**, v. 10, n. 21, p. 10-14, 1991.

OLIVEIRA, M. Â. C. **Psicopedagogia**: a instituição educacional em foco. Curitiba: Ibpex, 2009.

OLIVEIRA, R. J. de **Síndrome de burnout**: guia completo. Joinville: Clube de Autores, 2016.

ONU – Organização das Nações Unidas. **Convenção Internacional sobre os Direitos das Pessoas com Deficiência**. 13 dez. 2006. Disponível em: <http://portal.mec.gov.br/index.php?option=com_docman&view=download&alias=424-cartilha-c&category_slug=documentos-pdf&Itemid=30192>. Acesso em: 15 abr. 2022.

PADILHA, P. R. **Como construir o projeto político-pedagógico da escola**. 5. ed. São Paulo: Cortez/Instituto Paulo Freire, 2005.

PAÍN, S. **Diagnóstico e tratamento dos problemas de aprendizagem**. Porto Alegre: Artes Médicas, 1987.

PALERMO, R. R. O. **Psicopedagogia institucional e a atuação em grupos de trabalho**. Curitiba: Appris, 2016.

PATTO, M. H. **A produção do fracasso escolar**: histórias de submissão e rebeldia. São Paulo: T. A. Queiróz, 1996.

PICCINATO, C. de A.; SAVOIA, M. G.; DUARTE, V. de O. S. Análise do comportamento aplicado à psicopedagogia. In: BARONE, L. M.; MARTINS, L. C. B.; CASTANHO, M. I. S. (Org.). **Psicopedagogia**: teorias da aprendizagem. São Paulo: Casa do Psicólogo, 2013. p. 81-118.

PICHON-RIVIÈRE, E. **O processo grupal**. 6. ed. São Paulo: M. Fontes, 1998a.

PICHON-RIVIÈRE, E. Historia de la técnica de los grupos operativos. **Temas de Psicología Social**, n. 6, p. 21-33, 1970a.

PICHON-RIVIÈRE, E. **Teoria do vínculo**. São Paulo: M. Fontes. 1998b.

PICHON-RIVIÈRE, E. Una teoría del abordaje de la prevención en el ámbito del grupo familiar. In: PICHON-RIVIÈRE, E. **El proceso grupal**: del psicoanálisis a la psicología social I. Buenos Aires: Nueva Visión, 1970b. p. 185-190.

PIRES, J. Por uma ética da inclusão. In: MARTINS, L. de A. R. et al. (Org.). **Inclusão**: compartilhando saberes. Petrópolis: Vozes, 2006. p. 29-53.

PLANAS, M. Família e escola: estratégias para uma relação construtiva. In: SÁNCHEZ-CANO, M.; BONALS, J. **Manual de assessoramento psicopedagógico**. Porto Alegre: Artmed, 2011. p. 151-171.

POCHMANN, M. A uberização leva à intensificação do trabalho e da competição entre os trabalhadores. **EPSJV/Fiocruz**, Rio de Janeiro, 28 nov. 2016. Entrevista. Disponível em: <http://www.epsjv.fiocruz.br/noticias/entrevista/a-uberizacao-leva-a-intensificacao-do-trabalho-e-da-competicao-entre-os>. Acesso em: 15 abr. 2022.

PORTILHO, E. **Como se aprende?** Estratégias, estilos e metacognição. 2. ed. Rio de Janeiro: Wak, 2011.

PORTILHO, E. M. L., BARBOSA, L. M. S. O grito da professora: do implícito ao explícito. **Psicopedagogia**, Pinheiros, v. 26, n. 79, p. 12-22, 2009. Disponível em: <http://www.revistapsicopedagogia.com.br/detalhes/263/o-grito-da-professora–do-implicito-ao-explicito>. Acesso em: 15 abr. 2022.

PORTILHO, E. et al. **A instituição que aprende sob o olhar da psicopedagogia**. Rio de Janeiro: Wak, 2018.

PORTO, O. **Psicopedagogia institucional**: teoria, prática e assessoramento psicopedagógico. 3. ed. Rio de Janeiro: Wak, 2009.

PORTO, O. **Psicopedagogia institucional**: teoria, prática e assessoramento psicopedagógico. 4. ed. Rio de Janeiro: Wak, 2011.

PROFESSOR Uber: a precarização do trabalho invade as salas de aula. **Carta Capital**, São Paulo, 28 ago. 2017. Disponível em: <https://www.cartacapital.com.br/sociedade/professor-uber-a-precarizacao-do-trabalho-invade-as-salas-de-aula/>. Acesso em: 15 abr. 2022.

RICHARDSON, R. J. **Pesquisa social:** métodos e técnicas. São Paulo: Atlas, 1999.

RUBINSTEIN, E. A especificidade do diagnóstico psicopedagógico. In: RUBINSTEIN, E. et al. (Org.) **Atuação psicopedagógica e aprendizagem escolar.** Petrópolis: Vozes, 2000. p. 127-139.

SAENZ, M. M.; PLAZAOLA, M. O. In: MONERO, C.; SOLÉ, I. (Org.). **O assessoramento psicopedagógico:** uma perspectiva profissional e construtivista. 2. ed. Porto Alegre: Artmed, 2004.

SALES, M. J. M.; DALMAU, M. R. A avaliação psicopedagógica: fases, procedimentos e utilização. In: MONERO, C.; SOLÉ, I. (Org.). **O assessoramento psicopedagógico:** uma perspectiva profissional e construtivista. 2. ed. Porto Alegre: Artmed, 2004. p. 214-223.

SÁNCHEZ-CANO, M.; BONALS, J. **Manual de assessoramento psicopedagógico.** Porto Alegre: Artmed, 2011.

SÁNCHEZ-CANO, M.; BONALS, J. (Org.). **Avaliação psicopedagógica.** Porto Alegre: Artmed, 2008.

SAYÃO, R. Aprender a conviver. **Folha de S.Paulo,** São Paulo, 25 jun. 2009. Disponível em: <https://www1.folha.uol.com.br/fsp/equilibrio/eq2506200916.htm>. Acesso em: 7 out. 2020.

SCHAFFNER, B. C.; BUSWELL, B. E. Dez elementos críticos para a criação de comunidades de ensino inclusivo e eficaz. In: STAINBACK, S.; STAINBACK, W. **Inclusão:** um guia para educadores. Porto Alegre: Artmed, 1999. p. 68-87.

SCHEIN, E. **Cultura organizacional e liderança.** São Paulo: Atlas, 2000.

SCOZ, B. **Psicopedagogia e realidade escolar:** o problema escolar e de aprendizagem. 18. ed. Petrópolis: Vozes, 2013.

SCOZ, B.; BARONE, L. M. C. A Associação Brasileira de Psicopedagogia e a constituição da psicopedagogia no Brasil. In: MALUF, M. I.; BOMBONATTO, Q. (Org.). **História da psicopedagogia e da ABPP no Brasil**: fatos, protagonistas e conquistas. Rio de Janeiro: Wak, 2007. p. 85-89.

SELLTIZ, C. et al. **Métodos de pequisa nas relações sociais**. São Paulo: Edusp, 1987.

SEVERINO, A. J. **Metodologia do trabalho científico**. 23. ed. São Paulo: Cortez, 2007.

SILVA, A. M. da. A uberização do trabalho docente no Brasil: uma tendência de precarização no século XXI. **Trabalho Necessário**, Niterói, v. 17, n. 34, p. 229-251, set./dez. 2019. Disponível em: <https://periodicos.uff.br/trabalhonecessario/article/view/38053/21780>. Acesso em: 15 abr. 2022.

SILVA, S. C. B.; MENDES, M. H. Dinâmicas, jogos e vivências: ferramentas úteis na (re)construção psicopedagógica do ambiente educacional. **Psicopedagogia**, São Paulo, v. 29, n. 90, p. 340-355, 2012. Disponível em: <http://www.revistapsicopedagogia.com.br/detalhes/126/dinamicas-jogos-e-vivencias-ferramentas-uteis-na-re-construcao-psicopedagogica-do-ambiente-educacional>. Acesso em: 15 abr. 2022.

SP: professor da rede estadual falta 27 dias por ano. **Veja**, São Paulo, 4 abr. 2013. Disponível em: <https://veja.abril.com.br/educacao/sp-professor-da-rede-estadual-falta-27-dias-por-ano/>. Acesso em: 15 abr. 2022.

SROUR, R. H. **Poder, cultura e ética nas organizações**. 12. ed. Rio de Janeiro: Campus, 1998.

STAINBACK, S. et al. A aprendizagem nas escolas inclusivas: e o currículo? In: STAINBACK, S.; STAINBACK, W. **Inclusão**: um guia para educadores. Porto Alegre: Artmed, 1999. p. 240-251.

THIOLLENT, M. **Metodologia da pesquisa-ação**. São Paulo: Cortez, 2000.

TRINCA, W. Aonde se dirige o olhar do psicopedagogo? In: SCOZ et al. (Org.). **Psicopedagogia**: um portal para a inserção social. Petrópolis: Vozes, 2003.

UNESCO – Organização das Nações Unidas para a Educação, a Ciência e a Cultura. **Declaração Mundial sobre Educação para Todos (Conferência de Jomtien – 1990)**. Jomtien: Unesco, 1990. Disponível em: <https://www.unicef.org/brazil/declaracao-mu ndial-sobre-educacao-para-todos-conferencia-de-jomtien-1990>. Acesso em: 15 abr. 2022.

UNESCO – Organização das Nações Unidas para a Educação, a Ciência e a Cultura. **Declaração de Salamanca sobre Princípios, Políticas e Práticas na Área das Necessidades Educativas Especiais**. Salamanca: Unesco, 1994. Disponível em: <https://www.udesc.br/arquivos/udesc/documentos/Declara__o_ de_Salamanca_15226886560741_7091.pdf>. Acesso em: 15 abr. 2022.

VISCA, J. **Clínica psicopedagógica**: epistemologia convergente. Porto Alegre: Artmed, 1987.

VYGOTSKY, L. **A formação social da mente**: o desenvolvimento dos processos psicológicos superiores. São Paulo: M. Fontes, 2003.

WEBER, A.; LEDERER, P. Morbidity and Early Retirement among Teachers at Vocational School. **Versicherungsmedizin Journal Articles**, v. 58, n. 1, p. 22-28, 2006.

WINNICOTT, D. W. **O brincar e a realidade**. Tradução de Bruno Longhi. São Paulo: Ubu, 2019.

Bibliografia comentada

ACAMPORA, B. **Fundamentos da psicopedagogia**: introdução, história, teorias e panorama geral. Rio de Janeiro: Wak, 2021.

    Esse livro introduz os conceitos fundamentais da psicopedagogia e apresenta um pouco da história dessa ciência no Brasil e no mundo, de maneira integrada. A autora descreve as teorias mais importantes da área, bem como seus campos de atuação em interface com outros ramos do saber. Discute as possibilidades de atuação, atribuições e funções do profissional da psicopedagogia, incorporando temas como a neurociência e as metodologias ativas de aprendizagem.

ANTUNES, C. **Piaget, Vygotsky, Paulo Freire e Maria Montessori em minha sala de aula.** Jandira: Ciranda, 2008.

    Nessa obra, o autor discute os problemas da escola e as maneiras como esta pode melhorar ao se aproximar do contexto do aluno, fazendo parte de seu dia a dia, incorporando-o como um sujeito ativo do processo de aprendizagem e estimulando sua autonomia, como pensado nas obras dos pensadores Jean Piaget, Lev Vygotsky, Paulo Freire e Maria Montessori.

BARBOSA, L. M. S. **Psicopedagogia**: o aprender do grupo. São José dos Campos: Pulso, 2016.

    Para abordar a construção do conhecimento fundamentada na convivência grupal, a autora se inspira em autores como Enrique Pichon-Rivière e Jorge Visca, buscando compreender como se processam o aprender e a psicopedagogia no contexto do grupo, a operatividade na escola e, em particular, o papel do observar e do copensar, mediante o conceito de grupo operativo.

BARONE, L. M. C. et al. (Org.). **Psicopedagogia:** do ontem ao amanhã – avanços e perspectivas. Rio de Janeiro: Wak, 2020.
Esse livro foi lançado em comemoração aos 40 anos da Associação Brasileira de Psicopedagogia (ABPP) Reúne reflexões, pesquisas e relatos de experiências que refletem diferentes olhares sobre o aprender. Na primeira parte do livro, os artigos apresentam um pouco da história da ABPP. Na segunda, adota-se uma abordagem interdisciplinar, com interface entre a educação e a saúde.

BRITES, L. **Brincar é fundamental:** como entender o neurodesenvolvimento e resgatar a importância do brincar durante a primeira infância. Caieiras: Gente, 2020.
Nessa obra, a autora visa explicar o processo de aprendizagem e a importância dos estímulos adequados de 0 a 6 anos, como decorrência do neurodesenvolvimento. Nesse contexto, atividades voltadas à estimulação de crianças, como o brincar, ganham relevância na primeira infância. Luciana Brites busca construir, em linguagem simples e acessível, um guia prático e objetivo destinado a pais e profissionais que lidam com crianças em seu cotidiano e que desejam compreender melhor como ocorre o desenvolvimento na primeira infância e como devem agir.

FERREIRA, L. de F. **Psicopedagogia e teoria da epistemologia convergente:** novas contribuições. Curitiba: InterSaberes, 2020.
Nessa obra, a autora Loriane Ferreira se dedica a refletir sobre como a teoria da epistemologia convergente de Jorge Visca pode contribuir para a psicopedagogia e como possibilita a compreensão dos processos de aprendizagem. O livro propõe um repensar sobre a aplicação prática desse corpo teórico nos diversos campos de atuação da psicopedagogia (institucional, clínica, hospitalar, etc.).

NUNES SOBRINHO, F. de P.; LEVY, G. C. T. de M. **A síndrome de burnout em professores do ensino regular:** pesquisa, reflexões e enfrentamento. Rio de Janeiro: Cognitiva, 2021.

O livro, que tem origem em uma dissertação de mestrado, trata da síndrome de *burnout*, uma doença que apresenta sintomas de exaustão extrema, estresse e esgotamento físico e mental resultantes de situações de trabalho marcadas pelo produtivismo e que atinge, especialmente, os profissionais de educação. O texto é organizado em seis capítulos e reflete um esforço de pesquisa e reflexão teórica sobre a saúde laboral e a necessária humanização do exercício da profissão docente, com foco na prevenção e no enfrentamento da referida síndrome.

SAMPAIO, S. **Dificuldades de aprendizagem**: a psicopedagogia na relação sujeito, família e escola. 5. ed. Rio de Janeiro: Wak, 2019.

Nesse trabalho, a autora busca analisar o papel da psicopedagogia na relação entre o sujeito, a família e a instituição escolar. O livro apresenta, inicialmente, uma visão geral do aprender sob uma perspectiva psicopedagógica e, depois, desenvolve os temas da escola, da família e do sujeito que aprende, enfocando desafios como os transtornos e demais problemas de aprendizagem.

SOUSA, I. V. de. **Educação inclusiva no Brasil**: história, gestão e políticas. São Paulo: Paco, 2019.

Essa obra retrata a história, os desafios da gestão e as políticas públicas da educação inclusiva no Brasil, no sentido de resgatar os contextos históricos, políticos e sociais da construção das ações de inclusão socioeducativa das pessoas com deficiência no país. O autor procura mostrar as diferentes concepções em disputa na definição dessas políticas e a mudança propiciada com a substituição da educação especial pela educação inclusiva, resultante de uma intensa luta social e de novos paradigmas para a discussão do assunto.

TRAD, L. I. de A. **Instrumentos para diagnóstico psicopedagógico clínico e institucional**. Curitiba: InterSaberes, 2020.

Essa obra apresenta os principais instrumentos para o diagnóstico psicopedagógico clínico e institucional, que resultam dos muitos caminhos que podem ser seguidos em sua investigação. A autora discute os conceitos, as teorias e os elementos práticos e teóricos presentes nos processos de avaliação psicopedagógica. Permite também compreender, com amplitude e precisão, como aplicar esses conhecimentos nas atividades profissionais.

Respostas

Capítulo 1
Atividades de autoavaliação
1) b
2) c
3) a
4) b
5) c

Capítulo 2
Atividades de autoavaliação
1) b
2) d
3) c
4) b
5) a

Capítulo 3
Atividades de autoavaliação
1) a
2) d
3) e
4) d
5) c

Capítulo 4

Atividades de autoavaliação
1) d
2) a
3) d
4) c
5) b

Capítulo 5

Atividades de autoavaliação
1) b
2) d
3) a
4) a
5) b

Capítulo 6

Atividades de autoavaliação
1) b
2) c
3) b
4) c
5) d

Sobre o autor

Éder da Silva Dantas é doutor em Educação e mestre em Sociologia pela Universidade Federal da Paraíba (UFPB), especialista em Psicopedagogia Institucional pelo Centro Integrado de Tecnologia e Pesquisa (Cintep) e licenciado em História também pela UFPB. Atualmente, exerce a função de professor adjunto do Departamento de Psicopedagogia da UFPB. Foi coordenador do curso de graduação em Psicopedagogia da mesma universidade, bem como vice-coordenador da Escola de Gestores da Educação Básica. Foi também diretor do Sindicato dos Trabalhadores em Estabelecimento de Ensino Privado da Paraíba (Sinteenp-PB), membro do Fórum Estadual de Educação da Paraíba e Secretário Municipal da Transparência Pública de João Pessoa. Integra o Grupo de Estudos em Processos de Aprendizagem e Diversidade (Gepad). Desenvolve ações de pesquisa e extensão na área de psicopedagogia institucional. Participou como organizador de diferentes obras.

Impressão:
Outubro/2022

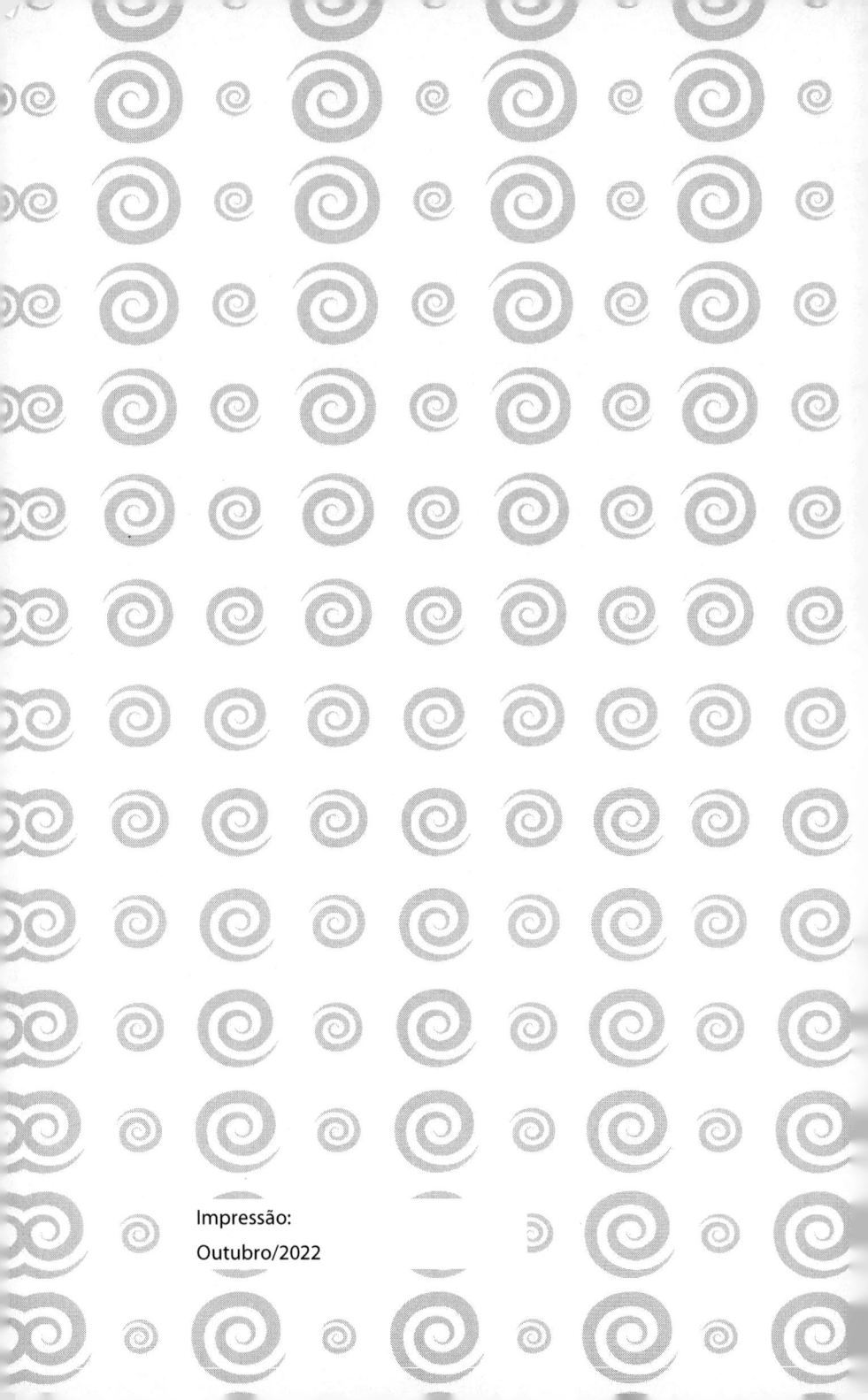